레지오 에밀리아 접근법 만나기와 적용하기

김 은 희

T유치원, 5세

창지사

머리말

1996년부터 시작된 것으로 기억되는 현장교사교육을 위해 『레지오 에밀리아 접근법의 이해와 현장 적용』 책을 허겁지겁 엮은 후, 서둘러 수정, 재구성 내지는 파기해야 한다고 누차 입으로 말하면서 오늘에 이르렀다. 이제야 손보기를 시작하면서 재구성의 범위에 한계를 느낀다. 이미 레지오 방식의 적용을 통해 우리 현장의 교육과정 변형을 이야기한 『레지오 에밀리아 접근법의 적용과 변형 유아 교육과정』을 내보였고, 레지오 환경원리를 적용하면서 『자연과 빛이 있는 생각하는 공간 만들기』를 내놓았다. 두 책과의 연계도 생각해야 하지만, 무엇보다 우리 것이 아닌 이름을 단 또 하나의 책을 내놓는 것에 대한 불편함과 풀어놓는 기술의 부족이 나를 괴롭힌다.

그런 불편함과 괴로움을 느끼면서 이 책을 다시 내보이는 이유는 레지오 에밀리아 학교의 가르치기와 배우기 방식을 생각거리로 삼아 우리의 '성인 중심' 영유아 교수 학습 현실을 성찰하고, 영유아 교수 학습 현실을 '아동 존중'의 시각으로 해체하고, '정형화' 된 '지침 있는' 관성적인 보기와 사유로부터 벗어나 '변형 지향적'이 되도록 예비교사 학생, 현장교사들과 나누고픈 바람 때문이다. 표본화된 영유아 교수 학습 현실을 받아들이면 교사의 가르치기와 배우기는 변한다. 세상을 변화시키는 것은 그 자체를 인식하는데서 시작되기 때문에...

유아들은 모두 다르며, 유아 교육은 '아동 중심 교육'이라고들 한다. 그러나 유아들이 경험하는 교육 과정 내용과 교수 학습 방법 및 도달점까지 성인이 주도권을 가지고 '유아들이 알아야 할 것', '유아들이 흥미를 가질 것 같은 것' 등으로 계획되어 일관된 작업식 운영체제에 지배된다. 교사가 이러한 현상을 마주할 때 문제의식을 갖게 될 것이다. 왜 유아를 요구를 가진 존재가 아니라 '권리를 가진 존재'로 보지 못할까?, 왜 여러 교과 영역의 활동들을 단지 모자이크하는 통합이 아니라 유아들이 '의미 있게 알아가는 진정한 통합'이 안 되는 것일까?, 왜 교사는 주변에 널려있는 지도 자료집들을 복제하는 것을 편안해 하고 유아의 생각에 귀 기울이고 협의를 통해 교육 과정을 발현해 나가는 것이 어려울까?, 왜 그렇게 교육에 관심이 많은 부모들은 영유아 교육에 주체적으로 참여하기를 꺼릴까?, 왜 '이론과 실제는 다르다'고 쉽게 말하면서 현장 개선을 위해 이론에서 의미하는 바를 실천하는 데 주저하는 것일까?

이러한 문제의식은 근사한 시작이다. 책명을 『레지오 에밀리아 접근법 만나기와 적용하기』로 바꾸고 1부에서는 우리의 실제 현장에 비추어, 레지오 접근법 개관, 역사와 문화, 철학, 행정, 교수 학습 이론, 교육 과정 운영 특성, 물리적 환경, 레지오 학교 프로젝트들을 만나면서 우리가 교육에 대해 현재 가지고 있는 사고의 패러다임을 바꾸는 계기로 삼기를 기대해 본다. 2부에서는 레지오 교육에 영감을 받은 국내 유치원, 어린이집 공동체 기관들이 그간 적용해 온 아름다운 프로젝트 중 1세, 2세, 3세, 4세, 5세 연령별로 어렵사리 골라본 사례들을 공유하면서 유아 교육 현장에의 적용 및 변형 방향을 구체화할 수 있도록 하였다. 이 책을 통해 예비 유아 교사와 현장 교사들이 세상을 바꾸기 전에 자신의 시각부터 바꾸는 자기 혁신의 즐거움을 느낀다면 큰 기쁨이다. 초임 교사를 시작하면서부터 현재까지 10년차 레지오 방식을 적용하는 유치원에 근무하고 있는 J교사는 다음과 같이 말한다.

> 몇 해 동안 해왔던 프로젝트를 돌아보면서 느끼는 성취감과 의미는 레지오를 그대로 따라했기 때문이 아니라 우리가 필요를 느끼고 공감하는 레지오 접근 원리를 우리 사회 문화에 맞도록 적절히 적용함으로써 우리의 것으로 만들어 가고자 하는 노력이 있었기 때문에 가능한 것이 아니었을까 생각한다. 지금까지 그래온 것처럼 앞으로도 끊임없이 생각하고 의사 결정하고 도전받고.....성장하면서...능력 있는 유아들과 함께하고 싶다.

J교사의 소박한 이야기 속에는 21세기 교사들이 가져야할 '변형지향적인 리더십'이 묻어난다. 레지오 적용이 가져다주는 가시적인 프로젝트 실천이나 물리적 환경의 변화가 목표가 아니라, 그간 우리가 보지 못했던 패러다임을 재고하고 반

성하여 진정한 교육을 향한 본질적인 변화를 추구해 가는 변형지향적인 리더십의 철학과 실천이 궁극적인 목표이며 이것이 결국 레지오다운 것이라 생각해 본다. 변형은 '지속적인 비판적 접근을 통해 점진적으로 기존 교육을 재구조화해 나가는 변화와 도전에 직면하는 노력'을 말한다. 변형의 개념에는 '기본적인 변화에의 몰입'과 '계속적인 성장의 삶을 사는' 아이디어가 상호 연합되어 사용된다. 이 책을 시작으로 유아 교육 현장 교사나 예비 교사 독자의 가르치기와 배우기에 대한 생각이 달라지기를 바라며, 나아가 누군가에게 영향을 줄 수 있는 변화를 즐기면서 계속적인 성장의 삶을 사는 교사가 되기를 소망해 본다. 텍스트 자체보다 유아 교육에 임하는 자신과 관계 맺는 사회를 함께 바라보고 성찰하는 것, 그것이 유아 교사 되기의 즐거움이라는 걸 여러분도 누렸으면 좋겠다.

이 책에 수록된 3 · 4 · 5세 프로젝트의 발현, 물리적 환경 변화뿐 아니라 그 속에서 유아 · 교사 · 부모들의 변화를 언제나 기쁨으로 받아들이며 연구자적 자세를 잃지 않는 탄현유치원 원장님, 전화주, 유선영 선생님을 비롯한 교사들에게 감사드린다. 1 · 2세 프로젝트가 발현되었던 이전 마포구청어린이집, 서교어린이집 원장님과 김기화, 방성아 선생님을 비롯한 교사들을 추억한다. 현장의 변화 발전을 위해 언제나 공동체적 자세로 함께 성장해온 색동유치원, 한신혜원유치원, 정한, 사슴, 또래, 은초록, 가좌제일어린이집, 경남 레지오 연구회를 비롯한 한국변형영유아교육학회 공동체기관 원장님과 교사들에게 함께여서 항상 행복함을 전한다. 예비 교사 학생으로 학업을 게을리 하지 않으면서 공적 · 개인적 조교일을 언제나 배우는 자세로 임해온 선영의 도움이 크다. 마지막으로 언제나 까다로운 편집을 훌륭하게 해주시는 창지사 관계자분들께 감사의 말씀을 드린다.

2011년 8월 무지하게 비 오는 날

김 은 희

※ 현장이야기를 공유하고 싶은 분들은 www.reggio.or.kr로 연락주시기 바랍니다.

차 례

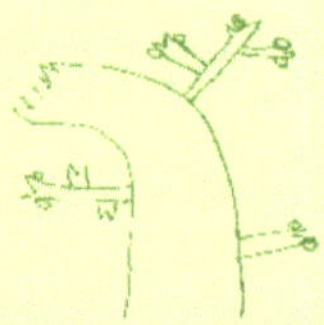

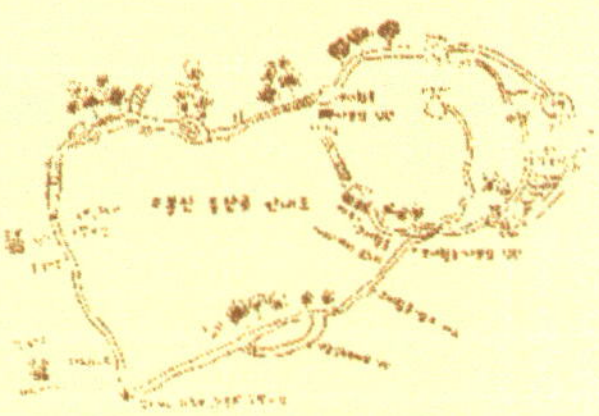

Part 1

레지오 에밀리아 접근법 만나기

좋은 교육의 실천은 기존의 교육 실제를 지속적으로 변형시키고자 하는 마인드와 가치 그리고 과학적 제 이론에 대한 실용적 이해가 전제될 때 가능하다.

우리의 실제 현장에 비추어 레지오 에밀리아 접근법의 역사, 철학, 행정 조직, 교수 학습 이론, 교육 과정 운영 특성, 물리적 환경, 프로젝트 사례들을 고찰하면서 최근의 교수 학습 동향을 이해하고 교육에 대한 사고의 패러다임을 변화시키는 계기가 될 수 있을 것이다.

떡갈나무

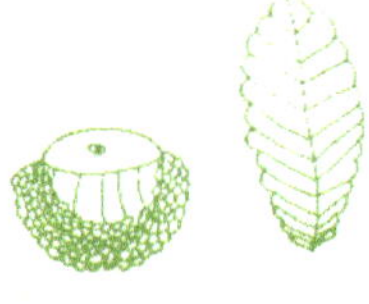

신갈나무

갈참나무

졸참나무

상수리나무

굴참나무

T유치원, 5세

Chapter 1 유아 교육에서의 레지오 에밀리아 접근법

레지오 에밀리아(Reggio Emilia)는 이탈리아 북부의 에밀리아 로마냐 지역에 있는 시의 이름이다. 레지오 에밀리아 접근법(Reggio Emilia Approach)은 레지오 에밀리아 시가 행정적 · 재정적 지원을 하는 시립 유아 교육 체제를 말하며 시립 체제 내의 학교들이 교육과 사회적 서비스의 개념을 연합하여 발전시켜온 질 높은 유아 교육 철학 · 행정 조직 · 교수 학습 방법 · 프로그램 · 환경 구성 등을 통칭한다.

본 장에서는 레지오 에밀리아 접근법을 개관하고 최근 유아 교육 동향과 연계하여 레지오 접근법에 대한 평가와 관심을 살펴보고자 한다.

1. 레지오 에밀리아 접근법 개관

'레지오 에밀리아 접근법'은 이탈리아의 풍요롭고 진보적인 북부, 에밀리아 로마냐 지역에 위치한 인구 약 148,000의 레지오 에밀리아 시가 운영하는 시립 유아 교육 체제이다. 현재, 3~6세 유아를 위한 21개의 유아 학교와 0~3세 유아를 위한 13개의 영유아 센터가 교육과 탁아 및 복지의 개념을 연합하여 정상아뿐만 아니라 특수아를 포함하는 질 높은 종일제 프로그램을 운영하고 있다. 이 체제는 2차 세계대전 종결 후 부모 공동 조합 형태로 출발하여 1968년에 시립화된 이래 프로젝트 중심의 학습, 발현적 교육 과정의 운영, 표상을 활용하는 다상징적 교수법, 사회적 상호 작용을 통한 협력 학습, 기록(documentation)의 교육적 활용, 부모의 공동 참여, 지역 사회 중심의 운영, 학습을 자극하는 물리적 환경, 전문적 교사 발달 등 새로운 교육 방법을 계속적으로 개발, 현장 실제에 적용해 왔다.

레지오 에밀리아 접근법은 유아를 또래나 성인, 사회 문화적 환경과의 관계로부터 동기 유발된다고 보았다. 또한 학습하는 풍부한 잠재력과 권리를 가진 주체로 보는 관점에 기초하여 인간의 존재 가치와 미래 지향적 목적 의식을 가진 부모 협동 운동에서 시작된 학교의 의미 있는 역사를 중시한다. 그리고 지역 사회가 유아 교육에 대한 공동의 책임의식을 갖는 사회 문화적 맥락 속에서 교육의 3요소인 유아 · 교사 · 부모 간의 협력, 사회적 관계 형성, 의사소통을 강조하는 '상호 관계를 통한 교육'의 철학을 갖고 있다.

상호 관계를 통한 학습을 강조하여 학습은 가르치는 것이 아니라 전문적 자질을 가진 문화 구성원과 학습 동기를 가진 유아와의 상호 관계를 통해 유아가 적극적으로 구성하는 것이라 믿는다. 이러한 철학적 이념은 과학적 이론을 바탕으로 한 교사의 부단한 실험, 연구 정신과 어우러져 유아를 진정으로 존중하는 교육 원리와 실제를 인식, 실천하고 있다.

레지오 에밀리아 교육은 다양한 철학적 · 심리학적 이론에 기초하고 있으나 학습자가 인지적 갈등을 통해 능동적으로 지식을 구성해 간다고 보는 피아제 학파의 구성주의(constructivism) 학습 원리와 이에 부합되는 반성적 추상을 향상시키기 위한 '학습을 위한 그리기' 전략을 활용한다. 정신 구조의 발달을 위해 상징적 도구가 매개된 사회적 상호 작용과 ZPD의 교육적 활용을 강조하는 비고츠키 학파의 사회 문화적 발달 이론, 구성주의를 사회적 상호 작용의 영역으로 끌어들여 실용화함으로써 사회 인지적 갈등 유인 조건과 표상 시의 사회적 과제 조건을 강조하는 후기 피아제 학파의 사회적 상호 작용주의 이론뿐만 아니라, 가드너의 다지능 이론과 상징적 발달 연구에서 도출된 다양한 상징 매체의 활용에 따른 교육 이론 등에 영향을 받았다. 이를 통칭하는 사회적 구성주의의 이론적 토대 위에 협동적인 사회적 상호 작용과 다양한 교수 매체를 통한 상징적 표상을 학습의 수단 또는 도구로 활용하는 다상징적 교수법에 체계적으로 초점을 맞춤으로써 유아의 지적 발달을 도모하고 있다.

유아들은 주로 소집단 프로젝트 활동을 통해 주제를 탐색해 나가는 과정에서 다양한 교수 매체를 활용하여 표상, 재표상, 다양하게 표상하는 상징화 주기를 거치면서 스스로 토의하고 상징을 발명, 창안하여 의사 소통함으로써 의미를 구성, 재구성, 학습한다. 교사는 학습 상황에서 프로젝트 활동 과정뿐만 아니라 유아들의 언어적 상호 작용 내용과 표상물들을 기록화한다. 이를 토대로 교사들 간 공동 연구(progettazione)를 통해 이후 학습의 방향이 발현되도록 하는 자료로 활용하고 유아의 ZPD 내에서 적절히 지원함으로써 유아들과 함께 지식을 공동 구성해 나간다. 그 외 유아, 교사, 부모 간의 상호 관계를 강조하는 철학적 이념에 따라 함께 모이는 중앙 공간(piazza), 정보를 알리는 벽면, 기록화를 위한 아틀리에, 프로젝트를 위한 미니 아틀리에, 가시 범위를 확장시키며 동시에 공동체

의식을 갖게 하는 유리벽, 자연적 · 전기적 빛 등의 물리적 환경을 활용한다. 뿐만 아니라 공동 교수(co-teaching) 제도, 교사 간 모임, 부모–교사 간 모임, 교육 조종관(pedagogista) 팀, 표상 활동을 지원하는 미술 교사(atelierista), 가족 단위 모임, 학교 단위의 지역 사회 이사회와 같은 인적 환경의 상호 교환 기제 또한 조직하여 상호 작용과 의사소통을 강화함으로써 서로 간의 아이디어와 행위를 창안, 학교 교육을 위해 연합해 나간다.

가드너(Gardner, 1993)는 "진보주의 철학과 실천이 레지오 학교들 만큼 일치되어 실천되는 곳은 세계 어디에도 없다."고 하였다. 브래드캠프(Bredekamp, 1993)는 레지오 학교와 NAEYC의 DAP(Bredekamp, 1987)는 동일한 진보주의 철학의 기원을 가지고 있지만 레지오에서는 지식의 사회적 구성을 강조하고 교사가 지식의 공동 구성자로서의 역할을 수행하며 학습 과정을 기록화하여 활용하는 측면에 있어서 DAP 이상을 실천하고 있음을 지적하면서 DAP 개정에 반영할 것임을 시사하였다. 또한 캐츠(Katz, 1993)는 레지오 학교들을 '대가족 모델', '작은 지역 사회' 로 그에 비해 미국의 교육을 일관 작업식의 '산업체 모델' 로 비유하면서 미국을 비롯하여 우리 유아 교육자들이 유아들의 지적 능력을 과소 평가해 왔음을 피력하였다. 1995년에는 차드(Chard)가, 96년에는 캐츠가 우리 나라를 방문하여 프로젝트 교수 방법을 국내에 소개할 적에 레지오에서의 좋은 프로젝트 사례를 예로 들어 설명함으로써 이 접근법에 대한 신뢰의 정도를 보여주기도 하였다.

유럽에서는 이미 1979년 이후 레지오 접근법이 많이 알려져 왔고 1980년대 후반부터 미국에 소개되기 시작하였다. 1991년 12월 'Newsweek' 지에 의해 이탈리아, 레지오 에밀리아의 다이아나(Diana) 학교는 세계 최고의 유아교육기관으로 선정된 후 최근 세계 교육자들의 주목을 받고 있다. 지난 10여 년간 유럽 및 미국에서 지속되어 온 이 접근법에 대한 관련 연구 및 보고서들(Bredekamp, 1993; Edwards, Gandini & Forman, 1993; Forman, 1990, 1992; Firlik, 1994; Fyfe, 1994; Gandini, 1991, 1993; Katz, 1990, 1993; Katz & Cesarone, 1994; New, 1990, 1994) 그리고 20여 년간 전세계 40여 곳에서 있었던 레지오 유아들의 학습 결과물로 이루어지는 전람회에 대한 긍정적 반향과 국제적 인정 및 교류들은 레지오 접근법의 가치에 대한 높은 인식을 보여주고 있다.

1992년, 1993년에는 레지오 에밀리아 유아 교육 체제와 설립자인 로리스 말라구치(Loris Malaguzzi)에게 국제적으로 권위 있는 상이 주어졌고 전미유아교육협회(NAEYC)에서는 1994년 레지오 학교를 유아 학습 센터의 모델로 인정하였다. 국내에서도 한국 현장 적용 연구(김은희, 1996)를 시작으로 우리나라 현장에의 적용 가능성이 시사된 바 있다. 이후 지속적인 적용을 통해 교수 학습 방법 개선, 교사 변화, 부모의 공동체적 참여, 교육 과정 변형, 물리적 환경 개선, 매체활용의 변화, 유아-교사-부모 관계 형성, 기록 실천의 변화, 학습 공동체 운영을 가져온 실천 연구(action research)들이 보고되고 있다(김은희, 2001, 2004, 2006, 2007a, b, 2008, 2009, 2011; 김은희 · 송윤재, 2003; 김은희 · 김경철 외, 2007; 김은희 · 황연욱, 2008).

2. 최근 유아 교육 동향과의 연계

유아 교육의 교수 학습에 대한 최근 연구 동향에 비추어 레지오 에밀리아 접근법의 위상을 검토함으로써 현재 유아 교육자들이 그토록 이 접근법에 관심을 갖는 이유와 당위성이 납득될 수 있을 것이며 우리가 교육에 대해 갖고 있는 기존의 패러다임을 현재의 동향과 비교하는 맥락에서 취할 것은 취하고 버릴 것은 그 방향을 정확히 구체화하여 변화시켜 나갈 수 있을 것이다.

3세, 명화 재구성

명화감상

바람 부는 날로 어떻게 바꿀까?

우산으로 바람을 막아야지.

명화 라인드로잉하기

색연필로 색 표현하기

매체 찾아나가기

이 매체를 이용하면 되겠어.

다양한 매체로 구성하자.

벽화 전시하기 및 공유하기

벽화 완성!

1990년대에 유아의 발달과 학습을 논하는 문헌이나 연구물들에서 비고츠키(Vygotsky)의 인식론, 가드너의 다지능 이론뿐만 아니라 후기 피아제 학파의 실용화된 연구들이 언급되기 시작하면서 우리가 유아 교육에 대해 교과서처럼 가지고 있던 사고의 틀이 조금씩 변화되기 시작하였다. 이론에서든 프로그램에서든 유아 교육의 교수 학습을 언급할 때 중심이 되어왔던 듀이의 '아동 중심', 피아제(Piaget)의 '구성주의' 철학이나 교수법은 이제 그 색이 바래기보다는 이전보다 더 정확하고 명료하게 그 의미를 구체화하고 있다. 명료화된 이전의 이론 위에, 개인의 지적 발달에 영향을 미치는 인간 환경이 중재된 사회 · 문화적 맥락과 교수 매체의 중요성을 강조하는 상징적 맥락을 포괄하여 '사회적 구성주의' 학습이 강조되고 있다.

유아기의 교육적 잠재력을 논할 때 비교 문화적 연구(Bronfenbrenner, 1979; Kessen, 1979; Mackie, 1980)와 비고츠키의 사회 문화적 인식론(Vygotsky, 1962, 1978; Wertsch, 1985a, b)은 언제나 근간을 이룬다. 비교 문화적 연구에 기초한 발달의 생태학적 접근에서는 발달을 '개인이 자신의 환경을 지각하고 다루는 방식의 지속적인 변화'로 인식하고 인간은 생활 문화에 따라 끊임없이 발달하는 존재이므로 교육은 유아뿐만 아니라 유아가 속한 환경까지 폭넓게 고려하여 접근되어야 함을 강조한다. 사회 문화적 인식론에서도 인간 정신의 발달은 단일 요인이나 원리만으로는 설명될 수 없으므로 개인의 정신 기능은 개인이 속한 사회적 · 역사적 · 문화적 특수성에 따라 형성되는 것으로 보며 정신 과정을 발달하게 하는 상징적 기호 또는 도구의 역할 또한 강조한다. 가드너는 인간의 지적 능력을 '개인이 속한 문화권에서 가치 있게 인정되는 문제를 해결하거나 산물을 산출해 낼 수 있는 일반적 능력'으로 보고 지능을 다원적으로 정의함으로써(Gardner, 1983, 1991, 1993; Gardner & Wolf, 1983) 개인의 서로 다른 지적 능력이 충분히 발달될 수 있는 문화적 · 교육적 · 상징 매체적 지원의 필요성을 강조하고 있다(Armstrong, 1994; Chapman, 1993).

또한 후기 피아제 학파를 중심으로 구성주의를 사회적 맥락으로 끌어들여 실용화하고자 하는 학자들(Forman & Cazdan, 1985; Rogoff, 1990; Forman, 1989; Doise & Mugny, 1984)은 개인의 인지적 갈등을 통한 학습보다는 사회적 상호 작용을 통한 개인 간 인지적 구성의 중요성을 강조하여 유아를 사회적 구성주의자로 보는 관점이 확장되고 있다.

이러한 관점은 학습이 개인의 '머릿속(in the head)' 에서 이루어지는 것으로 인식하여 온 종래의 개인주의(individualism)적 시각을 지적하고 있으며 학습에 영향을 미치는 사회적 · 상징적 맥락의 중요성을 강조하고 있다. 교수 학습 이론의 이러한 동향에 따라 유아 교육에 대한 '사회적 구성주의(social constructivism)' 시각의 함의를 가지고 다양한 수준에서 교육을 반성하고 있다(DeVries & Kohlberg, 1987, 1990; Kohlberg, 1987).

NAEYC의 발달에 적합한 실제(DAP : Bredekamp, 1987)의 개정 및 진정한 통합을 위한 변형 유아 교육 과정의 방향 제안, 유아가 몰입할 수 있는 프로젝트를 통한 통합적 접근을 강조하는 '프로젝트 접근법' (Katz & Chard, 1989) 뿐만 아니라 유아에게 의미 있는 사회 문화적 맥락에서 실제 읽고 쓰는 경험을 통해 발현되는 문해력을 인식하고 실천하는 '총체적 언어 교육' (Maxim, 1989; Salinger, 1993; Teale & Sulzby, 1986)을 비롯하여 다지능 이론의 토대하에 다양한 상징 매체를 활용하는 '창의적 활동' 프로그램(Edward, 1997; Jalongo & Stamp, 1997) 등 유아 교육 프로그램에 대한 재개념화 방향이 모색되고 있다. 다양화된 사회에서 개인의 서로 다른 문화를 존중하고 편견 없이 인정할 수 있도록 하는 '다문화 교육, 반편견 교육' , 과학적 탐색 활동, 장애아 통합 프로그램 등도 배제할 수 없다.

국내에서는 이같은 유아 교육의 최근 동향과 새로운 프로그램의 방향을 흡수하면서도 정보화, 전문화, 세계화를 향한 시대적 요구와 함께 대상 연령(3 · 4 · 5세)에 따른 교육의 다양화, 초등학교 교육과의 연계, 유치원 교육의 공교육화, 종일제 프로그램에 대한 사회적 요구, 학교와 지역 사회 간의 공동 협력 체제 구성, 유아 교육과 보육의 통합 등의 현안 문제 또한 갖고 있다. 이에 대학, 학회, 유치원 현장을 중심으로 유아 교육자들은 유아의 개별적 능력을 신장하고 잠재력을 극대화시키는 심화된 학습을 통해 유아의 학습하고자 하는 성향과 창의적 · 과학적 사고를 길러 줄 수 있도록 하면서도 기존 프로그램과 통합, 병행해 나갈 수 있는 방안을 모색하는 교육 연구가 활성화되고 있다.

이러한 맥락에서 피아제의 구성주의적 전통에 비고츠키의 사회 문화적 접근을 비롯한 최근 동향의 교수 학습 이론과 가치들을 연합하여 유아 교육에 잘 적용하고 있는 레지오 에밀리아 접근법에 대한 관심이 고조되고 있다. 레지오 에밀리아에서는 최근 유아 교육에서 언급되고 있는 이론과 관점들을 50~60년대부터 연구하고 이론에서 의미하는 바를 현장에 적용, 실용화해 오면서 나름의 철학과 교수 학습 방법을 발전시켜 왔다. 철학이나 교수 원리가 교수 학습의 최근 동향과 같은 맥락을 이룬다는 점, 그러한 교육 이론과 실제가 일치되어 실천되고 있다는 사실만으로도 레지오 접근법이 세계 최고의 유아 교육 체제로 평가되며 전세계 유아 교육자들이 매료되기에 충분한 이유가 되지 않을까?

3. 진정한 통합 교육 과정에 대한 재고

3.1 통합 교육 과정의 의미

미국의 NAEYC는 유아의 잠재력을 확장시킬 수 있는 진정한 의미의 유아 교육 과정과 평가의 방향으로 변형 모델을 제안하였다(Bredekamp& Rosegrant, 1995). 여기서 '변형' 의 의미는 기존의 유아 교육 체계 모두를 새롭게 바꾸는 것이 아니라 이미 형성되어 있는 조직, 신념, 양식에 긍정적인 변화를 가져올 수 있도록 체계적으로 재구조화시킴을 말한다. 통합 교육 과정은 여러 교과 영역을 단순히 연결 · 조합시키는 것이 아니라, 교과 영역들 간의 의미 있는 연결을 강조한다. '학습은 이해(understanding)하는 것' 으로 정의되므로 교사는 유아들이 의미 있게 학습할 수 있는 방법에 초점을 두어 교수 학습을 반성할 것이 요청된다. 이해에 있어서 초점은 '의미' 이다. 따라서 우리가 그간 해 왔던 통합 교육 과정의 본질은 교육 과정 내용을 유아가 '의미 있게' 이해하도록 만드는 전략임이 전제된다.

3.2 통합 교육 과정 운영 방향

유아에게 의미 있는 진정한 통합 교육 과정 운영을 위해 유아들이 몰입할 수 있는 주제 또는 프로젝트 중심 교수 학습이 권장된다. 다양한 접근법들이 통합적 교육 과정에서 사용되고 있지만, 유아 교육 교실에서 가장 일반적으로 활용되는 방식은 프로젝트 접근과 주제 접근이다. 프로젝트에서 유아들은 흥미를 갖는 문제를 확장하여 조사하는 데 몰입함으로써 여러 교과의 교육 과정 목표를 달성하는 데 충분한 깊이를 갖는다. 궁극적으로 교육 과정 통합은 유아의 경험 범위 내에서 주제나 개념을 선정, 조직하여 유아들이 여러 교과 영역의 학습 내용을 탐색하고 조사하여 해석하는 데 유아 자신이 학습한 것들을 적용하면서 몰입하게 되므로 의미 있는 학습이 이루어진다는 것이다.

프로젝트의 주요 특징은 유아나 유아와 활동하는 교사에 의해 제기된 질문에 의도적으로 초점을 두기 위한 연구 노력이다. 프로젝트의 목적은 교사가 제기한 질문에 옳은 답을 찾기보다는 유아가 주제에 대해 더 많은 것을 학습하는 데 있다(Katz, 1994). 연구할 주제는 교사에 의해 결정될 수도 있으나 유아들의 흥미, 열정, 개인적 경험으로부터 '발현' 되는 것이라면 대부분 몰입할 수 있게 되므로 유아의 학습을 촉진한다.

3.3 통합 교육 과정 운영을 촉진하는 교수 학습 전략

통합적 교육 과정을 위해 브래드캠프와 로즈그랜트(1995)가 강조하는 전략은 다음과 같다.

첫째, 교육 과정을 운영할 수 있는 과정 중심의 실제적 평가 전략을 사용한다. 교사의 포트폴리오, 기록화 등과 같은 보다 실제적인 평가 전략은 통합된 교육 과정을 지원하는 도구가 된다. 교사는 유아들의 활동 과정과 내용을 수집하고 분석, 평가하며 포트폴리오를 적절하게 사용함으로써 유아들의 발달 과정을 신뢰롭게 평가할 수 있다. 유아들이 표상하고 저널을 쓰며 프로젝트 활동과 같은 의미 있는 과정과 산물을 만들어내는 데 집중하게 할 수 있다.

둘째, 흥미 있는 주제를 선정함으로써 유아들 스스로 몰입하여 조사, 탐색, 관찰하도록 하며 풍부한 탐색과 문제 해결의 기회를 갖도록 한다. 프로젝트는 개별, 소집단 또는 학급 전체의 유아가 흥미나 관심을 갖거나 혹은 교사가 가치 있는 것으로 판단하는 한 가지 주제(topic)에 대해 다양한 측면을 조사하고 연구하는 확장된 주제 학습 활동을 말한다(Katz & Chard, 1993). 프로젝트에서는 참여 유아들의 능력 정도에 따라 쓰기, 측정, 그리기, 칠하기, 모형 만들기, 읽기, 이야기 구성하기, 극 놀이 등이 포함된다. 이러한 활동들을 통해 의미 있는 학습이 이루어지는 과정에서 언어, 수, 과학, 사회, 문학, 미술 등과 같은 다양한 영역의 지식과 개념들이 통합적으로 획득될 수 있다.

셋째, 여러 교과 활동에서 새로운 아이디어와 개념의 발달을 지원할 수 있는 다음과 같은 교수 학습 전략을 활용한다.

하나, 유아가 미리 예측하여 가설을 설정하고 관찰, 실험, 조사 등의 직접 경험을 통해 정보를 수집하면서 가설을 확인하고 재방문하여 잘못된 개념을 수정, 의미 있는 새로운 지식을 구성해 나갈 수 있도록 하는 **과학적 탐색 방법(scientific method)**을 사용한다. 이는 구성주의 학습의 실천이다. 이러한 전략은 과학 교과에서뿐 아니라 건강, 수, 사회, 기타 다른 교육 과정 영역에서의 문제 해결에 유용하다.

둘, 유아들은 그리기, 만들기, 신체표현, 말하기, 쓰기, 극 놀이, 역할극, 수학적 상징 등 여러 교과 영역에서 **다양한 형태의 표상(representation)**을 사용한다. 유아 교육자들은 이제 학습에 있어서 유아가 이해한 것을 반성하고 사고를 변화시켜 나가는 표상의 역할에 대해 많은 이해를 가지게 되었다. 특히 다양한 매체를 사용한 표상은 학습할 내용에 대해 다면적으로 고찰하고 심화된 학습을 가능하게 한다.

셋, 유아들이 흥미나 관심을 갖는 탐색 활동에 참여할 경우 스스로 계획한 탐색 과정에서 자료 수집에 몰입하기 때문에 수집한 정보를 조합하여 **설명서, 지도, 지침서, 척도 등을 창안**하도록 한다. 이는 유아로 하여금 학습한 내용에 대해 메타인지하여 의사소통 맥락에서 메타표상하도록 하므로 타인에게 의사 소통하는 과정에서 깊이 있는 학습이 가능해진다.

3.4 학급의 맥락

상기한 방향과 같은 진정한 통합적 교육 과정을 운영하는 학급은 다음과 같은 모델이 된다.

첫째, 유아들이 구성한 총체적 언어 활동의 자료들로 가득찬 **도서관 모델**을 이룬다.
둘째, 모든 활동 시 과학적 방법이 적용되는 **실험실 모델**을 보여준다.
셋째, 교실, 학교뿐 아니라 실외, 지역 사회를 포함하여 프로젝트 등의 워크숍이 항상 이루어지는 **현장 모델**이다.
넷째, 유아들의 활동 과정과 산물들을 기록화하여 유아가 어떻게 사고하고 학습하는가를 생생하게 보여줄 뿐 아니라 학습에 활용하는 **박물관 모델**이다.

교사들은 의미 있는 학습을 촉진하기 위한 교실의 맥락으로 이상의 어느 것 한 가지를 선택하는 것이 아니라 교육 과정 통합을 위해 도서관, 실험실, 현장, 박물관의 기능 모두를 포괄하는 모델로 교실을 보아야 한다.

3.5 교육 과정 조직

우리는 교육 과정을 계획하거나 평가할 때, 흔히 '교사 중심' 또는 '유아 중심'의 맥락에서 '유아들이 알아야 할 필요가 있는 것', '유아들이 학습에 흥미를 가질 것 같은 것' 인지 아니면 '유아가 할 수 있는 것', '유아가 하기를 원하는 것' 이어야 하는지 등에 대해 논쟁해 왔다. 어느 쪽이든 이러한 논쟁은 결국 교사나 성인의 기준에 준한 것이었음에 틀림이 없다.

유아 교육자들은 그간 교육 과정의 객관성보다는 발달 이론에 따른 내용에 지나치게 집중하는 '유아 교육의 오류'를 범해 왔으며 초등 교육자들은 개별 유아의 특별한 요구, 흥미, 어린 학습자의 발달적 특성에는 집중하지 않으면서 교육 과정의 객관성에 과도하게 집중하는 '초등 교육의 오류'를 범하는 경향이 있었다.

교육 과정 구성 시에도 일반적으로 유아는 간단한 것에서 복잡한 것으로, 구체적인 것에서 추상적인 것으로, 자기 중심적인 것에서 조망 가능한 것으로, 단일 차원에서 다차원적인 것으로, 직접적인 관찰과 경험에서 간접적인 것으로 발달한다는 방향성을 믿어왔다. 결과적으로 많은 유아 교육 과정들은 간단하고 구체적, 자기 중심적이며 단편적이고 직접적인 경험에 기초하고 있다. 이러한 기준에서 제시된 경험이 유아들을 제한한다는 것이 아니라, 유아 교육의 궁극적 목표는 유아들이 더욱 복잡하고 추상적이며 조망 가능하고 다차원적이며 대리적으로 사고하도록 변화하는 데 목적이 있다.

이상과 같은 편파적인 선택을 해소할 수 있는 방안은 성인의 시각에서 유아들이 가설을 수정하거나, 정정하거나, 받아들이도록 요구하는 것에서 벗어나 유아들이 알고자 하거나 흥미를 가지는 의미 있고 진정 유아 중심적인 경험에서 시작하는 것이다. 유아의 독특한 이해 방식을 수용하고 유아의 학습을 성인이 제시하기보다 지원해야 한다. 비고츠키의 ZPD개념에서 시사하는 '유아는 지금 어디에 있는가' 로 시작한다.

유아 스스로의 지식 구성을 진정으로 지원하는 과정은 레지오 에밀리아 학교들에서 이루어진 프로젝트 활동에서 잘 나타난다. 브레드캠프와 로즈그랜트(1995)는 레지오의 프로젝트 사례를 들어 유아들이 의미 있게 여러 교과 영역의 내용을 통합적으로 학습할 수 있는 '매혹적인 통합적 교육 과정의 예' 라 평가하였다. 여기서 중요한 것은 첫째, 교사들은 학습을 위한 도구로써 표상의 힘을 인식한다는 것과 둘째, 유아를 위해 문제를 해결해 주는 것이 아니라 유아 스스로 의미 있는 문제를 해결하는 데 몰입하도록 필요한 지원과 도구를 줌으로써 흥미가 지속되도록 적절히 지원하는 교사 역할에 있다.

진정 본질적으로 유아에게 초점을 맞추도록 교육 과정이 발현될 수 있다면 유아의 강점, 욕구, 흥미에 따라 개별 유아에게 의미 있는 학습을 만들어 나갈 수 있을 것이다.

4. 기존의 유아 교육 과정과 프로젝트 그리고 레지오 에밀리아 접근법

4.1 단원, 주제, 프로젝트

유아 교육 과정에서 흔히 주제(themes), 단원(unit), 프로젝트(project)를 혼용하여 사용하는 경향이 있으나 구분하여 이해함으로써 정확히 알고 활용할 수 있을 것이다.

주제는 흔히 '가을', '교통 기관', '지역 사회 이웃', '빨간색' 등과 같이 일반적으로 넓고 모호하다. 따라서 주제 내의 활동들이 어떠한 방향으로 전개될 것인지, 또는 주제 활동이 끝난 후에 유아들은 어떤 내용을 학습하게 될 것인지를 나타내지는 못한다. 이에 비해 프로젝트는 연구 · 조사 활동이라 정의하였기 때문에 프로젝트의 제목은 탐색의 방향이 나타나야 효율적이다. 예를 들면, '집', '측정' 보다는 '집 짓는 방법', '우리 마을에 있는 것들 측정하기' 등이 적합하다. 광범위하고 포괄적인 주제는 그 주제에 일반적으로 포괄된 내용들을 임의적으로 나열하는 데에 강조점을 두게 되는 경향이 있으므로 유아들이 탐색의 방향성을 가지고 생각하고 학습하는 데 실패할 수 있다. 예를 들어, 만일 주제가 '빨간색' 이라면 유아들은 딸기, 립스틱, 해, 소방차, 불 등에 대해 그림을 그리고 책을 읽으며 이야기를 만들거나, 내용을 극화하도록 고무될 것이다. 그러나 실제적인 조사, 토의, 전문가 인터뷰, 구체적 관찰, 그 밖의 전형적인 탐색 활동들을 통하여 하위 내용들 간의 논리적, 연속적, 인과적인 관계를 탐색해 내지는 못할 것이다.

한편, **단원**은 전형적으로 '가을', '농촌' 등과 같은 정형화된 주제에 대해 이미 구체화된 일련의 학습으로 구성된다. 이러한 단원에서는 유아들이 거의 주제나 하위 주제를 탐색하도록 하지 않으며 유아 스스로 질문거리나 활동을 결정하지 않는다. 뿐만 아니라 유아들에게 사전에 구체화된 과제를 수행해야 할 책임도 주어지지 않으며 프로젝트에서처럼 유아들이 발견한 것을 보고하거나 전시할 책임도 없다. 흔히 단원은 유아들의 참여를 유도하는 투입은 거의 없으며 일 년을 주기로 동일한 일련의 활동과 자료들이 반복적으로 사용된다. 그러나 이러한 단원들은 반드시 다룰 필요가 있는 필수적인 주제들을 다루는 데 유용한 방법이 될 수는 있다.

프로젝트는 전술한 바와 같이 유아의 흥미나 관심에서 발현되므로 유아들이 주제에 대해 조사하기 위해 몰입하여 질문거리를 찾고 실험을 수행하며 관련 탐색을 하는데, 교사와 협의한다. '우리 집의 물' 이라는 프로젝트를 예로 들면, 유아들은 다음과 같이 수집할 자료를 결정하는 데 참여한다. 물은 어디에서 오는가? 어떻게 처리되고, 저장되었다가 집으로 끌어 올려지는가? 어디로 들어와 집에 저장되는가? 물은 어떻게 사용되는가? 각 사용 용도에 필요한 물의 양은 어느 정도인가? 서로 다른 온도에서 물의 특성은 어떠한가? 우산을 만드는 재료나 옷감들의 투수성은 어떤가? 이후, 탐색 · 조사한 결과를 어떻게 보고하고 전시할 것인가? 등을 결정한다. 유아들은 특별히 관심이 있는 하위 주제를 지목하고 자신이 책임질 특정 과제와 몰입할 수준을 선택하도록 지원된다. 이러한 프로젝트는 탐색 과정에서 획득한 지식과 적용된 기술을 의미 있게 학습할 뿐 아니라 지속적인 노력의 결과로 목표한 과제를 완성하였다는 성취감으로 인하여 유아로 하여금 가치 있다고 생각되는 주제를 깊이 있게 이해하고자 하는 '학습 성향' 을 갖게 한다.

4.2 프로젝트 접근법과 레지오 에밀리아 접근법

프로젝트 활동은 유아로 하여금 교육 과정에 대한 많은 권한을 갖게 한다. 개별 또는 소집단 유아들이 흥미나 관심을 갖는 한 가지 주제를 선정하여 유아들 스스로 몰입하여 탐색해 나가는 과정에서 주제에 대한 다양한 경험을 하게 되므로 주변 세계에 대한 유아의 이해가 의미 있게 증진되며 아울러 학습하고자 하는 성향이 길러질 수 있도록 하는 것이다.

프로젝트는 유아들의 관심이나 놀이, 일상 경험에 따라 유아에 의해 시작되며 주도되고 전개된다. 프로젝트를 얼마나 오랫동안 지속할 것인지, 어떤 방향으로 전개할 것인지, 한 프로젝트가 끝난 다음 시작되는 새로운 프로젝트 또한 유아들이 결정한다. 프로젝트에서 한 가지 주제에 대해 깊이 있게 학습한다는 것은 학습자에 의해 제안되고 계획되며 반복하여 수정되고 평가되어짐을 의미한다.

프로젝트를 통한 학습의 개념은 새로운 것이 아니다. 20세기 초 듀이의 실용주의 이론에 영향을 받은 킬패트릭(Kilpatrick, 1919)은 궁극적으로 가치로운 삶을 이루고자 하는 함의를 가진 학습 방식으로 '프로젝트 방법(The Project Method)'을 고안하였다. 이후 1960~70년대 영국의 개방 교육과 플라우든(Plowden) 철학에서도 볼 수 있다. 보다 최근에는 1980년대에 이르러 전인 교육의 목적 아래 분절된 내용이나 지식보다는 상호 학문적, 다학문적 접근을 강조하는 통합적 교육 과정의 맥락에서 아동 중심 교육과 진보주의 철학에 기초한 캐츠와 차드(1989)의 '프로젝트 접근법(Project Approach)'이 재정립되었다.

프로젝트 접근법과 레지오 에밀리아 접근법의 공통점은 프로젝트 중심의 학습 활동을 한다는 데 있다.

레지오 방식의 프로젝트 학습 방법이 통합적 접근의 진보주의식 프로젝트 접근법과 다른 점은 구성주의 학습 이론에서 강조하는 인지적 갈등을 유아가 경험하고 스스로 문제를 해결하도록 하는 학습 원리와 상징적 표상을 학습 수단으로 활용하는 데에 있다(Forman, 1992). 프로젝트 접근법의 저자인 캐츠(1990, 1993, 1994) 또한 레지오에서 유아들이 시각적 언어(visual language) 또는 시상적 언어(graphic language)를 활용하여 이해한 것을 탐색하고 표현하는 활동 방식이 기존 프로젝트 방식과의 차이점임을 지적하였다. 이밖에 하나의 교수법이 아니라 현존하는 통합적 체제라는 점에 있어서 그리고 교육 과정 운영 방식에 있어서도 차이가 있다.

레지오 에밀리아 접근법이 프로젝트 접근법과 다른 점을 요약하면 다음과 같다.

첫째, **체제의 종합성**을 들 수 있다.

프로젝트 접근법은 프로젝트를 통한 교수 학습 방식을 오늘날의 시각에서 재정립한 일종의 교수법이라 할 수 있다. 이에 비해 레지오 접근법은 2차 세계대전 종결 후, 부모 공조 체제로 시작하여 60년대 후반 시립 체제화되었다. 따라서 부모와 지역 사회를 근간으로 발달시켜온 행정 체계, 환경 조직, 철학, 교수 학습 이론, 교육 과정을 통칭하는 총제적인 유아 교육 체제이다. 프로젝트 중심의 학습 방식은 레지오에서 활용하는 여러 가지 교수법의 하나에 해당한다.

둘째, **학습 이론**에 차이가 있다.

프로젝트 접근법에서는 진보주의 교육 이론에 기초하여 통합적 교육을 강조한다면 레지오에서는 유아들 간의 사회 인지적 갈등을 통한 문제 해결에 초점을 두는 구성주의, 나아가 사회적 구성주의 학습 원리에 토대를 두고 있다.

셋째, **교수 학습 방식**의 구조적 차원이 서로 다르다.

프로젝트 접근법이 다양한 관찰과 직접 경험을 강조하여 프로젝트 주제에 대한 유아들의 '이해의 폭을 넓히는' 데 초점을 둔다면 레지오에서는 지식의 구조를 강조하여 주제에 대한 '이해의 깊이를 심화시키는' 나선형적 프로젝트 전개 방식을 활용한다. 따라서 프로젝트 접근법에서는 프로젝트 주제에 대한 이해의 폭을 넓힐 수 있도록 하는 다양한 관찰, 조사, 탐색 활동에 초점을 둔다. 이에 반해 레지오식 프로젝트에서는 지식의 구조를 강조하여 탐색, 재탐색하고 구성, 재구성해 나가는 나선형적 재순환(recycling) 방법을 통해 프로젝트 주제의 하위 내용 간 이해의 깊이를 심화시키는 학습 방식에 초점을 둔다.

넷째, **표상의 활용**에 있어 차이가 있다.

두 가지 접근법 모두 그림을 통한 표상을 비롯하여 언어적 · 동작적 다양한 상징적 표상을 강조한다. 그러나 표상의 활용 면에 있어서 차이가 있다. 프로젝트 접근법에서는 유아들이 주제에 대해 관찰하고 이해하고 조사한 것을 시각적 · 언어적 · 극화놀이 등을 통해 표현하고 표상한 내용을 전시하여 공유하는 데 의미를 둔다. 레지오 방식의 프로젝트에서는 표상을 학습의 수단으로 활용한다. 이에 대해서는 포먼(Forman, 1990, 1992, 1993a, b, 1994, 1995a, b)의 '학습을 위한 그리기(drawing to learn)' 에 잘 나타나 있다. 즉, 그림을 통해 사고를 가시화(可視化 : visible)하여 학습자 스스로 자신의 사고를 고찰, 재고찰, 반성하는 도구로 학습에 활용한다. 다양한 표상 매체를 사용하여 유아들은 자신의 이해를 탐색하고 반성하며 사회적 상호 작용 시 토의의 기초로 활용할 뿐만 아니라 활동 과정의 기록을 재방문하여 이해를 재구성해 나가는 자원으로 이용한다.

라이트 테이블에서 활동할 때의 불편한 점은 어떻게 해결할까?
(T유치원, 5세)

이런 점이 불편해요

다리가 불편해서 오래 못 앉아 있겠어요.

재료를 가지러 가기도 힘들어요.

내 목이랑 라이트 테이블 높이랑 똑같다. 이렇게 해서는 도저히 할 수 없어.

내 다리가 책상 밑으로 들어가야지 편할 것 같아.

이렇게 고쳤으면 좋겠어

창문 옆에 두면 불편해요.

라이트 테이블 옆에 통을 만들어서 달면 되잖아.

다리에 바퀴가 달렸으면 좋겠다.

가장 편리한 라이트 테이블 높이

가장 적절한 설계도를 고르자

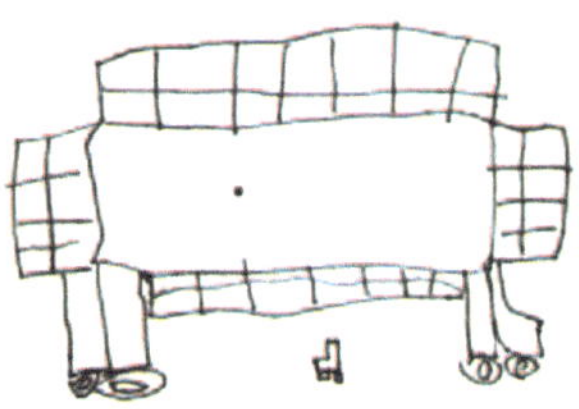

재료를 담아두는 곳이 너무 많아서 불편할 것 같아.

재료를 담아두는 곳이 없어.

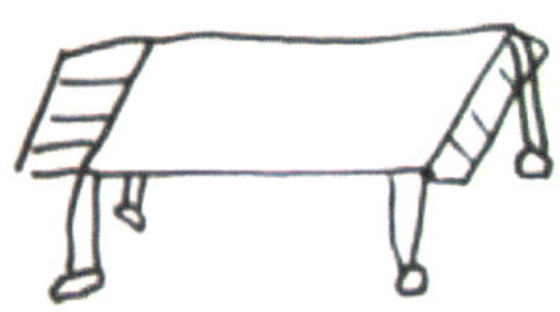

바퀴도 달고, 재료를 담는 공간도 적당한 것 같아.

가장 편리한 라이트 테이블의 다리를 만들어 보자

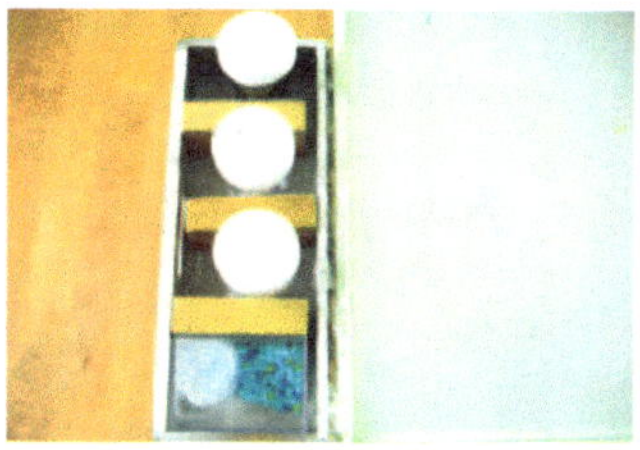

턱을 받칠 수 있는 다리의 길이도 필요해.

나무가 들어갈 수 있는 구멍의 크기를 재자.

재료를 담을 상자를 만들자, 기사선생님, 진짜 나무로 이렇게 만들어 주세요

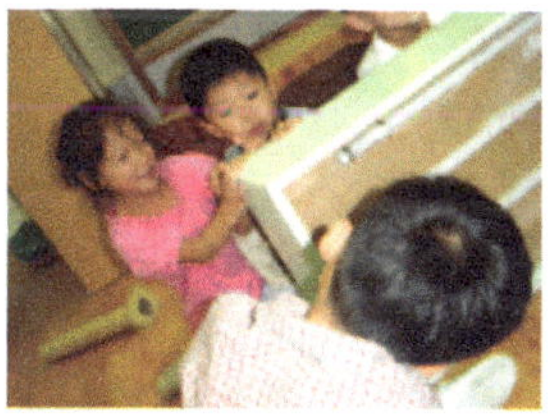

우선 구멍 안에 나무를 끼우자.

짧은 자는 작은 걸로 재고 긴 자는 큰 걸 재면 돼.

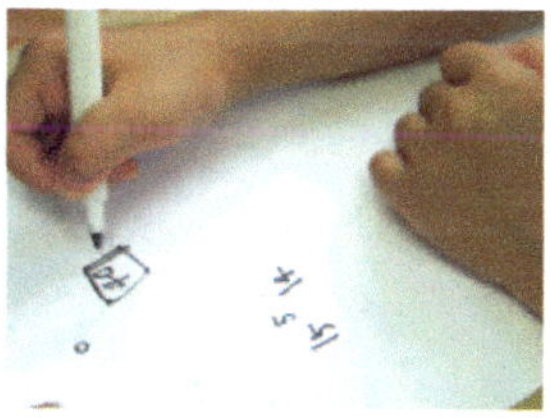

어려워서 잊어버릴지도 모르니 적어두자.

이제 이 종이를 기사선생님에게 주면 되지.

다리길이를 이렇게 수정하자

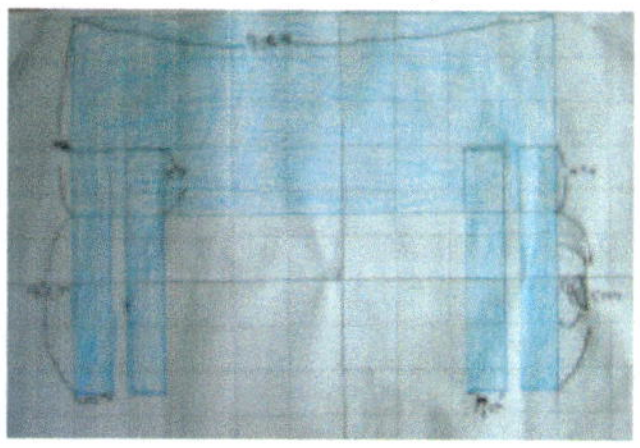

기사선생님께 보여드릴 완성된 설계도

우드락에 먼저 그리자.

자가 움직이면 내가 삐뚤삐뚤하게 하잖아.

매체박스를 추가해요

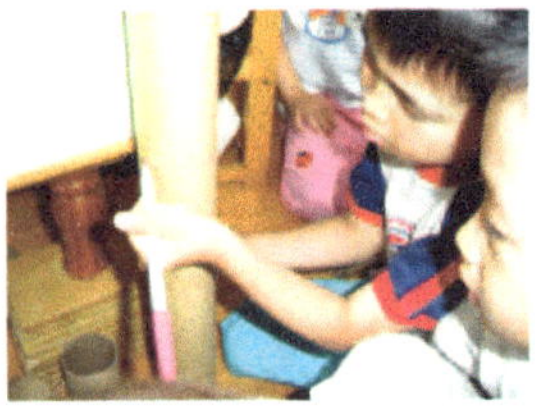

긴 통을 자르면 돼. 삐뚤삐뚤해진다.

가운데 긴 통을 놓고 줄을 그어. 블록 맨 끝에 딱 맞춰서 자르면 되지.

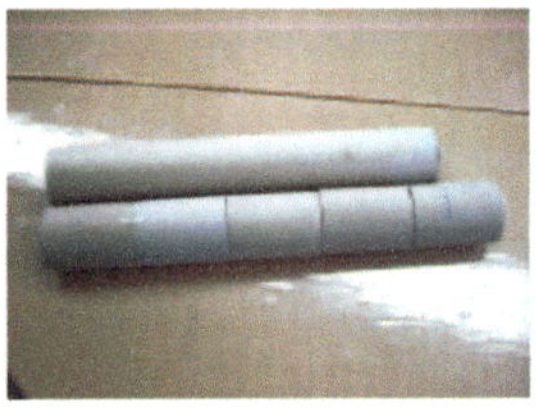

완성된 라이트 테이블 다리 길이

완성된 라이트 테이블에 앉아서 편안한지 확인

매체박스, 라이트 테이블 완성

중간에 선반도 있고 여기 있는 줄이랑 똑같다.

색깔이 다르면 이상하니까 똑같은 색으로 하려구요.

매체박스, 라이트 테이블 완성!

우리 반이 불편한 점을 해결한 라이트 테이블이야.

Chapter 2 역사 · 문화적 배경

레지오 에밀리아 교육자들은 교육 프로그램이 사회 문화적 맥락의 산물이며 그러한 맥락 속에서 고려되어야 함을 강조하고 있다. 역사적으로 이탈리아의 유아 교육은 수세기 동안 이어온 천주교회와 국가 정부 사이의 복잡한 권력의 갈등 속에서 파악된다. 레지오 에밀리아 시가 속해 있는 이탈리아 북부 지역에 오랫동안 뿌리 내려온 협동과 관계의 정신이 질적인 레지오 시립 유아 교육 체제를 가능하게 하였으며 아름다움과 미학을 중시하는 이탈리아 문화가 레지오 학교 교육에 영향을 주고 있다.

1820년대 자선 단체들을 중심으로 영유아 센터의 전신이라 할 수 있는 탁아소가 설립되었고 1830년대에는 유아 학교의 선두격인 2~6세 유아를 위한 기관이 생겨나 교수와 학습을 강조하였다.

1867년 이후에는 프뢰벨(Fröebel)의 유치원 교육이 영향을 미치기 시작하였다.

20세기 초 이탈리아의 산업화가 시작되면서 진보주의 교육자들이 유아 교육에 참여하게 되었고 일하는 여성들을 위한 복지적 차원의 탁아와 교육에 대한 관심이 높아지면서 1900년대와 1910년대를 유아 교육의 성장기로 볼 수 있다. 이 시기에 아가지(Agazzi) 자매는 새로운 유아 교육의 철학과 방법을 발전시켰고 몬테소리(Montessori)가 첫 번째 어린이집을 설립하였다.

그러나 1922년 이후 파시스트들은 몬테소리 방법을 금지하고 천주교회의 독점과 양립할 수 있는 아가지 방법만을 나라에서 인정하는 유아 교육 방법으로 공포하였다.

실제 이탈리아는 2차 세계대전 전 파시스트 정부 치하의 20여 년간 천주교회가 취학 전 교육을 거의 독점하고 있었고(1933년, 유아교육기관의 60% 이상을 종교 재단에서 운영), 사회 과학의 연구와 실험들이 배제된 현실에서 교육 전반이 많이 뒤처져 있었다.

1945년 파시즘 독재정권과 제2차 세계대전이 끝나자 당시의 압박감과 암울함에서 벗어나 보다 정의롭고 새로운 변화를 갈망한 부모들이 자녀들에게 보다 나은 교육환경, 보다 나은 사회를 제공해야 한다는 데 뜻을 모으고 힘을 모았다. 주 정부가 재조직되고 천주교회의 영향이 약화되면서 국민들은 직접 많은 주도권을 갖고 변화를 추구하게 되었다. 이 시기에 강한 주도적인 전통을 가진 지방 도시들에서는 부모 공동 조합 형태의 학교를 설립코자 하는 자발적 시도가 이루어졌다. 독일군이 퇴각한 후, 레지오 지역에서는 폐허 속에서 가장 먼저 자녀들을 위한 학교를 짓기로 결정하였다.

> …새로운 세계와 새로운 인생에 대한 희망을 모두 자신의 아이들에게 두었던 부모들은 자신의 손으로 아이들의 학교를 만드는 데 모든 것을 걸었다. 예전과는 다른 모습, 다른 방식으로 가르칠 수 있는 학교… 이러한 부모들의 생각은 무엇보다도 아이들은 진지하게 다루어져야 하며 믿어야 한다는 경고였으며 유아들의 가능에 대한 왜곡에 대해 대항하는 선언이었다(Malaguzzi, 1993, 레지오 학교 설립에 대한 인터뷰 중).

그 당시 레지오 부근의 빌라 셀라(Villa Cella)라는 마을의 부모들은 남겨진 탱크, 말, 트럭을 팔고 강가의 돌, 모래로 벽돌을 만들고 나무를 베어 모아 부모 협동 운동에서 시작된 최초의 학교를 지었다. 이런 이유에서 이때 지어진 학교를 '탱크 학교(school of tank)'라 하였다. 1945년 교사였던 로리스 말라구찌(Loris Malaguzzi)는 이러한 역사적 현장을 목격하고 큰 감동을 받게 되어 1994년 사망하기까지 교육자로서의 헌신적 봉사와 노력으로 레지오 학교들이 시립 유아 교육 체제로 전환, 운영, 발전하는 데 평생을 공헌하였다. 가드너(1993)는 레지오의 설립자격인 말라구찌를 프뢰벨, 몬테소리, 듀이, 피아제 같은 인물들과 같은 수준에서 언급할 수 있다고 하였다.

1950~60년대 이탈리아는 농업 경제 사회에서 현대 산업 사회로의 근본적인 변화를 가져오게 되었다. 유아 교육에서는 듀이의 진보주의 교육 철학, 비고츠키

와 피아제의 인식론 등 미국과 유럽의 이론을 받아들여 유아 교육에 대한 새로운 인식이 출현하게 되었다.

사회적 서비스와 유아의 교육적 · 복지적 권리에 대한 대중적 욕구와 기대가 변화, 향상됨에 따라 1960~70년대에는 여성, 학생, 노동자들을 중심으로 전통적인 사회의 가치 체계에 항거하여 여러 가지 사회 제도, 학교, 탁아 제도 등을 보장받기 위한 대규모 운동들이 오랫동안 전개되었다. 사회의 여러 단체들 또한 시민들의 생활을 혁신시키기 위하여 압력을 행사하였다. 이 같은 격변의 시기에 대대적인 정치적 · 사회적 투쟁이 있었던 10여 년간 이탈리아에서는 많은 사회 법규들이 생겨났고 여성의 지위가 향상됨과 함께 여성 취업 또한 늘어나게 되었다. 그 결과, 1968년부터 1972년 사이에 중요한 이정표가 될만한 법안들이 연속적으로 통과되었다.

1960년대 후반 유아들의 질적인 교육을 갈망하는 부모와 지역 사회 시민들의 운동과 열정에 의해 유아 학교가 시립 체제화되었다. 1968년에 3~6세 유아를 위한 '공립유아학교법'이 제정되었고 1972년에는 4개월~3세 유아를 대상으로 시가 지원하는 영유아 센터를 설립하기 위한 법이 제정 · 공포되었다. 그로부터 그간 시민들이 주도적으로 설립하여 왔던 학교들이 시립 체제화되기 시작하였다. 이보다 앞서 레지오 에밀리아 시에서는 1963년에 3~6세 유아를 위한 최초의 시립 유아 학교를 설립하고 1970년에 4개월~3세의 유아를 위한 영유아 센터를 설립함으로써 교육 서비스의 조직망을 형성하기 시작하였다. 현재 100%에 가까운 93%의 3~6세 유아가 국립 · 시립 · 사립을 합쳐 55개의 유아 학교에 다니고 있으며 이중 시립 유아 학교는 21개이다. 3세 이하 유아의 경우는 38%가 25개의 영유아 센터에 다니며 이중 시립 영유아 센터는 13개로 시립 체제 내의 학교는 현재 34개에 이른다. 학교는 부모들의 요구에 따라 아침과 저녁 시간을 연장하여 탁아의 욕구 또한 충족시켜 주고 있다. 레지오 에밀리아의 발달된 사회 보장 제도 중 아동 복지는 중요한 위치를 차지하며 연간 시 예산의 12%가 유아 학교와 영유아 센터에 지원된다(New, 1990).

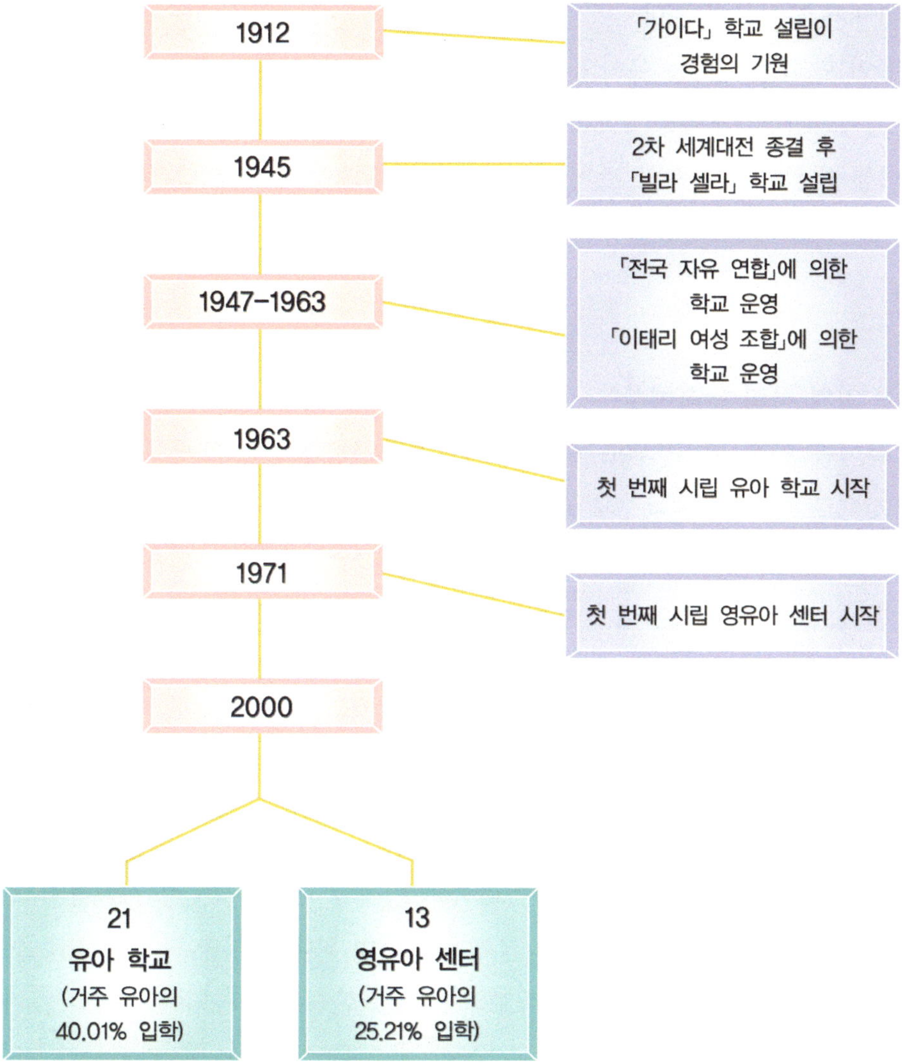

그림 2-1 레지오 에밀리아 시립 유아 교육 체제 발달의 역사 개요

레지오 에밀리아 시는 인구 148,000 정도로 진보적인 사회주의적 성향과 협동적 관념론의 오랜 전통이 뿌리 내려 온 깊고 풍요로운 문화적 · 경제적 · 정치적 유산을 가진 도시이다. 일찍부터 산업화가 이루어져 여성 인력의 사회 진출과 함께 가족 구조 내의 변화가 있었다. 그에 따라 성인 가족에 대한 사회 복지 차원의 욕구와 아동의 기본 권리로서 양질의 교육을 제공받아야 한다는 가치가 통합되어 현재 수준의 유아 교육 체제를 형성하였다. 공동의 선(善)을 위한 협동과 공동의 책임 의식으로 인하여 사회 전체의 발전을 위해 성인들은 유아 복지를 위한 학교에 공공 재원을 투자해야만 하며 유아들이 지식을 구성해 가는 과정에 함께

참여해야 한다고 믿는다.

유아 학교를 다니는 유아의 75%와 영유아 센터를 이용하는 유아의 88%(레지오 에밀리아 시 교육부, 1989)가 맞벌이 가정의 자녀이지만 부모들은 기관이 어머니를 대신하는 것으로 보지 않는다. 여러 형태의 부모 모임을 통해 기관 운영을 공조하고 프로젝트 활동에 참여하여 학습을 지원하는 끈끈한 유대감을 볼 수 있다.

이 지역 사회 문화에서는 사회적 관계 형성과 의사소통을 중요시하고 있으므로 유아를 또래, 교사, 부모, 역사, 사회 문화적 환경과의 관계 속에 소속되어 있는 것으로 보며 어느 누구도 유아에 대한 문제 해결에 독점권을 가질 수 없음을 인식하여 부모뿐만 아니라 지역 사회 주민이 상호 긴밀한 관계를 가지고 학교 활동 및 교육적 의사 결정에 개입함으로써 전형적인 이탈리아의 전통적 대가족 성향을 볼 수 있다. 1971년 부모, 교사, 시민 대표로 구성된 자문 위원회를 주축으로 해당 지역 교육부와 정부에 영향력을 행사하는 지역 사회 중심의 운영(community-based management)이 합법적으로 공식화되었다.

이 지역은 이탈리아 특유의 아름다움과 미학에 대한 깊은 인식을 가지고 있어서 주변 환경에는 청결과 심미적 질서가 있으며 위대한 미술 작품과 건축물을 볼 수 있다. 이러한 문화적 전통은 학교의 물리적 환경에 반영되어 심미적 즐거움을 주는 형태와 색을 갖춘 건물, 가구, 설비, 3차원적 공간 조직, 자연물과 빛의 활용, 유리벽, 아틀리에 등이 반응적인 환경을 이루며 유아의 상징적 표상을 통한 학습 활동을 자극한다.

Chapter 3 철학적 기본 가정

레지오 에밀리아에서는 지역 사회가 유아 교육에 대한 공동 책임 의식을 갖는 사회 문화적 맥락 속에서 교육의 3요소인 유아, 교사, 부모 간 '관계'와 '의사소통'을 통한 교육 철학을 실천하고 있다.

레지오 에밀리아 학교의 설립자인 말라구찌는 오늘날 유아 교육에 많은 영향을 미친 듀이의 진보주의 교육 이념, 피아제, 비고츠키의 학습과 발달 이론 등에서 영감을 얻고 영향을 받았다. 그러나 듀이의 경우, 자신의 교육 이론을 실제에 적용하고자 하였던 실험 학교는 오래 지속되지 못하였고 피아제와 비고츠키는 이론을 실제에 적용하고자 하는 어떠한 시도도 하지 않았다 캐츠는 레지오 학교들을 방문한 후 이론에서 교육 실제가 유래되기보다 실제에서 이론을 끌어낼 수 있음을 알았다고 말한 바 있다(Gandini, 1993). 이처럼 말라구찌는 지난 30여 년간 영유아와 학령 전기의 유아들을 위한 학교에 유아 교육 이론과 실제를 적용하면서 독특하게 자신의 이론과 철학을 발전시켜 왔다.

말라구찌(1993, a, b)가 강조한 레지오 에밀리아 교육 철학의 중심 요소와 교육관을 고찰하고 유아관, 발달과 학습에 대한 가정, 교사에 대한 기본 가정들을 살펴보고자 한다.

레지오 교육자들이 말하는 **교육의 목적**은 표현적 · 의사소통적 · 인지적 언어를 통합하여 스스로 사고하는 힘을 구성해 갈 수 있는 재통합된 유아를 길러내는 것이다. 이 재통합된 유아는 언제나 학습의 주체이다. 그러나 독립된 탐구자가 아니라, 주변 사람의 도움을 필요로 한다고 믿는다(레지오 에밀리아 시 교육부, 1984, 재인용; Edwards, Gandini & Forman, 1993).

레지오에서는 학교와 가족 간의 유대를 강조하여 학교를 성인과 유아 간의 생활과 관계를 공유, 통합하고 가정과 지역 사회로 확장해 나가는 곳으로 본다. 때문에 유아를 중심으로 유아, 교사, 가족을 **교육의 3요소**로 간주하고 3요소 간 '관계에 기초한 교육', '의사소통', '상호 작용'을 강조하는 철학적 이념을 갖고 있다.

유아, 교사, 부모 모두는 학교에서의 역동적 유기체로서 복리감(well-being)을 느낄 수 있고 호감이 가는(amiable) 학교 분위기를 만들기 위해 노력한다. 그러한 분위기 속에서 의사소통을 통해 학교에서 야기될 수 있는 기대, 갈등뿐 아니라 행정 조직, 교육 문제, 프로젝트의 방향 등에 대해 함께 계획하고 문제를 공유하며 상호 교환을 통해 합의해 나가는 최대한의 관계와 상호 작용 조건을 강화하고자 한다. 이를 통해 유아-교사-부모는 함께 능동적으로 인지적, 정의적, 표현적인 통합적 프로그램을 만들기 위해 노력한다.

학교들은 상기한 철학적 이념에 부합되는 물리적 · 인적 환경을 갖고 있다. 관계 형성을 지원하는 물리적 환경으로써 각 학급의 유아들이 함께 모이는 중앙 공간(piazza), 부모나 외부에 학교의 정보를 알리기 위해 활용되는 벽면, 학습 과정의 기록화와 협의를 위한 학교 단위의 아틀리에, 프로젝트를 위한 학급 내의 미니 아틀리에 등을 구성하여 활용하는 환경은 레지오 학교만의 독특한 철학에서 비롯된 것이다.

지속적인 상호 관계와 의사소통을 강조하는 인적 환경으로써 한 학급을 두 교사가 3년간 담당하는 공동 교수(co-teaching) 제도, 학교 단위의 빈번한 교사 간 모임, 부모-교사 간 모임, 교육 조종관(pedagogista) 팀 제도, 가족 단위의 여러 가지 모임, 학교 단위의 자문회 등과 같은 상호 교환 기제를 조직하여 서로 간의 아이디어와 행위를 창안하고 의사소통을 통해 연합해 나간다.

레지오 에밀리아 접근법은 듀이(Dewey)의 교육 철학, 피아제와 비고츠키의 인식론뿐만 아니라 미첼(Mitchell)의 학습에 영향을 주는 지역 사회의 가치를 강조한 이론, 가드너의 다양한 상징 매체의 활용을 강조하는 다지능(multiple intelligence) 이론, 브론펜브레너(Bronfenbrenner)의 '발달의 생태학적 접근', 페리어(Ferrier), 브루너(Bruner), 호킨스(Hawkins)의 교육 사상 등에 영향을 받았다. 도이즈(Doise)와 무그니(Mugny)를 비롯한 후기 피아제 학파의 대인간 인지적 구성의 이론, 케이(Kaye)의 개별 유아의 능력에 맞는 성인의 개별 교수적 지원 이론, 셰퍼(Shaffer)의 언어와 사회적 상호 작용 간의 관계 이론, 모스코비치(MosCovici)의 표상의 발생학 등(Edwards, et al., 1993), 레지오 접근법의 기저를 이루는 이론은 다양하다.

그러나 말라구찌(1993b)는 교육 원리와 실제가 이미 공식화된 교육 모델이나 이론에 의해서만 도출되는 것은 아니라고 믿는다. 레지오 학교 설립 당시의 의미 있는 시작의 역사와 양질의 교육을 위해 투쟁해 온 발전의 역사 그리고 정치적·사회적·문화적 배경 등을 중요하게 생각한다. 학교의 소중한 역사와 복합적인 배경 등이 이상의 과학적 이론들과 어우러져서 교육 원리를 이끌어내게 되는 이상과 실제의 상호 의존성을 강조한다. 레지오 교사들은 끊임없이 많은 교육, 철학, 심리학 문헌을 연구하고 그에 대한 새로운 이해를 바탕으로 현장 실제에 적용하여 실험하고 관찰하는 과정을 계속함으로써 교육 이론과 실제를 발전시켜 오고 있다.

교육관을 개념화하기 위해 레지오 학교의 교육 원리를 요약해 보면 학습자는 인지적 갈등을 통해 능동적으로 지식을 구성해 간다고 보는 구성주의, 또래나 성인과의 사회적 상호 작용을 교육의 과정으로 보는 사회적 구성주의, 성인과 유아가 함께 언어적 의미의 맥락을 구성해 가는 과정을 중시하는 사회 언어적 이론에 기초하여 표상을 교육의 수단 또는 도구로 활용하는 상징적 상호 작용주의에 체계적으로 초점을 맞춤으로써 유아의 지적 발달을 도모하고 있다.

이에 근거하여 콜버그(Kohlberg, 1972)와 메이어(Mayer, 1987)의 교육 사상 분류 체계에 비추어 볼 때, 레지오 접근법의 **교육관**은 인간 행위의 창의적이고 주체적인 힘을 무시하는 문화 전승주의(cultural transmissionism)나 인간 본연의 내재적, 생득적 능력이 자연적으로 계발된다고 하는 낭만주의(romanticism) 사상보다는 학습자가 사회 또는 환경과의 부단한 상호 작용을 통해 능동적으로 성장 · 발달하는 것으로 보는 진보주의(progressivism)의 범주에 해당하는 것으로 개념화할 수 있다.

이상의 철학적 가치와 교육관에 근거한 레지오에서의 **유아관**은 학습자가 독립적으로 지식을 구성하고자 하는 자발적 · 내재적 동기를 가지고 있다고 보는 개인주의적 관점을 넘어서서 또래나 성인, 사회 문화적 환경과의 관계로부터 동기 유발되며 학습하는 풍부한 잠재력과 권리를 가진 주체로서의 '사회적 구성주의자' 로 인식한다(Malaguzzi, 1993a, b; Gandini, 1993; Rinaldi, 1993).

발달은 표상 과정을 통해 지식 간 비일관성을 감소시켜 학습자로 하여금 자신과 주변 세계 간의 관계에 대한 이해를 증진시키는 것으로 본다. 비고츠키의 인식론에 영향을 받아 발달은 유아가 또래나 성인과 상호 작용하는 활동 과정에서 외적 환경을 변화시킬 뿐만 아니라 자신도 변화, 통합되어 가는 구성 과정으로 보기 때문에 발달은 기존에 우리가 알아오던 자연적 계발이나 학습을 통해서 이루어지기보다는 주변 세계를 재조직하는 과정으로 보며 외적 도움이 필요함을 가정한다.

상호 관계를 통한 **학습**은 능동적인 학습 과정으로 보아 학습은 가르치는 것이 아니라 전문적 자질을 가진 성인이나 또래 등의 문화 구성원과 학습 동기를 가진 유아와 호혜적 상호 관계의 결과로써 유아가 적극적으로 구성하는 것이라 믿는다.

주요 **교수 전략**은 장기 또는 단기의 프로젝트를 통해 한 가지 주제를 중심으로 소집단의 유아가 협력적으로 문제 해결할 수 있는 기회를 최대화하고 다양한 매체를 사용한 다상징적 표상을 통해 반성의 기회를 가짐으로써 학습이 이루어지도록 한다.

레지오에서 **교사의 역할**은 '지식의 공동 구성자' 임을 가정한다. 교사와 유아 간의 상호 작용을 말할 때 탁구 게임을 곧잘 언급한다. 예컨대, 탁구 시합에서 교사와 유아 간 게임을 계속하기 위해 교사의 역할은 넘긴 공을 유아가 잘 받아서 되칠 수 있도록 쳐주는 것으로 비유된다. 이러한 과정에서 교사가 유아의 학습을 도와줌으로써 교사와 유아가 함께 성장 · 발달해 나간다고 믿는다(Malaguzzi, 1993).

레지오에서는 교사 간에도 전문적 자질의 공동 구성을 강조한다. 교사 간의 분리는 전문적 독립을 의미하는 것이 아니라고 믿는다. 높은 수준의 전문성은 자신의 견해에 고착하지 않고 다수의 관점을 수용할 때 가능하다. 협의를 통하여 공동의 문제를 함께 나눌 때 행동의 일관성이 있고 개인의 이론이 수정, 발전되어진다고 본다.

교사들은 계속적인 현직 훈련을 통해 전문적 성장과 발달을 위해 노력할 뿐만 아니라, 자신들이 부모 교육을 담당하는 역할을 한다고 생각하기보다는 부모와 함께 배우기를 원하며 유아의 양육과 교육의 책임을 부모와 공유한다.

또한 지역 사회 중심의 운영은 레지오 학교 역사의 중요한 부분으로서 버팀목이 되어 왔으며 교육 체제와 지역 사회 구성원을 공조하게 하고 교사와 부모 간의 지원 체제를 강화하고 문화적 교육을 통합시킬 뿐만 아니라 행정적 · 정치적 기관과 중재하여 학교의 입지를 강화시키는 역할을 한다.

이상과 같이 철학적 이상을 실제에 구현해 오면서도 레지오 에밀리아의 교육자들은 이 접근법을 모방할 수 있는 완성된 하나의 교육 모델로 보지 않는다. 좀 더 주의 깊게 반성하고 앞으로도 실행을 통해 계속적으로 외부의 피드백을 받아 수정되어야 할 하나의 교육 경험으로 간주하고 있다(Gandini, 1993). 이러한 이유에서 자신들의 교육 경험을 '프로그램'이나 '모델'로 명명하지 않고 '접근법'이라 칭한다.

Chapter 4 행정 조직 및 운영

오늘날 이탈리아에서는 3~6세 유아의 약 93%가 유아 학교에 다니고 있고 국립 · 시립 · 사립 세 종류의 기관 중에서 선택할 수 있다. 레지오 시 역시 학령 전기의 유아 약 95%와 3세 이하 유아 38%가 유아교육기관에 다니고 있다. 레지오의 0~3세 유아 25.21%가 시립 영유아 센터에 다니고 있으며 3~6세 유아의 40.01%가 시립 유아 학교에 다님으로써 이 유아 교육 체제의 혜택을 받고 있다.

레지오 에밀리아의 행정 체계를 보면 학교와 관련된 모든 사람들이 공동의 책임감을 갖고 있음을 알 수 있다.

1. 레지오 에밀리아 시의 유아 교육 체제 구성

레지오 에밀리아의 시가 운영하는 유아 교육 서비스의 조직망에는 2000년 현재, 21개의 유아 학교(scuoie dell infanzia)와 13개의 영유아 센터(nidi)가 포함된다. 3세에서 6세 유아 1,508(40.01%)명이 유아 학교에, 3개월에서 3세까지의 유아 835(25.21%)명이 영유아 센터에 다니고 있다.

그 외 레지오 에밀리아 시에는 지방 행정부의 특별 합의를 받은 협동조합에 의해 운영되는 6개의 영유아 센터와 시와의 합의를 거친 부모 연합회에 의해 운영되는 1개와 종교 재단에서 운영하는 5개의 영유아 센터가 있다. 이 시설들에는 3개월에서 3세 사이의 유아 424명이 다니고 있다(레지오 에밀리아 시, 2000).

레지오 에밀리아 시에는 시립, 국립, 대부분 종교 재단에서 운영하는 시립 유아 학교를 포함하여 거주자 중 3세에서 6세 유아 94.65%와 3개월에서 3세까지의 유아 38%가 유아교육기관에 다니고 있다.

다이아나 유아 학교

시립이 아닌 유아 학교 운영체로는 국립 11개, 종교재단 21개, 조합에서 운영하는 1개, 사립 1개가 있으며 나머지 유아 2,060(54.64%)명이 다니고 있다.

표 4-1. 레지오 에밀리아 시의 유아 교육 서비스(0세~6세까지)

레지오 에밀리아 시의 영유아 센터			
운영 조직	센터 수	유아 수	전체 거주 유아의 백분율
시립	13	835	25.21%
조합	6	336	10.14%
종교 재단	5	73	2.20%
부모 연합	1	15	0.45%
Total	**25**	**1,259**	**38%**
레지오 에밀리아 시의 유아 학교			
운영 조직	**학교 수**	**유아 수**	**전체 거주 유아의 백분율**
시립	21	1,508	40.01%
국립	11	660	17.51%
종교 재단	21	1,312	34.81%
조합	1	27	0.71%
사립	1	61	1.61%
Total	**55**	**3,568**	**94.65%**

출처 : 레지오 에밀리아 시 교육부(2000)

2. 시립 학교의 인적 자원

2.1 교육 조종관(pedagogista) 팀에 의한 본질적 장학

레지오 에밀리아의 영유아 센터와 유아 학교는 시에서 운영하며 시로부터 교육적 · 행정적 · 경제적 지원을 받는다.

[그림 4-1]에서 보는 바와 같이 레지오 시 교육부 산하의 영유아 센터와 유아학교 분과에는 책임자로 교육 담당 공무원, 즉 분과장(director)이 있다. 그 밑에 유아 교육 조정관(pedagogical coordinator)이 임명된다. 이 담당관 산하에는 페다고지스타가 팀을 이루고 있다. 페다고지스타(pedagogista) 8명, 특수 교육 담당 심리학자가 1명이다.

페다고지스타는 교육학이나 심리학을 전공한 학위 소지자들이며 4~5개의 학교나 센터를 맡아 지원하고 함께 일한다. 학교에는 원장이 없다. 학교는 페다고지스타 한 명의 도움을 받아 교사와 직원들이 팀으로 운영한다.

이 체제에서 페다고지스타는 본질적인 장학을 담당하며 다면적인 역할을 수행한다. 페다고지스타는 부모, 교사, 행정관과 연계하여 행정적 자문을 하고 교사의 전문적 발달을 위해 교사 현직 교육을 계획하여 조직한다. 프로젝트와 교육활동의 수행을 조력하고 교사와 부모 간의 문제를 조정할 뿐만 아니라 레지오 접근법을 외부에 알리고 외부와 상호 교환하는 일을 담당한다. 페다고지스타가 하는 역할의 중요한 목적은 교사를 위해 문제를 해결해 주기보다는 교사들의 자율성을 촉진함으로써 문제를 해결할 수 있도록 지원하는 데 있다.

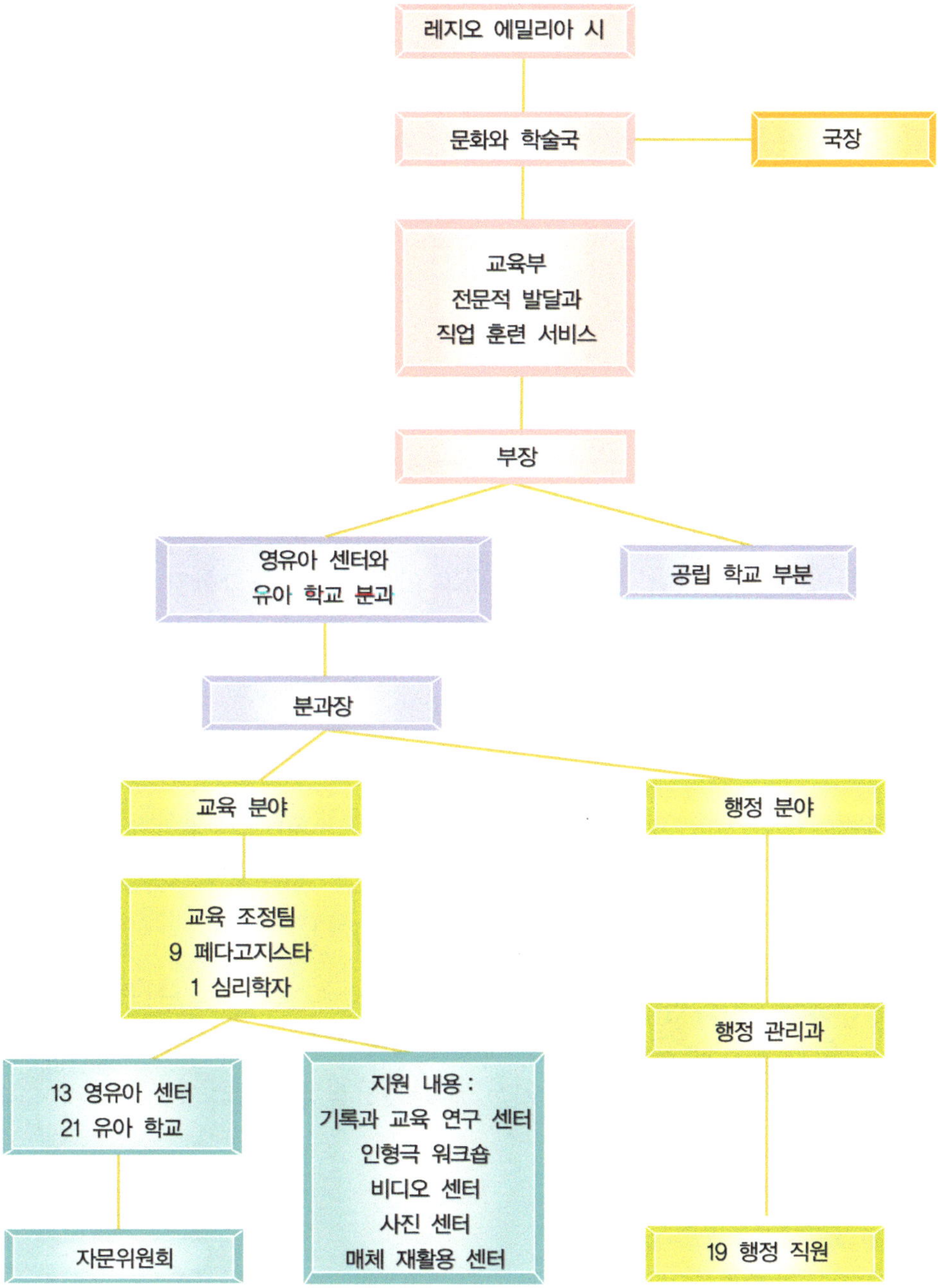

그림 4-1 레지오 에밀리아 시 교육부의 행정 조직(2002)

2.2 부모의 참여

부모들은 유아들의 복지와 학습 경험을 위해 능동적으로 참여하여 중요한 부분을 담당하며 학교 운영 위원의 일원으로 일하기도 한다. 부모들은 교사나 학교가 정해 주는 일을 하는 것이 아니라 전체 구성원이 참여하는 회의에서의 의사소통을 통해 자신들이 할 일을 토의하여 계획하며 협의된 일에 대해서는 강한 열정과 동기를 가지고 참여한다.

부모들은 개인적으로, 학급 활동을 통해, 그리고 전체 모임을 통해 학교에 참여한다. 경우에 따라 특정 과제나 프로젝트를 중심으로 소위원회를 통해 참여하기도 한다. 부모뿐만 아니라 교사 · 요리사 · 보조원 등 학교에서 일하는 모든 성인들이 유아 교육에 대한 책임을 공유하고 아이디어를 통합하기 위해 다양한 상호 작용 기회를 갖는다.

학급 단위의 모임

부모들은 일년에 5, 6회 정도 교사가 제안한 토의 주제를 가지고 모임을 갖는다. 부모들의 사전 동의를 얻어 대다수의 가족들이 모일 수 있는 저녁 시간에 주로 모임을 갖는다. 여기서는 특정한 학급 유아들의 문제를 협의하거나 교육 활동의 방향을 제시하기도 하고 교육 경험을 평가한다.

소집단 모임

학급의 부모들이 소집단으로 특정 가족이나 유아들의 문제를 구체적으로 협의하기 위해 교사와 만난다.

부모-교사 개인 면담

특정 부모 또는 유아의 문제나 발달에 대해 깊이 있게 토론하기 위해 면담한다.

주제 중심의 모임

'아버지의 역할' '유아의 공포' 등과 같은 주제를 가지고 주제에 관심이 있는 부모뿐만 아니라 학교 관련자는 누구든 참여할 수 있다. 참석자들은 주제에 대해 토론하고 분석하면서 각자의 의견과 생각을 상호 교환할 수 있는 좋은 기회가 된다.

전문가와의 만남

'유아의 성에 대한 관심', '유아를 위한 책', '유아 다이어트' 등 개별 학교 또는 여러 학교의 공통 문제나 관심사에 대해 전문가의 강의를 듣거나 토의하는 기회를 갖는다.

작 업

부모가 교사와 함께 학교의 가구나 설비를 만들고 공간을 재배치하거나 실외 영역을 수리함으로써 학교 환경의 향상을 위해 구체적으로 기여한다.

실 습

부모는 교사와 함께 인형 만들기, 그림자 인형극 틀 만들기, 사진기 사용 등 매체의 교육적 활용을 위한 기술을 배우거나 요리사와 요리 실습을 하기도 한다.

명절과 축하 모임

유아의 생일 축하, 할아버지, 할머니 날, 학년 말, 절기 행사 등에 학급 단위의 모임을 갖는다. 또는 학교 전체 가족들뿐만 아니라 마을 사람들이 함께 모이는 집단 행사를 갖기도 한다.

기타 행사를 위한 모임

야외 학습, 소풍, 야유회, 여행, 부모가 자녀의 학급에서 보내는 '유치원에서의 하루' 행사 등이 있다. 유아가 친구의 집을 서로 방문하여 지내거나, 체육관, 수영장, 시의 광장, 시장 등의 견학을 위해 부모가 참여한다.

2.3 지역 사회 중심의 운영

이탈리아에서는 20여 년간 지역 사회 중심의 운영이 영유아 센터와 유아 학교에 정착되어 있다. 1970년대부터 지역 사회가 교육에 참여하는 지역 사회 중심의 운영 체제(gestione sociale)가 공식화되었다. 지역 사회 중심의 운영은 부모, 교사, 시민, 지역 사회로 하여금 교육기관의 운영에 필수적인 참여, 민주주의, 집단 책임감, 문제 해결, 의사 결정의 과정을 강조함으로써 유아교육기관을 지나친 관료주의의 위험에서 보호하고 교육 개혁을 촉진하며, 교육자와 부모 간의 협력을 공고히 한다.

각 영유아 센터와 유아 학교는 최근에 이르러 3년마다 부모, 교육자, 주민들 중에서 지역 사회 자문회(advisory council)의 위원을 선출한다. 34개의 기관에 34개의 자문회가 구성된다. 2000년의 경우, 시립 유아교육기관을 이용하는 2,496 가정 중 596명의 부모가 위원으로 선출되었다. 이는 약 네 가정 중 한 가정이 기관의 운영에 참여함을 의미한다. 75명의 유아가 다니는 한 유아 학교의 경우, 자문회는 부모 19명, 교육자 13명, 지역 사회 구성원 7명으로 구성된다.

자문회에서는 부모들의 의견을 수렴하여 처리하며 부모 참여 전략을 연구하여 부모 참여를 유도한다. 기관 내의 환경 구성과 일과에서 발생하는 문제를 해결하기 위해 모임을 주선하거나 조정하고 수렴된 의견을 학교에 적용하고 평가한다.

각 자문회에서 2~3명의 대표를 뽑아 시의 유아 교육 위원회에서 유아 교육 담당관, 교육 조종관 팀, 교육 담당 공무원, 그리고 시장과 함께 가족과 교육자의 요구를 공개적으로 제기하며 유아 교육 관련 행정적·정책적 의사 결정에 참여한다.

3. 시립 학교의 집단 조직과 시간 조직

3.1 영유아 센터와 유아 학교의 집단 조직

0세에서 3세 유아들이 다니는 영유아 센터는 4개의 반으로 나누어 운영된다.

- 0세~9개월
- 10개월~1.5세(18개월)
- 1.5세(19개월)~2세(24개월)
- 2세(24개월)~3세

70명이 다니는 영유아 센터의 경우, 성인 19명이 근무하며 인적 구성은 다음과 같다.

표 4-2. 영유아 센터의 집단 조직(4학급 편성)

전체 유아	학급 편성	유아 수	연령
70	영아	27	0~9개월
	toddler 1		10~18개월
	toddler 2	43	19~24개월
	toddler 3		24개월 이상

3세에서 6세 유아들을 위한 유아 학교는 주로 3·4·5세의 연령별로 3학급이 구성되지만 혼합 연령으로 구성되기도 한다. 전형적으로 한 학급당 25~26명의 유아에 2명의 교사가 팀으로 근무한다. 전형적인 유치원의 인적 구성은 다음과

같으며 교사뿐만 아니라 전체 구성원이 학교 운영에 팀으로 참여한다.

표 4-3. 유아 학교 학급 조직

	2학급	3학급	4학급
유아	52	78	104
교사	4	6	8
연장일과 교사 (시간제)*	1	1	1
아틀리에 리스타	1	1	1
요리사	1	1	1
종일제 보조자	2	2	3
시간제 보조자	1	3	3

* 등록된 유아 수에 따라 두 번째 시간제 교사가 추가됨

3.2 영유아 센터와 유아 학교의 시간 조직

표 4-4. 영유아 센터의 시간 조직

영아를 위한 연간 일정–(1999/2000) 1999년 9월 1일~2000년 6월 30일 (특별한 요청이 있는 가족을 위해서 7월 한 달간 영유아 센터 개원)
영유아 센터 개원 시간 월요일부터 금요일까지 오전 8시부터 오후 4시까지 특별한 요청이 있는 가족을 위해서 이른 등원(7 : 30)과 연장 일과(오후 6 : 30) 운영
교직원의 연간 일정–(1999/2000) 1999년 8월 24~2000년 7월 13일

학교들은 대략 9월 1일에 개원하여 다음 해 6월 30일까지 연간 교육 일정이 마무리되며 직원들의 근무 기간은 8월 24일경부터 시작하여 다음 해 7월13일까지이다. 필요한 가족들을 위해 1개 기관에서 방학 동안 여름 학교를 운영한다.

영유아 센터 교직원 일과		
주당 전체 근무 시간 수	유아와 함께	다른 활동*
36	31	51
* 전문적 발달, 계획, 매체 준비, 공동체 관리, 부모 모임, 그 외 모임 등		

교직원 근무 시간		
역할	시간	
4 교사*	오전 8:00	오후 2:00
4 교사*	오전 8:33	오후 400
2 교사*	오전 9:03	오후 4:00
1 교사*	오전 9:09	오후 4:00
연장 일과 근무교사 (시간제)**	오후 3:30	오후 6:30
요리사	오전 8:00	오후 3:21
1 보조자***	오전 8:00	오후 3:21
1 보조자***	오전 8:30	오후 3:51
1 보조자***	오전 9:39	오후 5:00
시간제 보조자	오전 4:00	오후 7:00

* 매주 교대
** 주당 하루 아침 추가
*** 매주 교대

일과 시간은 월요일부터 금요일까지 하루 8시간 정도이며 가족들의 필요와 요구에 따라 오전과 오후에 연장 운영한다.

교사들은 일의 효율성을 높일 수 있도록 일과 시간 내내 근무하는 것이 아니라 시간차를 두고 교대로 6시간 내지 8시간 정도 근무한다. 1주일에 36시간을 근무하며 그 중 유아들과 함께 하는 31시간 외의 나머지 시간에는 교육 계획, 부모 면담, 기록화 작업, 전문적 발전을 위한 활동, 학교 관련 업무들을 한다(Gandini, 1993). 교사들은 학급에서 유아들과 활동하는 시간 이외에 1년에 190시간을 더 일하는데, 이 중 43시간은 부모나 위원회와의 모임에, 40시간은 세미나 · 워크숍 등에 참여하며 107시간을 현직 교육에 참여한다(Filippini, 1993). 이러한 기회를 통해 교사들은 질적인 교육을 실천할 수 있는 높은 수준의 전문적 성장을 얻고자 노력한다.

표 4-5. 유아 학교의 시간 조직

유아 학교 개원 시간
월요일부터 금요일까지 오전 8시부터 오후 4시까지 특별한 요청이 있는 가족을 위해서 이른 등원(7 : 30)과 연장 일과 운영(오후 6 : 30)
유아를 위한 연간 일정-(1999/2000)
1999년 9월 1일~2000년 6월 30일 (특별한 요청이 있는 가족을 위해서 7월 한 달간 1개의 유아 학교 개원)
교직원의 연간 일정-(1999/2000)
1999년 8월 24~2000년 7월 13일

유아 학교 교직원 일과		
주당 전체 근무 시간 수	유아와 함께	다른 활동*
36	30	6
* 전문적 발달, 계획, 매체 준비, 공동체 관리, 부모 모임, 그 외 모임 등		

교직원 근무 시간		
역할	시간	
학급 교사*	오전 8:00	오후 1:48
학급 교사*	오전 8:27	오후 400
아틀리에리스타	오전 8:30	오후 3:33
연장 시간 교사 (시간제)**	오후 3:30	오후 6:30
요리사	오전 8:00	오후 3:21
보조자***	오전 8:00	오후 3:21
보조자***	오전 9:00	오후 4:21
시간제 보조자	오후 12:36	오후 4:30
시간제 보조자	오후 4:00	오후 7:00

* 매주 교대
** 주당 하루 아침 추가
*** 매주 교대

4. 유아 센터와 유아 학교의 수입과 지출

표 4-6. 유아 센터와 유아 학교의 수입과 지출

영유아 센터 (1999)		
수입		
내용	계	전체 금액에 대한 비율
부모 지불 교육비	2,812,369,000	22.90%
다른 수입 (에밀리아 로마냐 지역의 기부금 등)	321,189,000	2.63%
계	**3,133,558,000**	**25.53%**
지출		
내용	계	백분율
급여	9,737,980,000	79.34%
상품 구입 및 서비스	2,535,640,000	20.66%
계	**12,273,620,000**	**100.00%**
등록한 유아 당 연평균 비용		**15,399,000**
등록한 유아 당 연평균 교육비		**3,528,690**

유아 학교 (1999)		
수입		
내용	계	전체 금액에 대한 비율
부모 지불 교육비	2,913,488,000	19.75%
다른 수입 (에밀리아 로마냐 지역의 기부금)	893,032,000	6.05%
계	**3,806,520,000**	**25.80%**
지출		
내용	계	백분율
급여	11,519,384,000	78,10%
상품 구입 및 서비스	3,231,639,000	21.90%
계	**14,751,023,000**	**100.00%**
등록한 유아 당 연평균 비용		**10,402,700**
등록한 유아 당 연평균 교육비		**2,054,640**

출처 : 레지오 에밀리아 시 교육부(2000).

영유아 센터와 유아 학교에 다니는 유아 당 연평균 소요 비용에 비해 등록한 유아가 지불하는 교육비는 현저하게 낮다. 이는 시 예산의 12%가 영유아 센터와 유아 학교에 지원되고 있기 때문이다.

Chapter 5 교수 학습의 이론적 기초 : 사회적 구성주의

듀이는 일찍이 실용주의 철학과 심리학적 지식을 연합하여 유아가 실생활에서 경험한 내용을 매체를 통해 표상함으로써 경험을 재구성하고 의미 있는 학습이 이루어지도록 하는 교육 방법을 주장하여 교육과 사회 문화 간의 관계를 강조하였다.

이에 영향을 받은 레지오 에밀리아 접근법에서는 교육과 사회 문화의 관계는 계속 탐구되어야 할 과제이며 유아의 진정한 문화적 획득이라고 믿는다. 이러한 맥락에서 보다 폭넓게 발달과 학습에 관한 다양한 이론을 반영하고 있고 이를 통칭하는 '사회적 구성주의' 틀 속에서 다음과 같은 이론에 근간을 두고 있다.

1. 피아제의 구성주의

피아제는 발생학적 인식론의 관점에서 발달에 영향을 주는 외적 맥락보다는 학습자의 내부에 지식이 어떻게 생성 · 변형 · 발달되어 가는가에 관심을 가졌다. 지식은 학습자가 이미 알고 있는 것(naive realism)에서 시작하여 점진적으로 구성하는 것이며 유아가 갈등을 갖는 가설 이론에 대해 확실성(certainty)을 가질 수 있도록 인식을 발달시켜 나가는 것으로 본다. 이러한 인식의 점진적 특성과 가설 이론에서의 출발을 강조하는 지식의 구조 이론을 구성주의라 한다(Forman & Fosnot, 1982).

'구성(construct)' 이라는 용어는 학습자가 이미 알고 있는 단편적인 사실이나 정보에 기초하며 이미 알고 있는 지식과 새로운 지식을 논리적으로 일관성 있게 연관, 통합하여 의미 있는 관계 체제를 점진적으로 형성해 나가는 정신적 구조를 말한다. 피아제의 구성주의 이론은 인식론과 인지 심리학을 넘어서 학습과 교수 이론을 위한 새로운 이해의 틀로 수용됨으로써 유의미한 학습의 준거로 사용되어 왔다.

피아제의 교육 실제에 대한 견해는 발달에 있어서 유아의 자발적 활동의 역할을 강조하였다는 점에서 그 근간을 찾을 수 있다(DeVries & Kohlberg, 1987). 구성주의 관점에서 학습 주체인 유아는 기존의 진리나 규칙을 수동적으로 복제하는것이 아니라 환경과의 경험을 통해 나름의 새로운 지식을 능동적으로 창안, 구축하는 독립적인 존재로 본다. 즉, '행함으로써의 학습(learning by doing)' 이 아니라 '추론을 위한 학습(learning to infer)' 에 논점이 있다.

구성주의의 추론을 위한 학습에서 가장 중요한 학습의 동인(動因)은 인지적 갈등이다. 유아는 새로운 정보를 접하게 될 때 기존의 가설 이론으로 설명을 할 수 없게 되면 인지적 부조화, 즉 인지적 갈등을 느끼게 된다. 이러한 지적 불평형 상태(disequilibrium)를 해소하고자 하는 본연의 욕구에 의해 유아는 추론을 통해 인지 구조를 재조직하고 기존 가설을 재구축해 나간다. 구성주의 이론에 기초한 **과학적 탐색** 방법이다.

레지오에서 교사들은 학습자의 이러한 내생적 과정에 대한 신념을 갖고 유아가 흥미를 갖는 활동에 참여하면서 스스로 조사하고 싶은 문제와 의문점을 발견하여 갈등 요인을 의식할 수 있도록 가설을 세우게 돕는다.

결국 평형화 이론의 중요성은 학습자가 스스로 문제 해결을 위해 상황을 조정해 나가는 자기-규제적 학습 과정, 즉 학습자가 상황, 대상, 사람 간에 새로운 관계를 수립하고자 하는 반성적 사고 과정이 내재해 있다는 데 있다(DeVries & Kohlberg, 1987; Forman & Fosnot,1982). 구성주의 관점에서 '안다'는 것은 자신이 아는 것을 의식화하여 표현할 수 있는 반성력의 수준을 요구하며 직관적 사고가 반성적 · 의식적 사고가 되기 위해서는 표상을 통한 상징이 포함되어야 한다고 본다(Piaget, 1962). 우리는 상징으로 인해 능동적이 되고 기억이 작동하며 다른 상징과의 관계를 맺으면서 회상, 문제 해결, 추론이 가능해진다 하겠다.

구성주의자인 포먼(1990, 1992, 1993a, b, 1994, 1995a, b)은 학습 과정에서 유아가 자신의 사고를 고찰, 반성해 보는 기회를 높이기 위해 시상적 표상(示象的 表象 : graphic representation)을 활용하였다. 이는 레지오 에밀리아의 학습 방식과 일관된다. 대상물이나 상황에 대해 학습 과정의 진행에 따라 달라지는 유아의 아이디어, 가설, 이론을 그림을 통해 가시화(可視化 : visible)하면 직관적 지식을 의식화하는 메타-인지적 역할을 하므로 의사소통과 학습을 위한 도구로 작용하는 것을 레지오에서의 프로젝트 사례를 통해 입증하였으며 이를 **'학습을 위한 그리기(drawing to learn)'** 라고 하였다.

레지오에서는 피아제의 인식론을 토대로 하여 교육의 의미를 반영하고 학습 원리를 설명해 오고 있지만 인지 발달에 있어서 사회적 상호 작용의 역할을 간과한 피아제의 개인주의(individualism) 시각을 비판한다(Malaguzzi, 1993a).

과학적 탐색 방법

학습을 위한 그리기

2. 후기 피아제 학파의 사회적 상호 작용주의

인지 발달은 학습자와 환경, 두 가지 유형의 상호 작용을 통해 이루어진다. 그 하나는 학습자와 물리적 환경의 직접적 상호 작용이며 다른 하나는 인간 환경의 중재를 통한 상호 작용이다(Doise & Mugny, 1984).

첫째 유형은 흔히 인지 심리학, 발달 심리학에서 강조되어 왔다. 둘째 유형은 사회 심리학에서의 상호 작용은 부모, 교사 또는 보다 능력있는 또래와 같은 인간적 환경의 중재를 통해 학습자가 환경 자극을 쉽게 이해할 수 있도록 도와 주는 것을 의미한다.

사회 심리학은 인지 심리학에서 우세해 왔던 인식론적 개인주의와 대조되는 이론으로 인지 발달의 '양극 공식(학습자－대상물)'을 '삼극 공식(학습자－타인－대상물)'으로 변화시키고자 하였으며 이를 '사회적 상호 작용주의(social interactionism)'라 불렀다(Doise & Mugny, 1984).

피아제는 유아의 발달에 미치는 사회적 특성을 인식해 왔음에도 불구하고 그 의미를 사고 발달의 충분한 중심으로 보지 않았으며 분석의 단위로써 개인에 초점을 두어 개인의 발달이 타인, 과제나 정보가 제시되는 매체, 큰 문화적 맥락과는 분리되어 일어나는 것처럼 행해져 왔다. 후기 피아제 학파(Bell, Grossen & Perret-Clermont, 1985; Doise & Mugny, 1979, 1984; Doise, Mugny & Perret-Clermont, 1975, 1976; Light, Perret-Clermont, 1989; Perret-Clermont, 1980)는 인지 발달에 미치는 또래 간 상호 작용의 역할에 대한 피아제의 가설적 정의를 실증·실용화하였다.

사회적 상호 작용론자들은 사회적 상호 작용이 진정한 인지적 갈등을 유발하여 학습의 가능성을 최대화할 수 있다고 설명한다. 유아는 사회적 상호 작용 상황에서 서로 다른 관점을 가진 타인과 직면(confrontation)함으로써 사회 인지적 갈등을 경험하게 되고 공동 이해, 공동 활동에 대한 욕구를 느끼게 되어 갈등을 해결해 나가는 과정에서 자신의 인지를 재조직, 재구조화하고 공동 구성하게 된다는 것이다(Bell, Grossen & Perret-Clerment, 1985). 이러한 주장에는 효율적 학습을 돕는 요인으로써 '사회 인지적 갈등 유인 조건'과 '사회적 과제 조건(social marking)'의 두 가지가 내재해 있다.

사회 인지적 갈등 유인 조건은 개인 내의 인지적 갈등이나 부조화가 아니라 개인 간 갈등이 야기될 수 있는 상호 작용 조건을 이용하여 공동 학습이 이루어지게 하는 기제를 말한다. 이러한 상호 작용은 단순한 사회적 불일치나 또래를 모방하는 형태가 아니다. 대립되는 관점을 가진 타인과의 상호 작용에서 조정이 요구되는 사회 인지적 갈등을 경험하게 하는 형태이다. 이러한 상호 작용을 통해 유아는 보다 깊은 수준의 이해를 위한 도전감을 갖게 되므로 '사회적 타인'의 중요성을 반성하고 서로 다른 관점을 통합함으로써 이전의 가설 이론을 재구축하고 비일관성을 재조정하여 지식을 공동 구축한다.

사회적 과제 조건은 사회적 문제 해결 시에 제시되는 '상징적 과제'의 사회적 · 상황적 조건으로써 학습자가 과제 상황이나 과제 자체를 쉽게 지각하고 정확히 이해할 수 있도록 제시함으로써 사회적 · 인지적 과제 수행력을 증진시키는 기제를 말한다(Doise & Mugny, 1984; Girotto, 1987; Light & Perret-Clerment, 1989). 유아가 과제 상황에 대해 충분한 공유 의미(shared meaning)를 가질 수 있도록 상징적 수단을 제공함으로써 유아는 자신이 아는 것을 정확하게 표현, 표상할 수 있게 된다. 뿐만 아니라 참여자 간 주관성(inter subjectivity)이 확립됨으로써 사회적 의사소통 또한 활성화되어 유아의 학습을 적절히 지원할 수 있다.

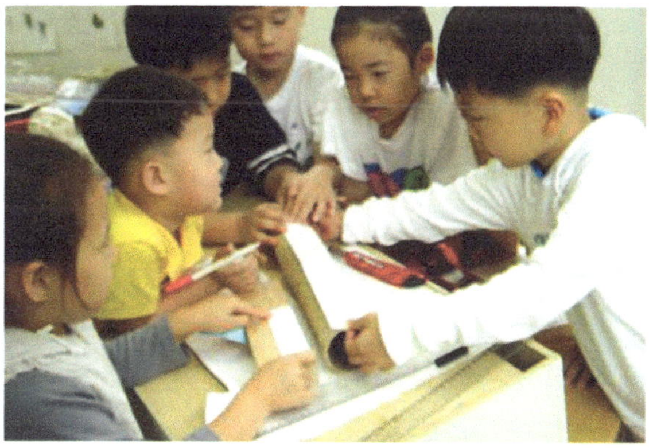

사회 인지적 갈등 유인

사회적 과제 조건

사회적 상호 작용론자들이 강조하는 이상의 조건들은 레지오 에밀리아의 학습 장면에서 성인과 유아 간, 유아들 간의 상호 작용에서 그리고 유아들의 상징적 표상 활동에 전제 조건으로 작용한다. 후기 피아제 학파의 이러한 주장은 개인의 인지적 발달을 가족, 학교, 또래, 매체, 의식, 활동과 연관된 사회적 · 상징적 과정으로 인식하는 사회 구성주의적 시각을 갖게 하였다.

3. 비고츠키의 사회 문화적 발달

'사회 문화적(sociocultural)' 발달은 정신 기능을 보편적인 것보다는 제도적 · 문화적 · 역사적 특수성에 초점을 맞추는 접근으로 인간의 정신 기능이 사회적 · 문화적 맥락에 따라 어떻게 형성되는지를 이해하고자 한다(Wertsch, 1990). 비고츠키의 사회 역사적-문화 심리학적 접근의 이론적 골격은 세 가지로 특징 지을 수 있다.

첫째, 인간 정신의 발달은 단일 요인이나 원리만으로는 설명할 수 없다는 전제하에 변증법적인 발생적 접근의 방법론을 강조한다.

둘째, 개인의 정신 기능은 사회적 과정에 기원을 두고 있으며 점차 내면화되어 고등 정신 기능으로 발달한다고 본다.

셋째, 인간 행동의 본질은 도구와 기호의 매개에 의해 귀속되므로 정신 과정은 그것을 매개하는 기호(sign)나 도구를 이해해야만 비로소 이해될 수 있다는 기호론적 매개(semiotic mediation) 이론이다(Wertsch, 1985a, b, 1990). 이는 정신 활동은 사회를 학습하는 것이며 정신 발달은 사회적 기호를 내면화하고 문화와 사회와의 관련성을 내면화한 결과이며 근본적으로 사회 발생적 과정임을 주장하는 것이다.

비고츠키(1978)는 기호가 매개된 사회적 상호 작용에 의해 인간의 초등 정신 기능이 고등 정신 기능으로 발달한다고 하였다. 브루너(1962)는 '비고츠키의 발달 이론은 교육 이론'이라 하였다. 비고츠키의 교육 이론은 문화 전달 이론이다. 이론의 본질은 고등 정신 기능이 유아가 문화에 적응하는 과정에서 형성된다는 것이다. 비고츠키는 형식적 교육을 문화 적응을 위한 근본 도구로 생각하였고 특히 '교육의 사회적 조직'을 강조하여 심리적 도구를 매개로 한 유아와 성인 간의 능동적, 협력적, 체계적인 상호 작용이 교육 과정의 중심 요소로서 유아의 정신 기능을 재조직하는 데 결정적 역할을 하는 것으로 보았다(Blanck, 1990).

고등 정신 기능이 발달되는 결정적 요인은 개인과 사회와의 관계를 매개하는 언어, 그림, 쓰기, 도식, 도표, 기억술, 수적 상징 체계 등과 같은 기호로서 이는 심리 과정을 숙련시키는 도구로 작용한다고 하였다. 사회적 상호 작용에서 기호, 즉 상징은 의사소통의 수단으로 사용되나 그 역동성으로 인하여 개인의 정신 과정에 영향을 주는 도구가 된다. 이러한 논리에서 상징 사용 능력에 따라 개인의 개념 발달 수준을 다음과 같이 단계화하였다(Vygotsky, 1978).

단계 1

상징이 매개되지 않은 주관적이고 비체계적인 '비조직체(unorganized heap)'적 사고 수준, 특정 상황이나 대상물에 대해 주관적 이미지나 심상에 따라 비체계화된 개념을 나타내는 단계이다.

단계 2

맥락 의존적인 '복합체(complexes)'적 사고 수준, 여전히 상징을 사용하여 사고하지는 못하지만 더 이상 주관적인 준거를 사용하지 않고 대상물의 실제적이고 구체적인 맥락에 의존한 개념을 나타내는 수준이다.

단계 3

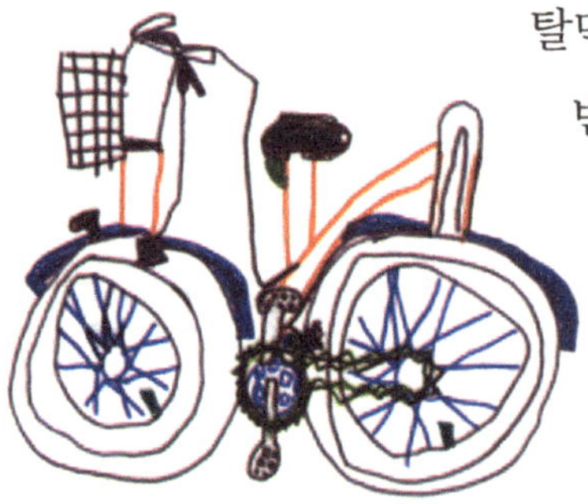

탈맥락화된(decontextualized) 상징 수단을 사용하여 반성적 · 체계적으로 사고할 수 있게 되는 과학적 '진 개념(genuine concept)'의 수준, 실제 맥락과 관계 없이 나름의 체계성을 가지고 사고하므로 상징을 사용하여 개념 이해 정도를 나타낼 수 있다.

과학적 개념의 발달을 가져오는 탈맥락화된 사고는 의식적 인식 과정과 의도적 통제가 가능하므로 개념을 숙달하고 일반화할 수 있으며 체계성을 갖고 있기 때문에 고등 정신 기능의 진화에 매우 중요하다. 비고츠키는 형식적 학교 교육은 탈맥락화된 초언어적 반성(metalinguistic reflection), 즉 상징의 사용을 강조할 뿐 아니라 개념을 제시하고 숙달하도록 할 때에 체계성 여부에 초점을 두기 때문에 과학적 개념의 출현에 중요한 역할을 한다고 하였다(Wertsch, 1985b).

연구의 개념적 틀에는 차이가 있지만, 비고츠키의 기호론적 매개의 논점은 피아제의 일반적 표상 능력에 대한 입장과 다르지 않다. 따라서 피아제와 비고츠키의 접근법은 상반되는 것이 아니라 서로 보완적이다(Kohlberg & Wertsch, 1987; Tudge & Winterhoff, 1993). 즉, 상징을 사용할 수 있는 고등한 심리 과정의 발달에 대해 비고츠키의 경우, 그 기원이 사회적이고 기호론적 매개의 필연성에 의해 특징 지워지며 피아제의 경우에서는 개인적 기원과 일반적인 표상 능력에 의해 특징 지워진다고 하겠다.

유아의 발달을 위한 형식적 교육과 교수 역할의 실제에 이상의 이론을 적용하는 과정에서 비고츠키(1978)는 근접 발달 영역(Zone of Proximal Development : ZPD)의 개념을 도입하였다. ZPD는 '한 유아가 독립적으로 기능할 수 있는 실제적 발달 수준과 교육적인 사회적 상호 작용에 참여함으로써 기능할 수 있게 되는 잠재적 발달 수준 간의 범위'로 정의된다.

효율적인 학습이 이루어지기 위해서는 유아의 ZPD 영역 내에서 교사나 보다 능력 있는 또래와의 협력적 교수 과정에서 유아가 점차 스스로 과제를 수행할 수 있도록 지원(scaffolding)되어져야 함을 강조하였다. 협력적 상호 작용을 통해 과제 수행의 책임감이 점차 학습자에게로 전이된다.

오늘날 기호론적 매개의 구심성에 대한 인식이 확장됨에 따라 ZPD의 교육적 적용은 협력 학습을 통한 과제 수행 책임감의 전이보다는 학습을 위해 의미를 창안하고 의사 소통하는 데 사용되는 매개 수단의 협력적 사용을 강조한다(Clay & Cazden, 1990; Goodman & Goodman, 1990; McLane, 1990; McNamee, 1990; Rueda, 1990). 따라서 ZPD는 '유아의 발달 과정과 그 발달을 위해 사회적으로 제공되는 자원 간의 상호 의존'을 의미한다(Valsiner, 1988, 재인용; Moll, 1990). 이러한 의미에서 학습은 유아의 ZPD 범위에 알맞는 협력적 상호 작용 속에서 그리기, 읽기, 쓰기와 같은 사고의 도구를 적절히 활용함으로써 유아의 심리 과정을 통제하고 숙달시킨다.

기호가 매개된 사회적 상호 작용

ZDP 내의 적절한 지원

비고츠키 이론의 교육적 실용과 레지오에서의 적용 핵심은 첫째, **기호, 즉 상징이 매개된 사회적 상호 작용**을 통해 유아의 정신 기능 발달을 돕는다. 둘째, 기록적인 관찰과 기록을 통해 유아의 **ZPD** 범위를 파악하고 협의를 통해 이루어지는 **적절한 교사의 지원 역할**을 강조한다는 데 있다.

4. 가드너의 다지능과 상징적 발달 이론

가드너와 그의 동료들은 피아제가 인지적 성숙을 논리적-합리적 사고 영역에 국한시켜 과학자 지향적인 협의의 종국적 상태로 인지를 구체화시킴으로써 사회적 · 정서적 발달, 미술, 음악, 춤, 운동 등의 창의성과 관련된 다원적인 지적 능력(multiple intelligence)에 주의를 기울이지 않았음을 지적하였다(Gardner, 1982; Granott & Gardner, 1994). 실제 우리는 지능을 인간 마음의 단순한 속성으로 인식하고 특히 언어적 · 논리-수학적 능력에 치중한 교육을 행해 왔다.

가드너는 지능을 한 문화권에서 가치 있게 인정되는 문제를 해결하거나 산물을 창조해 내는 능력으로 정의함으로써 모든 인간이 다소 가질 수 있는 일반적 가능성 혹은 능력으로 보았고 '인간의 가능성' 연구를 토대로 생물학적 · 문화 인류학적 증거를 가지고 일곱 가지 인간 능력을 제시하였다(Gardner, 1983). 언어적 지능, 논리-수학적 지능, 음악-리듬적 지능, 시각-공간적 지능, 신체 운동적 지능, 대인 관계 지능, 개인 이해 지능이다.

어떤 문화를 막론하고 실제 생활에서 문제를 해결하고 의미 있는 결과물을 창조해 내는 복합적인 인간의 행위에 있어 지능들은 연합되어 작용하나 각 지능은 비교적 독립적이며 개인은 서로 다른 잠재 능력을 갖고 있다. 지능의 다양한 성향을 나타낼 수 있는 풍부한 기회 속에서 유아의 활동을 관찰함으로써 개인의 강 · 약점을 알아낼 수 있다. 인간의 서로 다른 지적 능력은 동등하게 인정되어야 하며 개인의 서로 다른 발달적 잠재력이 충분히 신장될 수 있도록 다양한 교육적 환경이 구성되어야 한다.

다지능 이론은 교육자들에게 첫째, 학습자의 서로 다른 지적 능력을 인식하도록 하였다는 점에서 심오한 함의를 가져다 주었다. 둘째, 학습자의 잠재력을 극대화할 수 있는 프로그램 · 교수법 · 매체를 포함한 교육적 개선에 잠재적으로 기여하였는데, 특히 지적 능력의 발달을 위한 미술 · 음악 · 운동 등과 같은 창의적 활동의 가치를 보편적으로 이해하도록 이끌었다.

이를 뒷받침하는 Harvard Project Zero에서 실행되었던 상징 사용 능력의 발달에 관한 연구에서 다양한 상징 체계의 서로 다른 상징화(symbolization) 능력을 탐색하였다. 대표적 연구로 1세 유아 9명을 대상으로 6년간 종단적 연구를 통해 일곱 가지 서로 다른 상징 매체－언어 · 상징적 놀이 · 그리기 · 3차원적 점토와 블록 쌓기 · 몸짓과 춤 · 음악 · 수－에 있어서 상징적 기능의 발달을 연구하였다. 그 결과 여러 상징 영역에 걸쳐 공통적으로 나타나는 '상징화의 물결(waves of symbolization)' 능력이 발견되었으나 각 상징 체제 고유의 '상징화의 흐름(streams of symbolization)' 능력 또한 나타나 인간의 보편적 발달 단계를 제안할 수는 있지만 말 · 음악 · 그림 · 신체적 표현 · 사회적 상호 작용 경험 등과는 상관없이 모든 유아가 동일한 방식으로 발달한다고 주장할 수는 없다(Gardner & wolf, 1983)고 결론지었다.

가드너를 중심으로 이루어진 상징적 표상의 인지적 본질에 대한 논의에서는 매체와 상징 체계의 차원 또는 유형에 따라 서로 다른 정신적 조작을 가져옴을 입증하였다. 서로 다른 상징 매체는 각 매체 자체의 표상적 잠재력을 갖고 있기 때문에 표상 과정에서 사고의 특정 부분에 대한 통찰을 가능하게 하여 매체에 따라 서로 다른 인지적 기술을 불러일으킨다고 하였다(Forman, 1994; Golomb, 1973; Ives & Gardner, 1984; Smith, 1979; Werner & Kaplan, 1957, 1963). 그러므로 특정 단일 매체를 사용한 표상(그리기, 만들기)이나 단일 상징 체계(언어적 말, 시상적 표식)로는 유아의 이해 범위를 충분히 포착하기 어렵다.

한 가지 주제나 개념의 이해를 위해 다양한 매체를 사용하여 표상, 재표상하여 다양하게 표상한다면 각 매체의 서로 다른 인지 조직적 특성이 통합, 축적되어서 결국 주제에 대한 학습이 심화될 수 있을 것이다(Forman, 1994, 1995b, c). 이러한 교수-학습 방식을 '다상징적 교수법'이라 하며, 이러한 교수법을 활용하는 레지오 에밀리아의 프로젝트 학습 방식을 '다상징적(multi-symbolic) 접근'이라 한다(김은희, 1996).

레지오에서는 가드너의 이러한 견해에 영향을 받아 첫째, **프로젝트** 학습을 통해 유아들의 서로 다른 잠재 능력이 충분히 신장될 수 있도록 하며 둘째, 서로 다른 잠재력을 가진 유아들의 심화된 학습을 위해 **다양한 표상 매체**를 활용한다.

프로젝트를 통한 학습

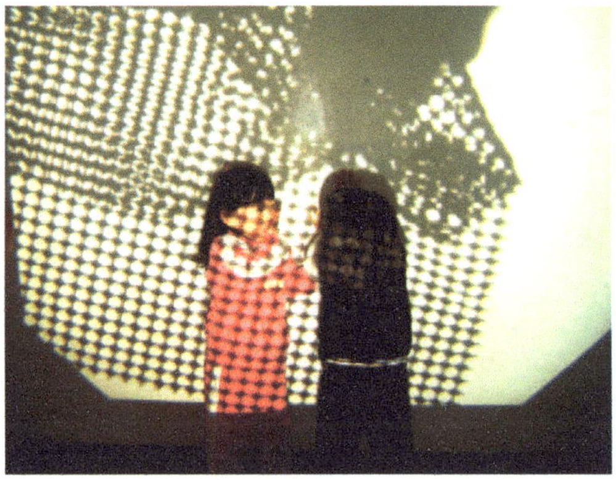

다상징화

레지오 에밀리아 접근법은 다양한 철학적 · 심리학적 이론에 기초하고 있으나 이상에서 기술한 구성주의적 유의미 학습, 사회적 상호 작용주의 시각의 사회 인지적 갈등 유인 및 사회적 과제 조건, 사회 문화적 맥락과 기호-매개된 심리 과정의 통합적 발달 그리고 다상징적 교수 방법을 실제 현장에 잘 적용해 오고 있다.

사회적 구성주의의 이론적 근거와 각 이론에서 도출되어 레지오 교육 장면에 실용화되고 있는 교수법을 요약하여 도식해 보면 다음과 같다.

이론적 근거		실 용 화	레지오에서의 적용
• 피아제의 구축주의	➡	• 학습을 위한 그리기 • 과학적 탐색	• 프로젝트 중심의 발현적 교육 과정
• 후기 피아제 학파의 사회적 상호 작용주의	➡	• 사회 인지적 갈등 요인 조건 • 사회적 과제 조건	• 상징화 주기를 통한 다상징화
• 비고츠키의 사회 문화적 발달	➡	• ZPD 활용 • 기호가 매개된 사회적 상호 작용	• 표상을 통한 학습 • 사회적 상호 작용 강조
• 가드너의 MI 이론 및 상징적 발달	➡	• 다상징화 • 프로젝트 학습	• 기록화의 활용

학습자가 인지적 갈등을 통해 능동적으로 지식을 구축해 간다고 보는 피아제 학파의 구성주의 학습 원리와 피아제가 강조한 반성적 추상을 향상시키기 위해 학습자의 의식적 · 추론적 사고를 유도하는 '학습을 위한 그리기' 전략을 비롯하여 다양한 표상을 학습의 수단으로 활용한다.

비고츠키 학파의 사회 문화적 발달 이론에서 강조하는 정신 구조의 발달을 위해 상징적 도구가 매개된 사회적 상호 작용과 학습자의 ZPD를 고려한 적절한 상호 작용을 통해 학습을 지원한다.

후기 피아제 학파의 사회적 상호 작용주의 이론에서는 구성주의를 사회적 상호 작용의 영역으로 끌어들여 실용화함으로써 의식적 · 의도적인 사회 인지적 갈등 유인 조건을 강조하고 표상 시에 충분한 공유 의미가 내재된 사회적 과제 조건을 중시함으로써 유아의 표상 기술보다도 매체 제시 조건과 방법을 조절하여 유아의 적절한 표상을 유도한다.

뿐만 아니라 가드너의 다원적 지능 이론에 부합되도록 프로젝트 학습 활동을 통해 유아의 서로 다른 잠재력을 극대화하고자 하며 상징적 연구에서 도출된 서로 다른 상징 매체의 표상적 잠재력을 활용하여 다상징적으로 접근한다.

상기한 교수 학습 이론을 토대로 레지오 학교에서 적용되고 있는 교육 과정 운영의 특성들을 다음 장에서 다루고자 한다.

Chapter 6 교육 과정 운영의 특성

이상에서 고찰한 역사 문화적 배경과 철학적 가정, 교수 학습 이론을 토대로 도출된 레지오 에밀리아 학교에서의 교육 과정 운영의 특성을 살펴보고자 한다.

1. 프로젝트를 통한 발현적 교육 과정(Emergent Curriculum)

가드너 · 호킨스 · 캐츠 등은 레지오 접근법의 한 특징으로 장기 프로젝트가 운영되는 점을 들고 있다. 레지오 교사들은 유아들이 흥미를 갖는 프로젝트를 진행할 때 조사하고 싶은 문제나 질문에 자연스럽게 직면하게 된다고 믿는다. 소집단 유아가 한 가지 주제에 대해 심도 깊게 탐색해 나가는 프로젝트 활동은 레지오 접근법의 중요한 학습 형태이다.

학교들은 계획된 교육 과정 없이 효율적인 의사소통을 위해 주로 2~5명의 소집단 형태를 활용하여 일련의 장기 또는 단기 프로젝트를 수행한다. 프로젝트는 며칠 동안 계속되거나 몇 달간 지속되기도 한다.

미리 정해진 주제나 활동에 따라 운영되는 것이 아니라 유아의 흥미나 교사의 경험에 따라 또는 유아와 교사의 상호 협상 과정을 통해 주제가 선정된다. 예를 들어, '군중' 프로젝트는 학급에서 여름 방학 동안의 경험을 이야기 나누는 과정에서 시작되는가 하면 유아들이 '새들을 위한 놀이 공원' 을 만들기로 결정한 데서 또 다른 프로젝트가 시작되기도 한다.

프로젝트 수행 기간, 활동 선정 및 진행 방향에 있어서 유아에게 많은 자율성이 주어진다. 유아의 관심이나 학습 진행 상태뿐만 아니라 교사의 관찰에 따른 판단에 의해 상호 협상 과정을 통해 주제가 선정되고 프로젝트 내용이 발현된다. 발현적 교육 과정은 이전 활동이나 탐색에서 단순히 다음으로 넘어가는 것이 아니라 관찰과 재관찰을 통한 표상과 재표상의 깊이를 기대하는 것이다.

유아들이 프로젝트의 주제를 제안하지만 경우에 따라 학습의 잠재력이 많은 것으로 판단되는 주제에서는 교사의 과감한 개입 또한 필요하다고 믿는다. 프로젝트를 운영하는 과정에서 하위 주제가 발현되어 몇 가지 하위 소집단 프로젝트들이 운영되기도 한다.

예를 들어, 1994년 우리나라 유아 교육 현장에의 적용 가능성을 알아보고자 수행하였던 '자전거' 프로젝트 수행 과정에서는 「펌프」, 「자전거 구조」, 「타는 법 배우기」, 「페달」과 같은 하위 프로젝트가 발현되었다. 「페달」 프로젝트는 「타는 법 배우기」 프로젝트에서 발현되어 전개되었다.

프로젝트에서 교사는 학습자가 경험을 구성해 나가는 존재임을 인식하고 '지식의 공동구성자'로서 유아와 함께 학습·재학습해 나간다. 교육 과정을 미리 계획하는 대신 교사들은 매번 프로젝트 수행에 필요한 자원을 '사전 정찰(reconnaissance)' 하는 것으로 시작한다.

사전 정찰은 프로젝트를 위해 학교 내·외의 교육 조종관 팀, 가족, 자문 위원회, 시청, 관세 공무원, 질문기를 통해 프로젝트 관련 인적·환경적·기술적·문화적 자원을 찾아 '정찰 비행' 하는 것을 말한다. 이러한 과정은 프로젝트를 위한 전문적 도구나 상황을 충분히 파악하여 토의할 뿐만 아니라 토의를 통해 교사 간 결속력과 지적 자율성이 강화되는 중요한 준비 단계이다. 사전 정찰을 토대로 프로젝트 운영을 위한 가설적 계획을 세우고 유아의 흥미나 욕구에 부합되는 융통성 있는 목표를 설정한다.

활동 과정에서 교사는 유아가 도전에 개방적이고 또래와 협력하여 활동할 수 있으며 목표를 위해 스스로 의도한 것을 실행할 수 있는 능력이 있는 존재로 믿기 때문에 유아의 활동에 끊임없는 실험과 기록화를 수행한다. 기록화를 토대로 이루어지는 교육과정 협의, 즉 프로제타지오네(progettazione)에서 교사들은 토의를 통해 학습의 잠재력을 발견하고 지원해 줄 수 있는 단서를 찾는다. 유아 스스로 협력적 상호 작용과 표상을 통해 문제와 의문점을 발견하고 가설을 세우며 검증, 확인해 나가도록 돕는다. 그러므로 학습에 있어서 성인의 역할은 최소화할 수 없으며 유아의 자발적 참여 또한 강조되므로 교사와 유아가 함께 프로젝트를 수행한다. 그러한 과정에서 유아와 교사 모두 발전한다고 믿는다.

오늘날 '아동 중심적' 임을 표방하는 많은 유아 교육 프로그램들조차도 유아들의 흥미에 매우 선별적으로 반응하며 유아들의 흥미와는 무관하게 진행되는 경우가 많다. 레지오에서는 유아들이 흥미를 가지고 몰입할 수 있는 닌자거북이,

바비 인형, 전쟁놀이 등과 같은 프로젝트도 선정 · 수행하는 기회를 가짐으로써 다양한 상징 체계를 활용하여 유아들이 새로운 견지에서 자신들의 관심사를 볼 수 있게 하고 바람직하지 못한 현상들을 승화시켜 문제 해결에 필요한 전략을 발달시키도록 돕는다.

2. 학습을 위한 그리기

레지오 에밀리아에서는 학습 과정에서 유아가 자신의 사고를 가시화(可視化)하여 재고찰하고 반성하는 기회를 갖기 위해 그리기를 활용한다. 이러한 시상적 표상의 역할을 '학습을 위한 그리기(drawing to learn)' 라는 말로 표현한다(Forman, 1990, 1993a, 1995a). 이는 표현적 · 심미적 작품을 만들어내기 위해 그림의 대칭, 윤곽, 색깔, 구조 등과 같은 디자인적 요소를 강조하는 '그리기를 위한 학습(learning to draw)' 의 목적과는 다르다.

레지오 교사들은 발달이란 학습자가 인식 대상, 대상물, 사람 간에 새로운 관계를 수립할 때 일어난다고 본다. 즉, 모든 지식은 학습자가 자신의 경험을 토대로 대상물과 사람에 대해 의미를 찾으려고 노력함으로써 구성된다는 것이다(Kamii & DeVries, 1978). 학습자가 대상물들 사이 또는 자신과 사람 간을 관계

지어 사고하는 과정을 '반성적 추상 작용'이라 한다.

이러한 반성적 추상 과정을 거치면서 유아는 대상물 간의 작용, 인과 관계 등에 관한 지적 구조를 구성하게 되기 때문에 이러한 과정은 본질적으로 의식의 성장을 뜻하는 것으로 유아가 자신에 대해 그리고 자신과 물리적 · 사회적 세계와의 관계에 대해 점차 알게 되는 것을 말한다. 이러한 의식의 성장은 유아들이 그리기나 만들기 등의 자료를 사용하여 대상물이나 사건들을 표상하는 과정 중에 이루어진다.

레지오에서 유아들의 그리기는 다음과 같이 학습에 활용된다.

첫째, 유아의 이해 정도를 알 수 있다.

레지오의 프로젝트에서는 다룰 주제에 대해 먼저 유아들이 알고 있는 것을 말로 자유롭게 이야기하게 한다. 그러나 유아들이 아는 바를 말로 표현하는 데는 많은 제한이 있다. 언어 발달이 미숙한 유아에게 있어서 그리기는 일차적 상징체계가 되므로 그리기는 유아의 정확한 이론을 알게 한다. 유아가 일단 그림을 그려서 사고를 가시화하고 나면 그림은 자신의 사고를 볼 수 있는 '창문' 역할을 한다. 유아가 이해하고 있는 것, 이해하지 못하는 것, 모호하게 알고 있는 것을 발견하고 알아내도록 한다. 이는 유아 스스로 학습하고자 하는 동기를 부여한다. 이와 같이 반성적 추상은 그리는 대상물에 대한 이론(theory of object)뿐만 아니라 학습하고자 하는 마인드에 대한 이론(theory of mind)까지 유도해 낸다.

대학 부속 유치원에서 '펌프' 프로젝트를 운영하면서 펌프를 보았다고 하는 유아들이 소집단으로 모여 '펌프는 어떻게 생겼나'에 대해 이야기하였다. 유아들은 "집게가 있어서 집어야 하고", "밟는 것이 있어서 발로 밟아야 하며", "스프링이 있기 때문에", "손으로 이렇게 이렇게(누르는 동작) 하면", "손잡이를 잡고 앉았다 일어났다 하면" 바람이 나와서 바람 빠진 타이어에 바람을 넣어 준다고 표현하였다.

다음은 그 중 가장 그럴듯한 이론으로 펌프를 설명한 유아가 그린 그림이다. 해당 유아의 그림에는 '하늘로 올라가는 나쁜 공기'가 그려져 있다. "손잡이를 누르면 좋은 공기는 자전거로 들어가고 나쁜 검은 공기는 하늘로 올라간다"고 하였다. 좋은 공기가 자전거로 들어가야 "구멍"이 안 난다는 것이다. 그림은 유아가 가지고 있는 이론의 표현이고 유아의 이론은 펌프 작동에 대한 과학적 지식을 포함하고 있지 않음을 알 수 있다.

펌프의 작동 원리에 대한 유아의 초기 그림

이와 같이 언어적 설명만으로는 유아의 잘못된 개념을 포착하기 어려우며 여기서 그림을 그리지 않았다면 표출될 수 없었던 유아의 잘못된 개념을 그리기를 통해 발견하고 교사는 이를 통해 보다 발전된 학습의 기회로 활용할 수 있다.

비고츠키의 관점에서 볼 때, 그림은 유아의 이해 정도를 파악할 수 있는 지표가 되므로 교사는 프로젝트 주제에 대한 유아들의 ZPD를 파악할 수 있다. 이를 통해 교사는 프로젝트의 맥락과 방향을 설정하고 적절하게 유아들의 학습을 지원해 줄 수 있다. 이같이 그리기는 교사가 유아를 이해하도록 돕고 유아가 문제에 직면하도록 한다.

둘째, 학습 내용을 탐색하기 위해 그린다.

그림을 그리는 표상 과정에서 유아는 자신이 표상하는 현상이나 대상물에 포함되어 있는 의미를 재고하고 반성하는 메타-인지적 사고를 하므로 이는 문제 해결 상황이나 학습 경험을 심화시키는 데 효과적이다.

유아들은 그림을 그리면서 자신이 알고 있는 것을 시각적으로 가시화하는 과정에서 반성적 사고를 하기 때문에 대상물에 대한 개념과 의미를 형성하게 된다. 또한 대상물이나 상황에 대한 자신의 아이디어를 가시화하여 외형적 기록을 남기게 되면 그 아이디어를 반성의 대상으로 다루어 관련 현상이나 대상물들을 고찰하여 그 형태들 간의 관계성을 탐색한다. 그리기는 활동 방법이 비구조화되어 있어서 다양하게 아이디어를 적용해 볼 수 있기 때문에 계획하고 디자인해 보면서 이론을 구성하게 한다.

먼저 유아는 참조물을 나타내기 위한 특정 기하학적 형태나 선을 발명한다. 자전거 그림에서 유아들이 사용한 기본 단위는 대략 다음 그림과 같이 서른 일곱 가지로 나타났으며 열 가지 범주로 나눌 수 있었다.

다음, 참조물과 나타낸 표식 간의 등가성(equivalency)을 창안한다. 예컨대 자전거 그림에서 원을 그린 후 유아는 그것이 바퀴 테를 나타낼 것인지, 타이어 표면을 나타낼 것인지 결정하고 앞바퀴로 할 것인지 뒷바퀴로 할 것인지를 결정한다. 이는 유아가 자신의 목적에 따라 매체와 참조물 간을 연결 · 대응시키는 상징의 형성 과정이다.

마지막으로, 나타낸 부분들의 순서를 정해야 하고 그림의 전체 구조를 위한 부분-전체 관계를 조직한다. 이와 같이 그리기 표상은 형태를 발명하여 참조물을 대신하는 등가성을 창안하고 의미를 부여하는 탐색 과정이며 부분들을 조직 · 구성해 나가는 반성 과정이다. 또한 유아의 인지적 능력에 따라 복잡한 형태나 불가능한 배열 상태까지도 그려 볼 수 있으므로 높은 상징적 표현력을 갖는 학습 과정이 된다.

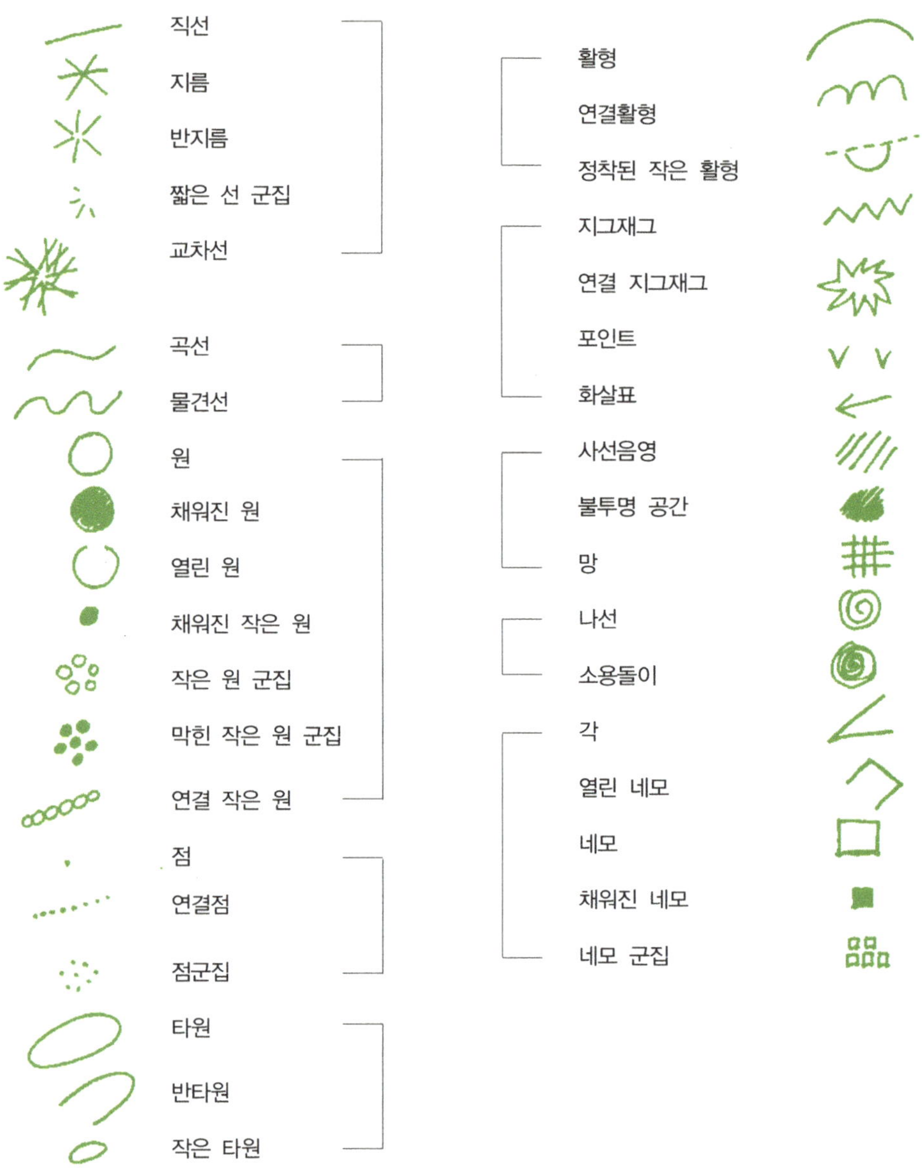

유아들이 그린 자전거 그림의 하위 요소

셋째, 사회적 상호 작용을 위한 의사소통의 수단이 된다.

또래와의 사회적 상호 작용이 활성화된 레지오의 학습 환경에서 이루어지는 그리기는 사회적 의사소통의 수단이 된다. 유아들은 그리는 과정에서 사고를 의사 소통하여 공유할 뿐 아니라 수정한다.

그림을 그린 후에 이루어지는 교사-유아 간 또는 유아들 간의 상호 작용은 자신이 알지 못하는 것에 대한 사회 인지적 갈등을 경험하게 하는 좋은 계기가 된다. 자신이 알고 있는 것을 그림으로 표현하고 말로 설명하는 과정에서 유아 스스로 논리적 비일관성을 발견하여 이전 가설을 수정하고 이론을 발전시켜 나가거나 이후 학습에 대한 동기를 갖게 된다. 그림을 매개로 한 이러한 상호 작용 기회는 유아 자신이 가지고 있는 잘못된 이론의 개념을 발견하게 할 뿐만 아니라 의미 있는 학습이 이루어지게 하는 동인(動因)이 된다.

넷째, 학습 과정을 반복적으로 재방문하여 반성할 수 있다.

학습 과정에서 유아들이 그린 그림은 지속될 수 있으므로 학습 과정에 대한 구체적이고 가시적인 기억을 제공하는 기록과 같은 역할을 한다. 교사들은 프로젝트 과정에서 유아들이 그린 그림을 매번 기록화하여 제시하고 프로젝트 과정 경과에 따라 유아들이 이전 생각을 재고찰해 볼 수 있는 반성의 대상으로 활용한다. 유아들이 그린 그림을 기록화(documentation)하여 제시하고 학습 과정이 경과된 후 이전 그림을 재방문(revisit)해 보도록 하면 유아는 이전 경험을 재현해 볼 수 있으며 새로운 경험과의 일관성 · 유사성 · 수정점 등을 발견하게 된다. 유아는 새로워진 관점에서 재방문하여 이전의 잘못된 이해를 수정 · 재수정할 수 있는 기회를 갖게 된다.

이는 구성주의 관점에서 볼 때 지식의 일관성을 구성해 나가는 의미 있는 학습의 과정이다. 대상의 물리적 요소와 유아의 관점 간 관계에 대한 일관성 그리고 이전 지식과 새로운 지식 간의 일관성을 말한다. 재방문한다는 것은 단순히 이전 경험을 재생하는 것이 아니라 반성적 추상을 하는 재구성 과정이다. 즉, 새로운 시각에서 이전의 이해를 재방문하여 이전의 의미를 깨달아 현재 학습과 결합시킨다는 것이다. 의미를 깨닫는다는 것은 단순히 기억하는 것과는 다르며 유추와 논리적 전개를 필요로 한다.

다음은 '정글' 프로젝트에서 유아가 알고 있는 정글에 대한 초기 그림과 정글에 대한 탐색, 조사하여 구성한 후 다시 그린 그림이다.

정글 탐색 전 그리기

탐색 및 구성 후 그리기

이상과 같이 유아들이 그림을 통해 사고를 가시화하도록 도와주는 것은 피아제(1962)의 반성적 추상 이론에 부합되는 교수 원리라 할 수 있다. 유아들은 예측하기 위해 그리고 이해를 확인하기 위해 그리며 그림을 그리면서 탐색한다. 또한 그린 그림은 상호 작용의 수단이 되며 이해를 반성하여 수정하는 학습의 자료가 된다.

비고츠키(1962, 1978)의 시각에서도 유아가 그림을 그리는 과정은 언어 · 표식 · 수 체계 등의 상징 기호와 마찬가지로 대인 간 상호 작용을 매개하고 의사소통하는 수단으로 인식되므로 유아가 능동적으로 의미를 구성하고 소속 문화의 인습적 상징을 사용할 수 있게 되는 활동일 뿐만 아니라 개인의 정신 기능을 숙련시키는 수단으로 중요한 의미를 가진다.

이처럼 레지오에서 유아의 그리기는 학습 대상에 대한 의미를 나타내고 의사소통하는 하나의 '시상적 말(graphic speech)'이다. 다시 말해, 레지오의 학습에서는 교사가 설명해 주지 않으면서 유아 스스로 자신의 사고를 가시화하여 생각해 볼 수 있도록 한다.

2세, 기차 표상

3. 상징화 주기(Cycles of symbolization)의 활용

레지오 교육자들은 학습과 발달의 과정을 기술하거나, 프로젝트를 계획하거나, 또는 교육에 대해 말할 때 직선적이기보다 나선형적인 방식으로 사고한다(Edwards, et al., 1993).

프로젝트 학습 또한 일련의 상징화 주기를 거치면서 나선형적으로 전개한다. 프로젝트가 전개되면서 교사의 판단에 따라 반복할 시간을 충분히 가지고 다양한 표상 매체를 사용하여 중요한 경험을 관찰·재관찰하고 고찰·재고찰한다. 고찰한 내용을 표상·재표상하면서 일련의 활동을 방문·재방문해 나감에 따라 이전 경험을 깊이 있게 탐색·확장시켜 나가는 교수 전략을 활용한다.

일정 기간 동안 한 가지 주제에 대해 언어로 토의하고 그림으로 그리며 조사한 후 다시 그리고 탐색하며 대상물을 복사하여 가상의 모형을 만드는 등의 과정을 거치면서 유아가 자신의 현재 가설, 아이디어, 이론을 표상하고 재방문하여 재표상·재재표상해 나가는 상징화 주기는 유아의 반성적 사고 능력을 향상시키기 위한 교수법이다. 이러한 과정을 포만(1993b)은 '상징화 주기'라는 개념으로 다이아나 학교의 '멀리뛰기(long jump)' 프로젝트 분석에 활용하였고 '눈 속의 도시(the city in the snow)' 프로젝트(Edwards, et al., 1993)에서 사용하였다. 그러한 과정에서 반성적 추상 작용과 메타 인지 능력을 깊게 하여 유아들로 하여금 자신이 아는 지식들 간의 일관성을 높이고 이해의 수준을 심화시키도록 한다.

이러한 표상 전략을 활용하여 레지오의 '빛속의 도시' 프로젝트를 모델로 하여 미국의 애머스트(Amerest)에 있는 막스 메도우(Marks Meadow) 초등학교에서 5~7세의 4학급 전체 유아가 참여한 '눈 속의 도시' 장기 프로젝트(Edwards, et al., 1993)에서 전개된 상징화 주기를 예시하면 다음과 같다.

주기 1 아는 것을 말로 표현하기(verbal outpouring)

유아들은 눈이 내리는 것과 관련된 자신의 경험을 기억하여 말로 표현한다.

- '눈이 내리면 놀이터가 어떻게 변할까?'

- '걸을 때는 어떨까?'
- '눈이 올 때 할 수 있는 일은?'
- '많은 눈을 시에서 어떻게 처리할까?'

주기 2 **첫 그리기와 토의(Initial drawing & discussion)**

유아들이 말로 표현한 것을 그림으로 그리고 그린 그림을 매개로 토의한다.

그림을 그리면서 유아들은 새로운 아이디어를 생각해 내고 토의하면서 생각의 불일치나 문제점들을 발견해 낸다. 어떤 유아는 집이나 지붕에는 눈이 쌓여 있지만 자동차에는 눈이 오지 않은 것처럼 그림을 그리거나, 눈 온 그림을 비가 내린 것처럼 그리기도 하였다. 이 주기에서 주제에 대해 유아들이 나타내는 잘못된 이해는 이후 프로젝트의 방향을 설정하는 맥락으로 작용한다. 따라서 눈이 물체에 닿으면 어떻게 되는지 탐색하기로 하였다.

주기 3 **가상해 보기(simulation)**

기다리는 눈이 내리지 않자 교실에서는 블록으로 동네를 구성하고 가상의 밀가루 눈을 뿌려 보아 눈이 어디에 쌓이는지 물리적으로 확인해 보기로 하였다. 가상의 눈을 뿌리기에 앞서 반드시 그 결과를 유아들이 예측해 보게 한다. 예측을 통해 유아들은 나름의 가설을 가지고 의문점을 가진 후에 시행하고 그 결과를 자신의 예측과 비교해 봄으로써 추론이 내재된 경험이 되도록 한다. 유아들은 블록으로 구성된 지붕의 꼭대기나 자동차 아래에는 눈이 쌓이지 않았지만 지붕의 경사면에는 예측과 달리 눈의 양이 다르게 쌓여 있음을 확인할 수 있었다.

주기 4 **그림을 통한 개념 정의(using the drawing as the referent)**

눈이 내리기를 기다리면서 다른 학급에서는 동네 벽화를 구성하고 눈이 내려 쌓일 곳에 흰 칠을 해 보도록 하였다. 유아들은 수직면과 수평면 모두에 눈이 쌓일 것이라는 개념을 갖고 있었다.

주기 5 **실제 경험(the experience)**

기다리던 눈이 왔을 때 유아들은 많은 호기심과 의문을 가지고 밖으로 나가 직접 경험을 하면서 탐색하고 관찰하였다. 떨어지는 눈을 맞아보거나 느껴보며 눈의 구조를 관찰하고 여러 가지 소리를 녹음하기도 하였다.

주기 6 경험 후 그리기(the postexperience drawings)

실제 경험 후 달라진 유아들의 이해를 그림으로 표현하고 이전 그림을 수정하였다. 유아들은 더 이상 수직 벽면에는 눈을 그리지 않았고 작은 수평면에도 눈이 쌓임을 알았다. 여기서 포만은 모든 경험이 다 교육적인 것은 아니라고 강조하였다. 자신의 이론에 대한 증거를 찾고 질문에 대한 답을 찾고 호기심을 만족시켜 주는 경험, 즉 직접 경험 이상으로 추론하고 반성할 수 있는 경험을 강조한다.

주기 7 확장(broadening)

이전 주기까지 프로젝트는 눈이 물체에 닿으면 어떻게 되는지를 탐색하였다. 프로젝트의 방향을 바꾸어 물체가 눈에 닿으면 어떻게 되는가로 확장된다. 유아들은 직접 경험한 눈 위에서 걷는 소리, 달리는 소리, 삽질하는 소리 등을 녹음하였다. 녹음한 소리를 듣고 소리를 그림으로 표현하는 '교차-양식적 표상(cross-modal representation)'을 하였다. 청각적 양식의 소리를 시각적 양식인 그림으로 표현하는 교차-양식적 표상은 표현할 양식에 대한 인습적이고 상투적인 모델이 없어 비유적이거나 은유적으로 표현할 수밖에 없으므로 유아들로 하여금 창의적으로 사고하게 함으로써 의미 있는 학습 경험이 된다.

주기 8 심화(deepening)

학급에서는 하늘에서 내리는 눈송이가 점점 커지는 과정을 저속도로 미세하게 촬영한 비디오 자료를 관찰하는 기회를 가졌다. '눈송이가 점점 커지는 과정'에 대한 유아 나름의 이론을 그림으로 표현하는 심화된 경험이 이루어졌다. 동일한 관찰 경험 후에도 유아들은 모두 서로 다르게 사고하였다. 단지 관찰하는 것으로 만족하고 표현하지 않았다면 눈송이의 성장에 대한 지식을 피상적으로 수용하는 지적 수동성에 그쳤을 것이다. 그리는 과정에서 '성장'에 대한 유아 나름의 이론을 구성하는 기회가 되었을 뿐만 아니라 눈송이를 나타내는 마지막 단계의 그림이 아니라 과정을 그리게 하였기 때문에 눈송이에 대한 인습적 표현이 아닌 창의적 표현의 기회가 되었다.

주기 9 발전된 확장과 심화(more broadening & deepening)

눈-물-얼음은 유기적인 관계를 갖고 있다. 유아들의 관심은 눈의 물리적 상태로까지 발전되어 눈이 물로, 물이 얼음으로 변화되는 과정을 실험하였고 눈이 만들어지는 과정에도 관심을 보여 그림으로 표현하였다. 어떤 유아는 '눈 만드는 기계'를 고안해 내기도 하였다. 이러한 유아들의 관심은 다음 프로젝트 주제를 선정하는 데 영향을 미친다.

이상과 같은 상징화 주기는 전형적인 것이 아니라 프로젝트의 성격이나 대상 집단에 따라 서로 다르게 발현된다.

상징화 주기를 거치면서 이루어지는 다양한 형태의 표상은 유아의 탐색과 조사를 위한 수단이 된다.

언어적 설명은 유아가 이전 경험을 쉽게 기억하여 단어나 대화로 재생해 낼 수 있기 때문에 유아의 가설적 이론이 되고 프로젝트에서 다루어질 개념의 맥락과 동기로 역할한다.

2차원적 그리기는 사건의 세부 내용을 사고하고 관찰하여 그림으로 그 복잡성을 표현해야 하기 때문에 유아의 탐색을 돕고 또한 자신의 질문에 답이 되는 이론을 표현해야 하기 때문에 조사 과정이 되며 유아와 교사로 하여금 주제에 대한 개념 이해 정도를 읽을 수 있게 하는 중요한 단서가 된다.

3차원적 모형 만들기는 유아의 아이디어를 기능적 맥락에서 사고하도록 자극하므로 이론을 검증하게 한다. 표상 후 유아들 간 소집단 토의를 통해 이루어지는 원인과 결과에 대한 포괄적인 질문은 유아로 하여금 자신의 이해에 대한 잘못된 개념과 정확한 사고를 확인하고 동시에 사고를 깊게 하는 도전이 된다.

또한 유아가 가상의 모형 만들기나 실제 경험을 한 후 다시 그림으로 표상해 봄으로써 주기를 거슬러 올라가게 하는 재순환은 중요하다. 이러한 재표상(rerepresentation)은 유아가 자신의 지식을 강화하고 잘못된 개념을 재정의, 개선하여 지식의 일관성을 갖도록 돕는다.

4. 다상징화(Multi-symbolization)

레지오의 프로젝트에서는 유아들이 다양한 매체를 사용하여 다상징화한다. 유아들이 한 가지 상징 체계로만 표상할 때 흔히 발견되지 않는 개념들을 다양한 매체를 사용하여 다각도로 표상하게 한다.

레지오에서의 다양한 매체 활용은 다양한 경험이나 개념을 접하도록 하는 데 목적을 두는 일반적 방식과는 차이가 있다. 매체는 매체마다의 표상적 잠재력이 있기 때문에 표상 과정에서 서로 다른 인지적 기능을 불러일으킨다고 하였다(Gardner, 1979; Golomb, 1973; Goodnow, 1972; Olsen, 1970). 한 가지 주제를 다루는 프로젝트 학습에서 한 가지 개념을 깊이 있게 다루기 위해 여러 가지 매체를 나선형적 · 반복적으로 활용하면 주제에 대해 서로 다른 측면에서 사고하게 되기 때문에 그러한 다국면적인 학습 효과가 통합 · 축적되어져 결국 심화된 학습이 이루어지도록 하는 데 목적이 있다.

인지 과정은 특정한 교수 매체의 사용에 따라 결정적인 영향을 받게 되므로 언어 · 몸짓 · 그리기 · 만들기 등은 경험을 조직하는 서로 다른 기능을 가진다(Werner & Kaplan, 1957, 1963). 경험은 본질적으로 어떤 수단에 의해 매개되므로 사고는 매체를 통한 표상으로 개념화되어진다. 서로 다른 매체는 유아의 인지적 발달 과정과 결과에 영향을 주기 때문에 매체는 그것 자체에 내재하는 속성에 따라 경험을 형성하고 경험은 매개되어지는 다양한 매체에 따라 형성된다고 하겠다(Barten & Franklin, 1978).

레지오 에밀리아 접근법을 소개하는 책자와 전람회의 '유아들의 수많은 언어(The hundred languages of children)' 타이틀은 두 가지의 의미로 해석되어진다. 그 하나는 동일한 경험이지만 유아에 따라 다르게 나타나는 수없이 다양한 사고를 의미하며 또 다른 해석은 프로젝트에서 다루어지는 복잡한 개념들을 이해하기 위해서 사용되는 수많은 다양한 상징 매체를 의미한다. 후자의 의미에서처럼 레지오의 프로젝트 과정에서는 다양한 표상을 통해 지식을 심화시키며 효율적으로 학습이 이루어지도록 한다.

레지오 에밀리아에 있는 빌레타(Villeta) 유아 학교에서 수행된 '필드(field)' 프로젝트에서는 먼저 유아들이 학교 실외 정원에 대해 이야기하고 기억한 것을 그림으로 그린 후 철사와 종이 등을 사용하여 거미 · 새 · 귀뚜라미 등의 모형 동물을 만들었다. 같은 학교에서 이와 연결되는 '새들을 위한 놀이 공원(the amusement park for birds)' 프로젝트에서는 소집단 유아들이 물레방아에 대해 자신들이 아는 것을 토의하고 그리며 종이 · 점토 · 나무 · 철사 등으로 만들어 보는 다상징화 단계를 거치면서 물레방아 작동에 대한 개념을 심화, 확장시켜 나갔다.

4.1 다상징화의 학습 원리

다양한 매체를 사용함으로써 사고에 영향을 주게 되는 학습 원리는 다음과 같이 설명할 수 있다(Forman, 1994).

첫째, 각 매체는 서로 다른 가용성(affordances)을 갖는다.

가용성은 한 매체에서 변형을 산출해 낼 수 있는 가능 속성을 말한다. 예를 들어, 3차원 모형을 구성할 수 있는 대표적 매체 중 블록은 쌓을 수 있고 균형을 맞출 수 있으며 패턴에 따라 배열할 수 있다. 반면 점토는 쉽게 조형할 수 있고 형태를 창안할 수 있다.

유아는 각 매체의 변형할 수 있는 가용성을 탐색하여 표현하고자 하는 참조 개념이나 대상물의 메시지를 정의하고 상징을 산출해 낼 수 있다. 이러한 가용성은 유아로 하여금 매체가 표현할 수 있는 메시지에 대한 편파성(bias)을 갖게 하여 문제 해결을 위한 특별한 정위(定位 : orientation)를 불러일으킨다. 동일한 블록이라도 블록의 형태에 따라 대비되는 가용성이 있다. 예를 들어, 둥근 블록은 역동적 관계, 네모난 블록은 안정된 관계에 대한 정위를 갖게 한다.

둘째, 매체의 차원에 따라 변조성(modularity), 지속성(persistence), 변화에 대한 반응성(react to change)은 표상적 편파성에 영향을 미친다.

변조성은 그리기나 만들기와 같은 상징의 양식(module)을 변화시킬 수 있는 경향성을 말한다. 매체의 변조성은 유아에게 서로 다른 인지적 조작을 요구하며 이러한 차이가 표상적 편파성을 만든다. 예를 들어, 종이와 연필 중 종이는 연필에 비해 변조적이다. 빈 종이가 주어지면 유아들은 그림을 그려서 어떤 형태를 표현하려 한다. 종이를 작게 여러 장으로 잘랐을 때는 잘라진 조각들을 배열하여 눈, 나뭇잎 등을 구성해 낼 수 있다.

지속성이란 시간의 경과에 따라 지속될 수 있는 가능성을 말한다. 어떤 매체는 시간이 지남에 따라 지속될 수 있고 그렇지 않는 매체도 있다. 3차원적 모형이나 그림은 지속적이지만 몸짓이나 언어는 지속적이지 못하고 순간 사라져 버린다(Werner & Kaplan, 1957). 그림은 연속적 행위가 한 순간에 정지되어 지속되므로 반복적으로 재방문할 수 있다.

변화에 대한 반응성이란 매체가 제공하는 피드백의 양을 말한다. 어떤 매체는 유아의 표상 행위에 즉각적인 피드백을 주는가 하면 그렇지 않은 매체도 있다. 예를 들어, 3차원적 블록이나 점토 등은 배열 가능한 것만을 구성하거나 조형할 수 있고 그렇지 않으면 쓰러진다. 반면 2차원적 그리기는 불가능한 구조까지도 그릴 수 있다. 여기서 블록이나 점토는 반응적(reactive)인 매체이고 그리기 · 칠하기는 비반응적인(nonreactive) 매체이다. 반응적인 3차원적 모형 만들기 매체는 피드백을 주므로 이론을 검증하게 하고 유아 스스로 수정할 수 있게 한다. 2차원적 그리기 매체는 피드백을 주지 않기 때문에 많은 실수를 허용하여 유아가 아이디어를 적용해 보고 이론을 구성하게 한다.

셋째, 매체 제시 순서는 유아의 학습에 영향을 줄 수 있다.

서로 다른 매체를 어떤 순서로 제시하느냐에 따라 다른 학습 효과를 가져온다. 포만(1993b) 등은 레지오에서 전형적으로 활용하는 프로젝트 수행 순서를 적용하여 '상징화 주기'를 제시하였다. 이 주기의 순서는 규정적인 것이 아니므로 유아가 자신의 생각을 먼저 그림으로 그리든, 말로 표현하든 문제가 되지는 않는다. 그러나 프로젝트의 성격에 따라 서로 다른 매체의 가용성을 사려 깊게 분석하여 제시하고 선택함으로써 각 학습 상황에 따라 다른 효과를 가져올 수 있는 순서를 결정할 수 있다.

일반적으로 볼 때 사고를 자유롭게 제어(制御)하도록 하는 매체를 사용하여 탐색을 시작하는 것은 중요하다. 레지오 프로젝트는 전형적으로 주제에 대한 유아의 기억, 아이디어, 고찰한 것을 언어로 분출하는 것(verbal outpouring)으로 시작한다. 아는 것을 말로 표현하는 동안 이후 프로젝트에서 수행할 수 있거나 해야 할 것에 대한 많은 가설이 나온다. 그런 다음 이전 과정에서 나온 아이디어를 유아 스스로 확인하고 다른 사람과 의사 소통하기 위해 그림으로 표현한다(initial drawing & discussion). 그리기는 유아의 이해를 깊게 할 뿐만 아니라 이후 활동을 계획하게 한다.

넷째, 다른 매체를 활용함으로써 이전 표상을 수정할 수 있다.

매체에서 매체로 이행 활동하는 과정에서 유아들은 대상물이나 개념에 대한 기능적 · 전문적 관점을 갖게 된다. '새들을 위한 놀이 공원' 프로젝트에서 물레방아에 관심을 가진 유아들은 어떻게 물이 물레방아를 돌게 만드는지, 물이 물레방아를 미는지 아니면 물레방아가 물을 미는지, 물레방아의 페달은 어디에 위치해야 하는지 등에 대해 의문을 갖는 연계적 문제 해결 상황을 갖는다.

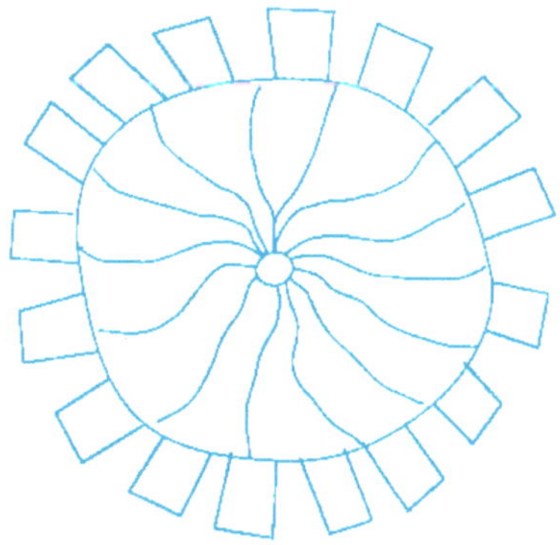

물레방아 그리기에서 한 유아는 물레방아 바퀴에 연결된 페달을 모두 '정면 조망(frontal perspective)' 으로 표현하였다. 유아의 그림 표현이 지침이 되어 하드보드지 매체를 사용하여 모형을 만들었을 때는 역시 동일한 조망의 물레방아를 만들었다. 다음 단계에서는 점토로 모형을 만들었는데, 점토는 하드보드지나 그림 매체와는 다른 가용성을 가지고 있다. 점토는 형태를 변형시킬 수 있는 가변성(changeability)과 유동성(melleability), 물과의 접촉 가능성을 가지고 있다. 점토로 만든 물레방아를 물에 담갔을 때 페달의 날을 치는 물의 이미지를 느끼고 피드백을 받아 물의 저항을 받을 수 있는 페달의 위치를 알게 되었다. 유아는 종이 모형이나 그림의 페달 표상을 재방문하고 오류를 발견하여 페달의 방향을 수정하였을 뿐만 아니라 페달의 측면 조망을 어떻게 그려야 하는지 학습하였다. 이러한 과정은 유아에게 그리는 방법을 가르치지 않고도 그림 읽는 방법을 가르침으로써 문제 해결을 위한 지침으로 활용한 좋은 사례라 하겠다.

4.2 매체의 차원에 따른 역할

다상징적 접근에서 유아는 동일한 대상물이나 사건을 여러 가지 매체를 활용하여 탐색해 나가는 학습 과정에서 변화되는 매개적 표상 수단에 따라 다양한 문제 해결의 정위와 태도를 갖게 된다. 제시되는 매체는 학습 과정에서 서로 다른 질문을 자극하게 되고 다국면적인 인지 조작 과정으로 인하여 유아는 대상물이나 개념을 보다 깊게 분석할 수 있게 된다. 여기서 각 매체가 어떻게 유아로 하여금 서로 다른 사고 과정을 경험하게 하는지 그 매개적 역할을 살펴보고자 한다.

이해를 돕기 위해 레지오 에밀리아에서는 5세의 소집단 유아들이 물레방아를 설계하고 만들어 가는 소집단 프로젝트를 먼저 예시하였는데, 다음과 같다 (Forman & Gandini, 1994; Forman, 1995c).

먼저 유아들은 물레방아에 대해 아는 것을 말로 표현한다. '과자 상자에서 본 물레방아'를 기억하여 말하고 "방앗간 옆의 물레방아는 밀을 간다.", "물레방아의 페달은 사각형"이라는 것 등 여기서 필리포란 유아는 시골에서 본 적이 있는 물레방아를 기억하여 물레방아가 돌면서 물을 퍼 올린다는 것과 물만 퍼 올리는 것이 아니라 "물고기도 낚아 올린다."는 이야기로 발전된다. 유아들의 언어적 표상은 물레방아의 구조나 작동 원리에 초점을 두기보다는 대부분 물레방아에 대한 정의나 경험 내용만을 열거한다.

유아들은 물레방아가 어떻게 밀을 가는지, 어떻게 물레방아가 도는지에 대해 말로 표현하기 어려운 경우 말과 손을 사용한 몸짓으로 표상한다.

이 단계에서 물레방아에 대한 그림을 그리게 하였다. 그림을 그리는 과정에서 많은 새로운 질문이 도출되었다. 즉, 물레방아가 물을 앞으로 미는지, 아니면 물이 물레방아를 미는지, 물레방아 또는 물이 돌 때 물과 페달 간의 공간적 관계 등 유아들은 물과 페달이 닿아 나타나는 변화를 그림으로 표현하였는데, 페달에서 물이 나와 물레방아를 미는 것처럼 그리거나 물레방아가 물속에 정지되어 있어서 미는 힘을 방해하는 것처럼 그리기도 하였다. 일단 유아들이 그림을 완성하고 나면 그림에 대해 다른 사람에게 설명한다. 이 과정에서 유아들은 표현하지 못한 부분이나 비일관성을 발견하게 된다. 하나의 예로 유아들이 그린 물레방아는 회전축이 없이 마치 천장의 선풍기처럼 묘사되었는데, 의사소통 과정에서 물레방아가 돌기 위해서는 축이 있어야 함을 알고 수정하였다. 유아의 이러한 잘못된 개념(misconception)은 이후에 나타나는 새로운 현상과 갈등을 이루어 중요한 학습의 동인(動因)이 된다.

유아들이 그림으로 나타낸 것을 먼저 하드보드지를 사용하여 3차원의 물레방아 모형을 만들어 보았다. 이 단계에서 필리포는 이전 언어적 설명에서 자신이 말했던 물레방아 페달에 잡힌 물고기 이야기에 동기 유발되어 구멍 뚫린 링 같은 모양의 페달을 만들었다. 페달이 물을 떠올리는 아이디어를 표상하려 하였으나 물이 페달을 밀 수 있는 위치와는 상관 없는 방향으로 바퀴 테에 붙여졌다. 따라서 만들어진 페달은 물을 퍼 올리지도, 밀리지도 않았다.

점토로 모형을 만들었을 때 물을 떠올릴 수 있도록 약간 구부려야 함을 알았으나 만들어 붙인 페달이 함몰되어 버렸고 페달 부착 방향은 이전 표현이 참조물이 되어 그대로 반영되었다. 하드보드지 모형과 달리 점토 모형은 회전하지 않았다.

다음 철사 테와 나무 2개로 바퀴살을 구성하여 물레방아를 만들었을 때 필리포는 구리로 링 모양의 페달을 만들어 붙였으나 그림이나 하드보드지로 만든 페달과 동일한 방향으로 부착하였다.

수로 장치와 물 대야를 준비하고 유아들이 만든 모형이 돌 수 있는지 실험해 봄으로써 페달이 물의 저항을 받기에 적절한 표면이 아님을 인식하고 물레방아 모형의 페달을 수정하였다(제8장의 '새들을 위한 놀이 공원' 프로젝트 참조).

작은 은박지 컵 4개를 찾아내어 컵 바닥이 물줄기를 향해 물의 흐름과 직각을 이루는 위치에 부착함으로써 그 페달은 물의 힘에 의해 밀리게 되었다. 이러한 다상징적 과정을 통해 유아들은 시행 착오를 거치면서 스스로 물레방아가 도는 원리를 이해하고 물의 저항을 받을 수 있는 페달의 위치를 발견함으로써 의미 있는 지식을 구성할 수 있었다. 이러한 지식은 더욱 확장되어 호일 컵 바닥에 구멍을 뚫어 물레방아가 돌 때, 스프링클러처럼 물을 뿌릴 수 있는 장치까지 발명하게 하였다.

4.2.1 언어적 표상

언어적 표상은 유아가 말로 자신의 이전 기억을 재방문하는 것이다. 언어적 매체는 유아가 이전 경험을 쉽게 기억하게 하고 자유롭게 분출해 낼 수 있게 한다. 사고를 자유롭게 제어할 수 있는 말의 표상적 힘은 사소한 것에서 깊이가 있는 것에 이르기까지 유아가 통찰하는 것에 대한 표상을 가능케 하여 어떤 결과를 도출해 낼 수 있는 무한한 사상을 창안할 수 있게 한다. 따라서 유아가 가설적 이론을 구성하게 하는 좋은 매체이며 프로젝트의 맥락과 방향을 설정해 준다. 이는 언어의 큰 장점이자 무한한 지적 잠재력이다.

이러한 장점에도 불구하고 언어는 시상적 매체에 비해 임의적(任意的)이므로 논리성이 결여된다. 흔히 유아들이 기억하여 표상하는 말에는 실제뿐만 아니라 필리포의 '물레방아 페달에 잡힌 물고기 이야기' 처럼 부족한 이야기의 맥락과 일관성을 보충하기 위한 상상적 요소가 다분히 포함된다. 그러나 경우에 따라 프로젝트에서는 이러한 이야기가 정확성의 제약이 있기는 하지만 유아의 사고 틀 내에서 나름의 논리와 합리성을 갖기 때문에 가설적 이론이 되고 이후, 프로젝트 수행에서 다루어질 개념의 맥락과 동기로써 역할한다. 앞의 예에서 필리포의 페달이 물고기를 잡는 이야기는 이후 프로젝트 수행 과정에서 물레방아의 작동 기제를 재고하도록 하였고 위로 움직이는 페달과 아래로 움직이는 페달 간의 차이를 추론할 수 있게 하였다.

그러나 언어는 시상적 표상 매체에 비해 일시적이므로 지속성이 부족하여 매체로서 필요한 기술적 제약이 수반된다 할 수 있다. 언어는 지속적이지 못하고 순간 사라져 버리므로 직접적으로 반성하거나 재방문하여 재고찰할 수는 없다.

4.2.2 그리기 표상

학습을 위한 그리기에서 논의한 바와 같이 그리기는 비반응적이며 활동 방법이 비구조화되어 있어서 다양하게 시도해 볼 수 있기 때문에 학습 과정에서 유아가 자신의 이해를 표현하고 이론을 계획할 수 있게 하는 좋은 매체이다.

언어적 매체는 프로젝트의 맥락과 동기를 설정해 주지만 그리기는 언어적 설명의 모호한 부분을 보완하여 유아의 이해와 이론의 세부 내용을 명확하게 만든다. 유아들이 이전 경험을 언어로 표상하고 그림으로 표현한 후, 언어적 설명을 덧붙임으로써 논리적 비일관성을 발견하여 이전 가설을 수정하고 발전시킬 수 있다. 이와 같이 그리기와 말하기는 합리적으로 추론할 수 있는 가설이 나타날 때까지 유아가 아이디어를 배열하고 적용해 나가면서 이론을 구성하게 하는 매개적 역할을 하며 유아로 하여금 자신의 이해를 깊게 하도록 만든다. 뿐만 아니라 그리기 매체는 지속성을 가지고 있으므로 유아가 자신의 이해를 재방문하여 고찰하고 반성하는 수단으로 활용될 수 있다.

그리기 매체의 이 같은 장점은 단점으로 작용하기도 한다. 그림은 디자인하기에는 적합하지만 실제적이기보다는 실제를 가장하는 허상이기 때문에 기능적인 맥락에서 사고할 수 없으며 표상 행위에 따른 피드백이 없기 때문에 유아의 이론이 맞았는지 검증하기는 어렵다. 예를 들어, 작동하는 물레방아 모형 그림에서 물레방아의 작동 원리와 같은 물리적 원동력을 나타내는 어떤 원리를 전달하기는 어렵다.

그림은 흔히 사물이 어떻게 보이는가 하는 형태 · 크기 · 색깔 등에 초점을 둔다. "자동차를 어떻게 만들 수 있겠는지 그려보자" 등과 같이 행위를 위한 지침으로써 그림 표상을 사용할 때조차도 유아는 표상하고자 하는 참조물을 단지 설명할 뿐이다. 다시 말해 3차원 모형을 만들기 위해 그리게 할 때도 그림은 만들어질 모델을 잘 표현했는가를 사고하게 할 것이나 그림이 잘 작동할 수 있는지 혹은 작동 원리가 어떤지를 사고하게 하기는 어렵다.

4.2.3 3차원적 표상

그리기와 칠하기 같은 2차원적 매체는 계획하고 디자인해 보면서 이론을 구성한다. 반면, 점토, 철사, 스티로폼, 나무 등과 같은 3차원적 구성 자료들은 마찰 중력 · 반동력 등의 자연 법칙에 따른 매체 자체의 자발적 반응성을 갖고 있어서 유아가 모형을 만들어 보는 활동을 통해 자신의 이론을 검증해 볼 수 있다. 그림은 디자인하기에는 적합하지만 기능적으로 사고하기는 어렵다.

3차원적 구성 자료는 유아로 하여금 자신의 아이디어를 기능적 맥락(functional context)에서 생각해 보도록 자극한다. 예컨대 나무나 철사로 만든 물레방아는 어떻게 작동하는지를 생각하게 할 것이다. 앞의 예에서 필리포의 그림에서도 물고기를 잡을 수 있는 구체적 페달 날의 형태와 상관 없이 직선 구조의 페달만을 그렸다. 따라서 페달 날의 형태와 방향에 대한 필리포의 관점을 변화시키기 위한 여러 가지 3차원적 매체를 사용하여 이전 이론을 단계적으로 검증해 나감에 따라 필요한 개념과 문제를 인식하고 변화 · 수정할 수 있었다.

3차원적 매체를 사용한 표상에서는 구성 자료의 종류나 과제 제시 조건에 따라 표상의 내용이나 문제 해결을 위한 특별한 정위가 달라진다. 동일한 참조물을 표상할 때도 주어진 자료의 물리적 속성이나 가용성에 따라 서로 다른 표상적 편파성를 갖게 한다. 필리포의 경우, 하드보드지로 물레방아 모형을 만들었을 때 바퀴 테에 바퀴 살의 중심을 정확히 잡아 회전할 수 있게 만들었고 긴 네모 종이를 종이찍개(스테이플러)로 붙여 링 모양을 만들어 붙일 수 있었다. 점토로 만들었을 때 높게 부착된 페달이 점토의 유연성 때문에 일그러져 버리자 이를 부착하는 데 집착하였다. 나무, 철사, 은박지를 사용하였을 때 은박지 컵의 형태를 고려하여 컵 바닥이 위로 오도록 부착, 물레방아가 돌게 할 수 있었다.

언어적 표상과 2차원적 표상의 특성적 차이점 및 상호 보완적 역할을 정리하면 다음과 같다.

1. 언어적 표상은 프로젝트의 맥락과 동기를 설정해 주며 2차원적 표상은 유아의 정확한 이론을 알게 한다.
2. 언어적 표상은 의미화(signify)가 명확하지 않은 반면, 그림은 시각적 표상을 영상적(iconic)으로 의미화할 수 있음으로 해서 유아의 잘못된 개념을 발견할 수 있게 한다.
3. 언어적 매체는 지속성(persistence)이 부족하므로 직접적으로 반성할 수 없는 반면, 그림 표상은 기록과 같은 역할을 제공하므로 반복적으로 재방문할 수 있는 매체로 활용되었다.
4. 언어적 표상에 비해 그림 표상은 유아로 하여금 메타 상징적으로 사고하게 하였다.

그리기 표상과 3차원적 표상의 차이점 및 보완점은 다음과 같다.

1. 그리기 표상과 3차원적 표상은 모두 시상적 문식성(graphic literacy)이 필요하나 다양한 매체를 사용하는 3차원적 표상은 보다 높은 인지적 조정 능력이 요구된다.
2. 그리기 표상은 이론을 구성하도록 하는 반면, 3차원적 표상은 이론을 검증하게 하였다.
3. 그림 표상은 대상물의 형태 · 크기 · 색깔 · 구조 등에 초점을 두게 하는 반면, 3차원적 표상은 대상물의 작동 원리 등 기능적 맥락에서 사고하게 하였다.

이상에서 살펴본 바와 같이 여러 가지 서로 다른 매체를 활용하여 동일한 개념을 표현하게 하면 유아들은 여러 가지 관점, 나아가 상반되는 관점까지도 통합할 수 있게 된다. 피아제에 따르면, 상반되는 관점의 통합은 유아들이 학습한 지식을 새로운 상황에 일반화할 때 더욱 의미 있고 유용한 지식이 되게 해준다. 지식 체계를 구성하는 것은 이러한 상반된 요소들의 통합이다.

5. 의사소통 맥락의 표상을 통한 학습

다양한 매체를 사용한 상징적 표상은 레지오에서는 교육 과정의 분리된 한 부분이 아니라, 학습 과정에서 이루어지는 인지적 · 상징적 표현으로써 사고를 구성해 가는 중요한 요소가 된다.

레지오 학교에는 '아틀리에리스타(atelierista)' 라고 부르는 미술 교육을 받은 교사가 있어 다른 교사나 유아와 유대하여 경험을 공동 조직한다. 또한 교실에서 이루어지는 프로젝트 활동과 연관된 표상 활동을 위해 다양한 도구, 자료, 기술을 탐색할 수 있는 '아틀리에' 가 교사와 유아의 문화적 발달을 매개한다. 아틀리에리스타는 경우에 따라 유아들에게 표상 재료나 도구의 사용 방법을 가르친다. 이는 물론 기술적 표상을 위해서가 아니라 사회적 과제 조건의 맥락에서 표상을 지원하는 것이다. 또한 아틀리에는 교사들이 유아의 표상 과정과 산물을 기록화하고 연구하는 장소로 활용된다.

표상의 목적은 다양하다. 유아들이 자신의 경험을 반성하고 해석하게 하거나, 기억력을 일깨우거나, 다른 사람과 아이디어를 나누기 위해 사용된다.

레지오 교사들은 유아가 자신의 생각을 다른 사람이 이해할 수 있도록 표현하는 의사소통적 맥락의 표상 활동을 강조한다. 의사소통 맥락의 표상은 다른 사람이 잘 이해할 수 있도록, 즉 상징이 의사소통의 수단이 되는 상징으로서의 역할을 잘할 수 있도록 표상해야 하기 때문에 메타 상징적 표상이 된다. 또한 내용 면에 있어서는 자신이 아는 것을 사고하고 표현해야 하므로 메타 인지적 기능을 갖는다.

프로젝트에서 공통적으로 사용하는 방법으로 교사는 유아들이 이해한 것을 잘 모르는 학급의 다른 유아에게 발표하거나, 어린 유아를 위한 사용 지침서(user's guide) 만드는 단계를 반드시 포함시킨다. 레지오의 5세 유아들이 수행한 '지도 그리기' 프로젝트에서 교사는 교실을 물려 받게 될 어린 동생들을 위한 교실의 지도 그리기를 제안하였다. 유아들은 먼저 어린 유아들이 좋아할 방의 형태를 메타 수준에서 토의하여야 하고 방의 구조를 잘 나타낼 수 있는 상징을 메타 수준에서 토의한 후 표상해야 한다.

상징을 발명해 내려는 유아들의 동기는 자신들이 이해한 것을 더욱 의식화하고 다른 사람에게 더욱 명확하게 전달하려는 의도에서 생긴다(Forman, 1993b). 자신이 알고 있는 것을 남이 이해할 수 있도록 그려야 하는 경우 그림은 새로운 역할을 한다(Franklin, 1973).

활동 과정에서 유아는 메타 상징적 수준의 이해를 구성할 뿐만 아니라, 자신의 표기를 다른 유아의 것과 비교하는 과정에서 사물을 보는 서로 다른 관점을 학습하게 된다. 이러한 예는 '페달' 프로젝트에서 잘 나타난다. 자전거를 못 타는 유아들을 가르쳐주기 위해 자원한 세 명의 남아가 친구들이 가장 어려워하는 페달 밟는 방법을 예측, 확인, 수정 과정을 거치면서 탐색한 후, 자전거를 배우는 학급의 친구들에게 설명하기 위해 페달 밟는 방법을 표상해 나간다. 유아들은 발달 수준이 다른 학급의 3 · 4 · 5세 유아들을 위해 자전거 그림, 색깔과 방향이 다른 페달과 발 그림 그리고 기호를 창안하여 적절히 배치하고 지침서를 만들어 설명하였다.

이 프로젝트에서 유아들이 만든 지침서는 다음과 같다.

① 오른쪽 페달이 위에 있을 때 오른발을 앞으로
② 오른쪽 페달이 앞에 있을 때 오른발을 아래로
③ 왼쪽 페달이 위에 있을 때 왼발을 앞으로
④ 왼쪽 페달이 앞에 있을 때 왼발을 아래로

상징은 다른 사람이 이해할 수 있는 정도(readability)로 평가된다. 교사는 유아들이 창안한 여러 개의 상징 중 의미를 가장 잘 전달할 수 있는 상징을 결정하게 함으로써 유아들은 상징에 대한 메타 상징적 수준에서 토의하고 사고할 수 있는 기회 또한 가진다.

유아들이 발명한 상징은 지식의 표현일 뿐만 아니라 동시에 유아로 하여금 현재 다루고 있는 주제에 관련된 하위 요소들 간의 새로운 관계를 형성하고 새로운 의미를 생각하게 하는 지식의 원천이 된다. 다시 말해 유아는 학습하기 위해 그린다.

이와 같이 프로젝트 활동 과정에서 유아들의 다양한 매체를 통한 상징적 표상을 사람들은 '상징적 언어(symbolic language; Edwards, et al., 1991)', '시상적 언어(graphic language : Katz, 1993)'라고 하며 레지오 교사들은 '유아들의 수많은 언어'라 말한다.

6. 사회적 상호 작용의 강조

레지오에서는 사회 인지적 갈등 요인을 학습의 중요한 기제로 보기 때문에 교사는 유아들 간의 갈등을 억제하기보다는 발전적 토의나 새로운 학습의 계기로 활용한다. 또래뿐만 아니라 유아와 성인 간 그리고 환경적 맥락과의 사회적 상호 작용이 이루어질 수 있는 학습 상황을 의도적으로 계획하여 제시한다.

유아들은 또래 간 상호 작용에 참여하여 상징적, 언어적 의사소통을 통해 서로 간 불일치와 일치를 경험하고 협상해 나가는 과정에서 유아 자신에 대한 정체감을 강화하고 개인과 또래 집단의 자율성을 증진시키며 학교에 대한 자신감과 소속감을 갖게 된다.

사회적 상호 작용 상황에서 교사는 유아의 말, 몸짓, 표상 과정을 관찰하여 유아의 ZPD 내에서 적절한 질문과 피드백을 통해 지원해 줌으로써 유아의 학습 동기와 흥미를 자극하고 발견이 최대화되도록 개별적 또는 집단적으로 중재한다.

레지오의 교사들은 대부분 프로젝트에 참여하는 사람들이 어떻게 협력할 것인지, 프로젝트에서 무엇을 어떻게 표상할지 등과 같은 유아가 흥미를 갖는 일이나 하고 있는 일 자체에 관심을 갖고 상호 작용하고자 노력한다. 뿐만 아니라 교사 또한 프로젝트의 일원으로 공동의 관심사에 전념한다. 유아의 제안이나 질문을 경청하고 유아의 생각을 알고자 하며 제안은 하되 지나치게 도와주지 않는다. 교사는 유아의 문제를 해결해 주는 치료사도 아니며 또래는 더더욱 아니다. 교사는 전문적인 학습을 존중하는 사람이다.

교사는 사회적 상호 작용 시 주어진 상황에 대해 유아가 과제에 대한 충분한 공유 의미를 가질 수 있도록 매체나 도구를 제시함으로써 '사회적 과제 조건'의 틀이 제공될 수 있도록 한다. 이러한 조건하에서 유아들은 한 사건이나 문제에 대해 단순한 기술적 진술을 넘어서 주어진 상황의 복잡한 관계에 대한 자신의 생각을 다른 사람이 이해할 수 있도록 표현하고 원활한 토의와 상호 작용을 할 수 있다. 유아의 아이디어를 표상하게 하는 중요한 기제는 유아가 가지고 있는 발달적 차원의 기술적 문제이기보다는 적절한 표상을 유도하는 맥락적 단서, 즉 교사가 제시하는 매체의 조건이라 하겠다.

결국 교사의 중심 역할은 유아들 간의 대화, 공동 작업, 지식의 공동 구성을 자극하고 촉진하는 데에 있다. 이를 위해 교사들은 유아의 발달 역사를 중시하며 유아-교사-부모 간의 강하고 지속적인 관계와 가정과 같은 분위기를 중요하게 생각하기 때문에 3년간 동료 교사와 함께 한 반을 맡아 운영한다. 유아와 부모에 대한 지속적인 상호 관계를 형성함으로써 교사는 새로운 적응의 시기를 줄이고 일정 기간 내에 일정한 교육의 목표를 달성해야 하는 초조감 없이 안정감 있게 학급을 운영하며 장기 프로젝트 또한 수행해 나갈 수 있다.

레지오에서는 교사뿐만 아니라 교육 조종관, 아틀리에리스타, 그 외 학교의 전 직원이 함께 교수 학습의 문제와 책임을 공유한다. 교사들은 끊임없는 실험과 기록화를 수행함으로써 정기적인 교사 간 토의를 통해 그때그때 유아의 잠재력을 학습에 반영하고 이후 학습의 방향을 설정해 나간다. 이러한 과정에서 교사 자신도 발전한다고 믿는다. 사회적 상호 작용과 관계를 중시하는 이러한 레지오의 학교들을 캐츠(Katz, 1993)는 '대가족 모델', '가족 생활 모델'이라 하였다.

레지오에서는 집단의 크기에 따라 사회적, 인지적으로 서로 다른 역동성을 가져온다고 본다. 유아가 어릴수록 2명의 상호 작용이 바람직하며 3명 집단은 홀수이기 때문에 고립과 갈등의 가능성이 높고 4명 집단과 5명 집단은 또 다른 원동력을 가져오는 것으로 보고 의사소통의 효율성을 고려하여 집단 크기를 다섯 명 이하로 제한한다. 인지적 학습 과정을 극대화하기 위해서는 집단 구성원의 연령과 발달 수준이 동질적일 때 효율적임을 강조한다(Malaguzzi, 1993b).

6.1 진정한 의미의 사회적 상호 작용

협력 학습을 위해 필요한 진정한 사회적 상호 작용은 교사 중심적인 상호 작용이나 유아 간의 산발적인 의견 제안을 의미하는 것이 아니다. 진정한 의미의 상호 작용은 한 가지 주제를 가지고 유아들이 공동의 목표를 향해 문제를 공유하고 문제 해결을 위해 협의하며 논의하는 과정에서 사회 인지적 갈등을 경험하고 조정하면서 문제 해결을 위한 타협안(negotiation)을 도출하게 되는 상호 작용을 말한다.

교사 중심적인 상호 작용 유형

유아는 언제나 교사를 향해 말하고 교사는 항상 유아의 말에 피드백을 주므로 유아 간의 의사소통이 부족한 수동적인 상호 작용이다.

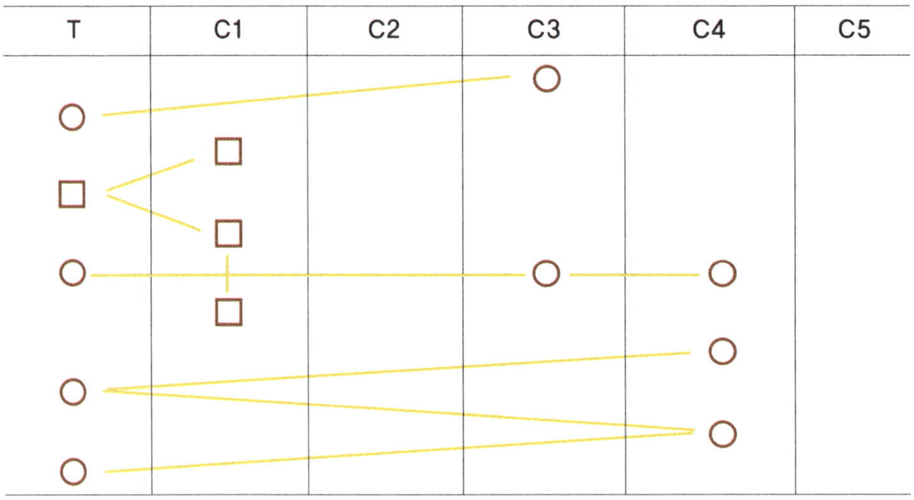

유아 간의 산발적인 상호 작용 유형

유아들에게서 많은 주제가 산발적으로 발현되지만 내용 전개가 부족하다.

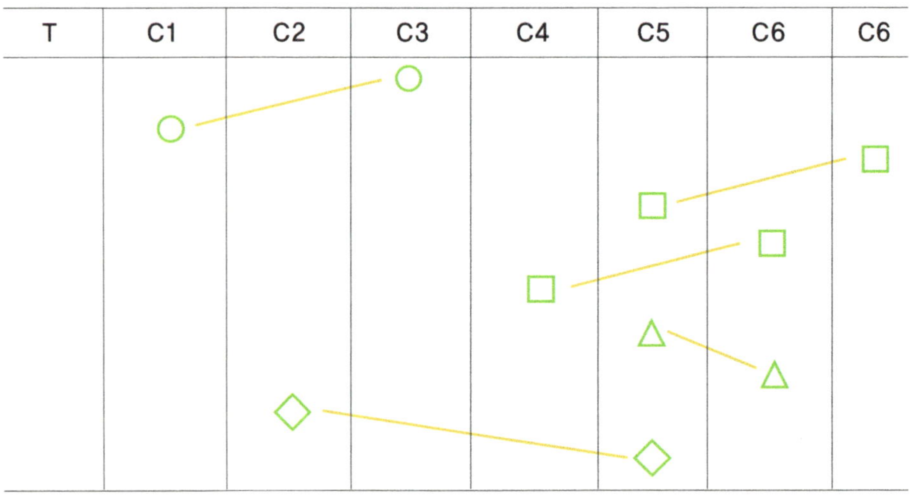

협의, 논의가 내재된 진정한 상호 작용 유형(negotiation)

유아들 간에 공동의 문제를 해결하기 위해 협의하고 논의해 나가는 과정에서 타협안을 도출하게 되는 진정한 상호 작용이다.

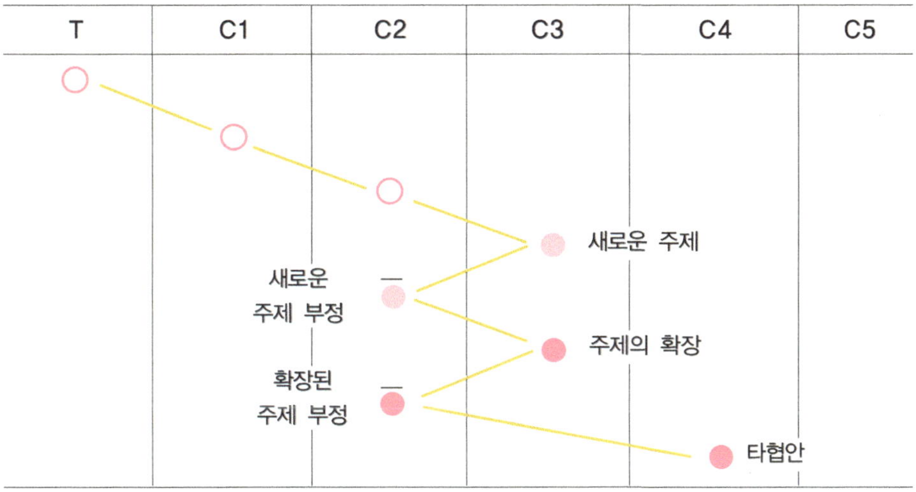

6.2 학습 이론에 따른 대화의 유형

교사의 가치관이나 학습 이론에 따라 교사와 유아 간 대화의 내용은 달라진다. 유사한 사례로 학습 이론에 따라 달라지는 대화의 유형을 살펴보고 '사회적 구성주의' 시각에서 진정한 유아의 생각을 토대로 이루어지는 레지오식 대화 유형을 제시해 보고자 한다.

대화 유형 1 유아의 기존 지식에 새로운 정보를 계속적으로 제시하는 형태

유아 : 봐요, 선생님, 여기 소나무가 있어요.

교사 : 잎 좀 봐, 잎이 넓적하지 않고 뾰족하잖아.

유아 : 정말, 여기 열매도 있어.

교사 : 열매 안에 씨앗이 들어 있구나.

- 대화 유형 1의 도식

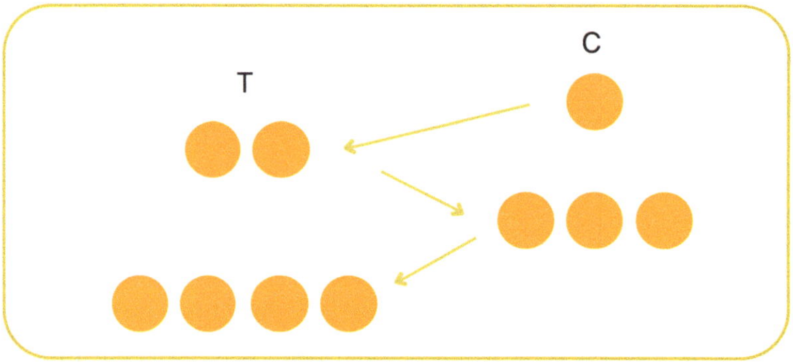

대화 유형 2 정보를 주기보다 강화를 위한 칭찬과 인정을 주는 형태

유아 : 여기 소나무 좀 보세요. 잎이 뾰족한 가시 같아요.

교사 : 어디? 정말 소나무의 잎이 뾰족하구나.

유아 : 소나무에는 솔방울이 달려있어요.

교사 : 그래, 맞아. 책에서 읽은 걸 잘 기억하고 있구나. 아주 좋아.

- 대화 유형 2의 도식

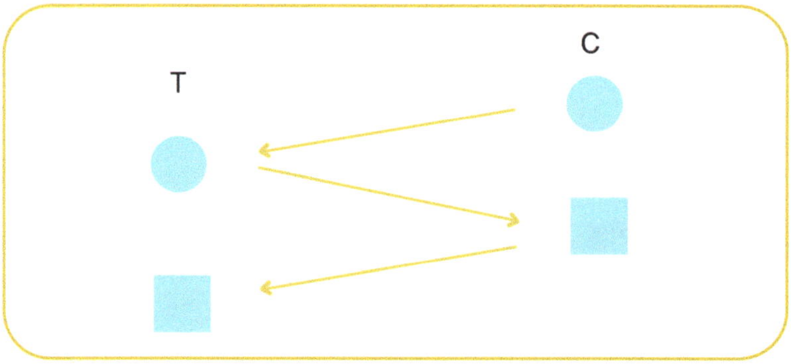

대화 유형 3 유아에게 갈등을 갖게 하는 형태

유아 : 소나무를 봤어요.

교사 : 소나무의 잎은 넓적하니?

유아 : 아니요. 뾰족해요. 상수리나무 잎이 넓적한데요.

교사 : 여기 열매가 있네. 소나무 열매는 먹을 수 있을까?

유아 : 아니요. 소나무 열매는 먹을 수 없고 도토리는 먹을 수 있어요.

대화 유형 3의 도식

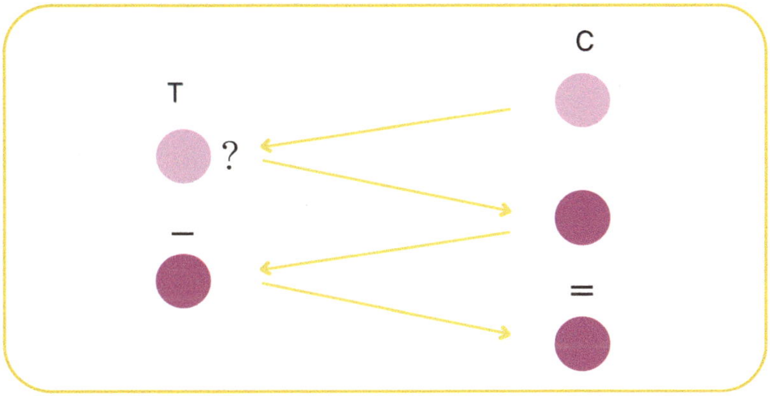

대화 유형 4 유아의 생각을 토대로 한 레지오식 타협점이 내재된 형태

유아 : 봐요. 여기 소나무가 있어요.

교사 : 그래. 그 소나무에 대한 네 생각을 얘기해 볼래?

유아 : 잎이 가늘어서 물을 자주 줘야 할 것 같아요.

교사 : 물을 자주 준다구?

유아 : 네, 대부분의 식물은 물을 주면 그 물을 잎에 보관해 두었다가 성장하는데, 소나무는 물을 보관할 장소가 좁으니까 물을 흡수하는 양이 적을 것 같아요.

교사 : 그러면 너는 물을 주면 소나무가 물을 어디에 보관하는지 잘 알고 있겠구나.

유아 : 예~ 근데, 잘 모르겠어요.

교사 : 그러면 다른 친구들에게 물어보자. 그리고 소나무가 어디에 물을 보관하는지 그리고 어떻게 자라는지도 그림으로도 그려보자.

대화 유형 4의 도식

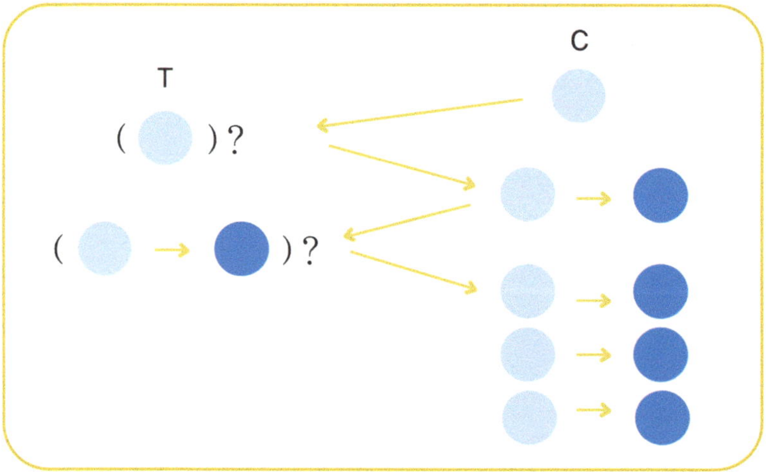

레지오식 언어적 상호 작용의 특징

1. 유아의 말에 정보를 더해 주거나 갈등을 제기하기보다는 유아가 더 이야기하도록 한다.
2. 관련 주제에 대해 유아가 관심을 갖거나 초점을 두는 바 또는 이전 경험을 알아내기 위해 유아의 생각을 자유롭게 분출하게 한다.
3. 유아가 관심을 갖는 현재 상황이나 관찰한 바를 이전 경험과 관계지어 보도록 유도한다.
4. 유아의 생각을 자유롭게 분출하도록 하거나 관련 정보를 충분히 수집한 후 학습의 잠재력이 풍부한 방향으로 프로젝트의 맥락을 선정한다.
5. 학급 유아들이 집단으로서의 청중 역할을 하므로 공동의 문제를 학급에 의사 소통하고 관심을 보이는 유아들이 프로젝트 집단을 형성하게 한다.
6. 항상 유아들이 자신의 생각을 스스로 의식화하고 타인에게 의사 소통할 수 있도록 기록화하여 가시화한다.

7. 기록(Documentation)의 활용

유아들의 생각과 학습 과정을 체계적으로 기록하고 연구하는 시간을 갖는 것은 성공적인 프로젝트를 위한 필수 요건이며 레지오 에밀리아 접근법의 첫 번째 장점이다. 유아들의 말에 귀 기울이는 좋은 기록은 교사와 유아의 개인적 평가, 교육 과정 계획, 교육 평가 모두를 동시에 달성할 수 있다.

교사들과 아틀리에리스타는 프로젝트 과정에서 이루어지는 유아들의 대화와 토의 내용을 녹음하여 전사·활자화하고 활동하는 과정을 슬라이드·사진기·비디오로 찍고 유아들이 만든 2차원적·3차원적 표상 결과물과 구성물들을 수집하고 조직하여 기록화한다. 기록화는 활동의 결과뿐만 아니라 그 과정이 제시되어 지속적으로 재방문하면서 학습에 활용됨이 특징이다.

진행 중인 프로젝트 활동 과정 사진과 유아들의 대화 내용을 녹음하여 전사한 글, 표상 결과물들을 잘 디자인·조직하여 교실이나 학교 벽면에 전시한다. 기록화는 다음과 같이 유아, 교사, 부모, 일반 대중 모두를 위해 중요한 교육적 기능을 담당한다.

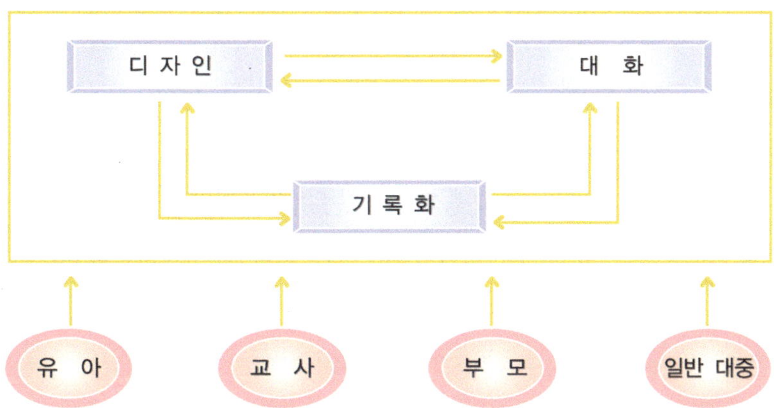

Documentation(Edwards, Gandini & Forman, 1998)

첫째, 유아에게는 재방문하여 반성하게 하는 자료가 된다.

프로젝트 과정에서 기록화는 유아들에게 자신들이 말하고 행했던 것에 대한 구체적이고 가시적인 기억을 제공함으로써 자신과 다른 사람의 느낌, 지각, 관찰, 반성을 재방문하게 하여 좀 더 주의 깊게 활동 내용을 재구성 · 재해석하게 하므로 다음 학습을 위한 출발점이 되게 하고 학습을 심화하게 한다. 또한 유아 자신의 감정 및 아이디어가 의미 있는 것임을 인식, 긍정적 확인감을 갖게 한다. 기록과 전시가 학교 일과의 중요한 부분이라는 인식은 유아로 하여금 자신의 활동에 최선을 다하도록 하는 자극이 된다.

둘째, 교사에게는 유아를 이해하고 프로젝트의 방향을 발현해 나가는 연구 자료가 된다.

교사들은 기록 자료를 토대로 유아들의 지식을 이해할 수 있고 동료 교사, 교육 조종관, 아틀리에리스타 등 다른 교사들과 함께 프로젝트를 확장하거나 이후 방향을 설정하기 위한 방안을 분석 · 논의한다. 체계적인 기록은 교사로 하여금 교육 과정과 학습 과정에 대한 '확신과 전통의 답습자' 이기보다는 연구의 주체로서 새로운 아이디어의 창출자가 될 수 있도록 전문적 성장을 촉진한다(Malaguzzi, 1993b).

셋째, 부모에게는 학교에 관심을 가지고 참여하게 하는 수단이 된다.

부모들은 학교에서 이루어지는 교육 내용을 이해하고 정보를 접하는 기회를 갖게 되므로 학교 교육 과정과 목표를 인식하게 되고 관찰 · 연구하는 교사들을 신뢰하고 존중하게 됨으로써 프로젝트에 부모를 참여시키는 수단이 된다. 어떠한 부모 참여 전략보다도 좋은 교육의 실제는 부모가 관심을 가지고 자발적으로 학교에 참여하도록 하는 동기를 제공한다(Katz, 1994).

넷째, 일반 대중에게 레지오 에밀리아 접근법을 알리고 피드백을 받는 의견 교환의 수단이 된다.

지역 사회 구성원에게 학교의 교육 방식을 알리고 소개하는 효율적 연계 방안이 될 뿐만 아니라 외부의 교육자나 학자 · 방문객들에게 레지오 에밀리아 접근법을 알리고 피드백을 받을 수 있는 의견 교환의 방법으로 현재 '유아들의 수많은 언어(The hundred languages of children)' 라는 제목으로 세계를 순회하는 전람회가 바로 장기간에 걸친 이 기록화의 산물이다.

첫 번째 전람회는 1981년 '눈이 벽을 넘을 때(When the eye jumps over the wall)' 라는 제목으로 유럽을 순회하였고 그 후 현재의 제목으로 바꾸어 미국, 호주 등 세계 각지에 유아들의 프로젝트 내용에 따라 기록화를 변형 · 재조직하여 소개하면서 레지오 교육자들의 연구자적 자세도 더욱 구체화되고 항상 재조사 · 재실험 과정을 거치며 발달해 오고 있다. 이런 이유로 레지오 교사들은 자신들의 접근법을 '모델' 이라고 부르는 대신 '우리의 프로젝트' 또는 '우리의 경험' 이라고 말한다.

Chapter 7 레지오 에밀리아 유아 학교의 물리적 환경

레지오 에밀리아에서는 물리적 환경을 '제3의 교사' 라 한다.

환경이 두 교사와 마찬가지로 유아의 학습에 동기와 자극을 준다고 본다. 레지오에서는 물리적 공간과 환경 속의 시설 · 설비 · 자료 등을 수동적 요소로 보지 않으며 오히려 유아나 성인의 행동을 조정하고 이들의 행동에 의해 조정 받기도 하는 적극적인 요인으로 인식한다. 이러한 레지오 에밀리아 학교에서의 '공간' 이 갖는 교육적 의미와 물리적 환경을 살펴보고 레지오 환경에서 우리가 배울 점에 대해 생각해 본다.

1. 유아교육기관의 공간이 갖는 의미

레지오 에밀리아의 교육자들은 공간이 교육적 메시지를 담고 있기 때문에 사회적 상호 작용과 탐구 학습에 유용한 '그릇' 이라 부르기도 하지만, 상호 작용과 건설적 학습을 자극하는 '자극제' 로도 본다(Gandini, 1993). 그러므로 유아 학교와 영유아 센터의 공간은 이탈리아 특유의 문화뿐만 아니라 레지오의 교육 프로그램에 관련된 모든 것과 조화를 이룬다.

말라구찌는 "환경은 그 속에서 생활하는 사람들의 아이디어, 가치, 태도, 문화를 반영해 줄 수 있는 수족관이 되어야 한다."고 하였다. 레지오 에밀리아 학교의 환경에는 레지오 교육자들이 시간, 즉 역사를 보는 시각이 반영된다. 레지오 에밀리아 접근법에서 시간을 보는 시각에 영향을 주는 요인은 다음과 같다(Gandini, 1993).

첫째, 제2차 세계 대전 종결 후 부모들의 의지에 의한 의미 있는 시작의 역사와 시립 체제화를 위해 투쟁해 온 오랜 경험과 역사가 학교의 환경에 반영된다.

둘째, 유아-교사-부모의 3년간에 걸친 지속적이고 친숙한 관계는 학교의 공간 형성에 영향을 주고 학교의 공간은 유아, 부모 그리고 교사에게 친숙한 장소가 된다. 부모와 유아는 학교에 친밀감과 소속감을 가지고 능동적으로 참여하여 공간 구성을 지원하며 교사는 헤어짐이나 새로운 적응 기간이 없기 때문에 특정 목표 달성에 대한 초조감이 없이 질적인 환경을 구성할 수 있다.

셋째, 영유아 센터와 유아 학교 모두는 교육과 탁아의 기능을 겸하여 종일제로 운영된다. 유아들은 많은 시간을 기관에서 보내기 때문에 융통성 있는 일과를 운영할 수 있다. 서두르지 않는 활동 시간, 즐거운 식사 시간, 조용하고 편안한 낮잠 시간, 여유 있는 장 · 단기의 프로젝트 운영 등은 유아에게는 안정감과 자아존중감을 느낄 수 있게 하고 충분한 문제 해결의 기회를 부여한다. 교사에게는 개별 유아의 성숙과 발달을 충분히 이해하고 학습을 지원할 수 있게 하며 부모와의 친밀한 관계를 토대로 학급 운영에 도움이 된다.

말라구찌(1993b)는 "개별 유아의 독특한 능력이 나타나고 변화하는 데 필요한 시간이 충분히 존중되어야 한다."라고 하였다. 이것을 문화적 · 생물학적 지혜의 척도로 보았다.

레지오 교육자들은 유아 · 교사 · 부모 · 지역 사회 간의 협력에 기초를 둔 철학을 수십 년간 발달시켜 왔다. 레지오 학교들은 오랜 기간의 노력과 정치적 투쟁 끝에 지역 사회의 지원을 얻어내는 데 성공하였다. 교육 프로그램을 개발하는 초기 단계부터 협력 과정에 참여한 사람들은 사회적 상호 작용을 통한 협력 · 의사소통 · 관계 형성을 중시하는 철학이 반영된 공간이 갖는 교육적 의미를 잘 인식하고 환경에 대해 생각하고 설계해 왔다.

"학교 전체가 공간 · 자료 · 프로젝트 등을 포함하여 유아들의 상호 작용과 의사소통을 가치있게 생각하고 보존하고자 한다는 것을 유아들은 느껴야 한다(Rinaldi, 1990)."

상기한 원리를 염두에 두고 학교 공간을 단지 활동적인 시간을 보내는 데 유용하고 안전한 장소 이상으로 설계하고자 노력하였다. 따라서 각 영유아 센터와 유아 학교들은 일반적인 레지오의 문화뿐만 아니라 학교 특유의 역사가 반영되는 공간을 창조하였다. 공간은 산뜻하고 환영하는 느낌이 들며 프로젝트, 활동, 매일의 일과 그리고 그 곳에서 일어나는 상호 작용 등에 대해 많은 것을 알려준다.

레지오 에밀리아의 교육자들은 기본적인 철학과 프로그램을 선택한 후에 공간의 구조와 배열을 계획하고 학교를 건축한다. 유아 교육을 지역 사회의 책임으로 보기 때문에 유아교육기관 건설을 반드시 도시 계획에 포함시킨다. 모든 지역 사회 주민이 잘 볼 수 있고, 유아교육기관과 관련이 있는 사람들 간의 상호 작용이 용이한 곳에 위치하도록 계획한다.

학교의 건물을 신축하거나 개축할 때는 반드시 교육 조종관, 교사, 부모가 함께 건축가와 상담한다. 학교에서 함께 일하는 모든 사람들이 의사 결정에 참여해야 한다고 믿는다.

학교를 둘러싼 지역 사회의 외부 환경 또한 교실 공간의 연장이라 생각하기 때문에 주변의 환경적 특성을 중시한다. 유아들과 함께 지역 사회의 환경이나 주요 명소들을 탐색하는 것이 교육 과정에 포함된다. 유아에게 친숙한 도시의 모든 공간이 교육 활동의 무대이며 대상이 된다.

대표적인 예로, 빌레타 유아 학교에서 여러 달 계속되었던 '빗속의 도시(the city in the rain)' 프로젝트는 '비가 오면 도시가 어떻게 변할까?' 에 대해 유아들이 미리 예측하고 직접 비가 오는 시내로 나가 관찰하고 탐색해 나간 좋은 예이다. 또한 '사자의 초상(portrait of a lion)' 프로젝트는 시의 광장에 100여 년간 자리하고 있는 돌사자를 직접 관찰하고 학교로 돌아와 돌사자에 대한 이미지를 그림으로 그리고 모형으로 만들며 동작으로 표현하고 그림자 극을 구성하는 등의 다양한 표상을 통해 탐색함으로써 시의 역사와 문화를 느껴 보게 한 지역 사회를 포함하는 서정적인 학습 경험이다.

2. 물리적 환경 구성

우리네 교육자들은 유아교육기관의 물리적 환경의 중요성을 잘 인식하고 있다. 그러나 유아 교사들은 항상 경제적 · 공간적 부족과 싸워왔고 실내 · 실외의 공간을 설계하는 데 타협을 강요당해 왔다. 많은 유아교육기관들에서 볼 수 있듯이 만족스럽지 못하고 비기능적인 물리적 환경, 특히 구획적이고 획일화된 공간 배치와 자연적 채광의 부족, 정돈된 공간의 부족, 소집단 상호 작용 공간의 부족, 자연물이나 공학적 교수 매체 활용 부족 등이 문제로 지적될 수 있다.

레지오 에밀리아 학교에서는 앞서 말한 공간이 갖는 교육적 의미를 잘 인식하고 진정으로 유아를 존중하여 교육할 수 있는 환경을 설계하는 데 전력을 기울여 왔다.

레지오 학교의 물리적 환경에서 볼 수 있는 장점 및 특성을 들어보면 다음과 같다.

1. 전통적인 일반 문화를 반영하지만 기관마다의 특유한 역사 · 문화를 반영하므로 환경이 획일적이지 않다.
2. 사회적 상호 작용을 유도하도록 공간을 구성한다.
3. 교육적 기능을 사전에 고려하여 공간을 설계한다.
4. 건물 · 가구 · 설비 · 자료 등의 형태나 색에 있어서 아름다움과 조화에 대한 깊은 관심이 나타난다.
5. 학교 전체가 활용하는 아틀리에와 교실마다의 미니 아틀리에가 있어 프로젝트 활동과 기록 작업을 용이하게 한다.
6. 유리벽을 활용하여 공간을 분리하면서도 가시 범위를 확장하여 공동체 의식을 갖도록 한다.
7. 자연 채광을 이용할 수 있도록 설계한다.
8. 학교의 벽면은 유아들의 활동 과정을 기록하여 정보를 알리는 기능을 한다.
9. 3차원적 전시, 바닥의 입체적 구성 등과 같이 공간 그 자체를 3차원으로 활용한다.
10. 초록 식물, 나뭇가지 등과 같은 자연물과 재활용품의 활용이 높다.
11. 다양한 자료가 잘 정돈되어 있어 표상을 자극하고 활용을 용이하게 한다.
12. 공학적 기기들을 교수 매체뿐 아니라, 유아의 활동 매체로도 활용한다.
13. 자연적, 전기적 빛을 학습에 활용한다.

레지오에서는 사회성 발달이 인지 발달과 밀접한 관련이 있다고 보기 때문에 유아들 간의 상호 작용을 촉진할 수 있도록 공간이 계획되고 조직된다. 다음 그림에서 보는 바와 같이 다른 학교들과 마찬가지로 다이아나 유아 학교도 중앙에 시의 광장과 같은 이름을 가진 '피아자(piazza)' 가 있다. 그 이름이 의미하는 바와 같이 피아자에서는 학교 전체 유아들이 함께 모인다. 학교가 지역 사회를 반영하는 좋은 예라 할 수 있다.

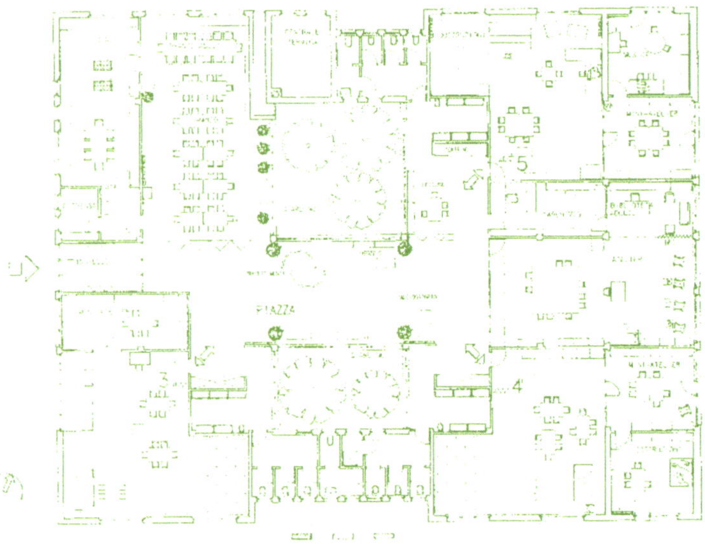

다이아나 유아 학교의 평면도(레지오 에밀리아 시, 1996)

피아자를 향해 학교의 내부 공간들이 방사식으로 위치하고 있다. 이러한 배치는 학교 전체가 중앙 공간을 중심으로 사회적 상호 작용이 활성화되도록 한다. 피아자를 중심으로 아틀리에, 도서관, 자료실, 회의실, 부엌과 식당이 있고 3세 교실, 4세 교실, 5세 교실이 위치하고 있다. 각 교실에는 미니 아틀리에가 부속되어 있으며 구성놀이실, 음악실 등이 있다.

2.1 피아자와 피아자의 활동 영역

유아들은 친구를 가질 권리를 가지고 있다.
그렇지 않으면 유아들은 잘 자라지 않으니까 ….
유아들은 평화롭게 살 권리가 있다.
만약 유아들이 잘 알지 못한다면 실수할 권리가 있다.
…

레지오 에밀리아의 유아 학교에 들어서면 환영의 느낌, 발견과 건강함의 분위기를 느낄 수 있다. 다이아나 유아 학교의 입구에는 5세 유아들이 선언한 '유아들의 권리' 포스터가 걸려 있다.

포스터 옆에는 각 반 교사, 아틀리에리스타, 요리사, 직원의 이름이 적힌 사진이 유아와 방문객들을 환영한다. 그 옆에는 부모와 방문객들을 위하여 교사 연수 일정, 부모 면담 일정, 유치원 행사 등 학교의 여러 가지 활동을 알리는 계획표가 제시되어 있다. 맞은편 벽에는 유아들의 프로젝트 활동을 기록화한 사진, 유아 자화상, 얼굴을 비춰 볼 수 있는 거울 등이 있다.

피아자에는 양쪽에 실내 정원이 위치하고 학교 전체 유아들이 공동으로 사용하는 가게놀이 영역, 의상놀이 영역, 의사소통 상자와 메시지 영역, 극 놀이 틀, 삼각 거울 등이 있어서 사회적 상호 작용을 유도한다.

공간을 자세히 살펴보면 아름다움과 조화에 관심을 갖는 이탈리아 문화가 반영되어 있음을 알 수 있다. 교사와 부모가 함께 창안하거나 만든 산뜻하고 기능적인 가구, 벽의 색, 유리벽을 통해 들어오는 빛, 건강한 초록 식물 등에서도 심미적인 문화를 엿볼 수 있다. 유리로 벽과 천장이 구성되어 있어서 자연 채광을 받아들여 학교 전체를 밝게 해준다.

실내 정원

레지오의 유아 학교와 영유아 센터에는 공통적으로 실내 정원이 있다. 실내 정원에는 그야말로 실외에나 있음직한 나무와 식물들이 자라고 있어 자연을 실내로 끌어들여 생동감을 준다. 실내 정원은 극 놀이나 그 외의 놀이 공간으로 이용되고 이젤을 설치하여 표상 활동을 위한 공간이 되기도 한다. 유리벽은 투영성과 반사의 성질이 있어 이를 이용한 다양한 놀이나 학습이 이루어진다.

가게놀이 영역

피아자에는 가게놀이를 할 수 있는 영역이 상설되어 있다. 물건을 사고 파는 실생활 놀이 경험을 통해 유아들은 수 세기 · 수의 가감 · 분류 · 서열 등과 관련된 수 개념뿐만 아니라 양 · 크기 · 무게 등의 인습적 의미를 학습하고 활동 속에서 자연스럽게 경제 개념과 주변 사물들에 대해 알게 된다. 유아들은 탐색하고 관찰하고 협의하는 과정에서 아주 오래된 생산자와 소비자의 협동 조직이 아직도 번성하고 있는 에밀리아 로마냐 지역의 일상에서 중시하는 가치를 경험할 수 있고 흔히 일어나는 문제를 해결할 수 있는 능력 또한 기른다.

의상놀이(dress-up) 영역

각 학급에는 극 놀이를 할 수 있는 공간이 계획되어 있지만 피아자에 있는 의상놀이 영역은 학교 전체 유아들이 공동으로 활동할 수 있는 공간이다. 각종 의상과 거울을 비치하여 다양한 역할놀이, 극 놀이, 상상놀이가 이루어질 수 있도록 하였고, 사회적 상호 작용을 유도할 수 있도록 2개의 반원이 마주 보는 원 형태로 공간을 디자인하였다.

삼각 거울(kaleidoscope)

레지오 학교에는 거울을 여러 곳에 비치해 두어 유아가 자신의 모습을 비추어 보고 탐색할 수 있게 한다. 뿐만 아니라 세면대, 화장실, 삼각 거울을 다양한 모양으로 자르거나 올록볼록 면으로 구성하여 유아가 장난스럽게 자신의 모습을 볼 수 있게 한다. 삼각 거울 또한 이러한 목적으로 부모와 교사가 함께 제작한 구조물로써 그 속에서 유아들은 자신의 이미지와 상호 작용하고 놀이한다.

인형극 틀(theatre)

피아자에 위치한 인형극 무대에서는 유아들이나 경우에 따라 교사가 사전에 계획한 인형극을 하거나 또는 즉흥적으로 이야기를 구성하여 극화한다.

프로젝트에 참여한 유아들이 프로젝트 관련 경험들을 발표하기도 하고 특정한 느낌과 감정을 극화하여 표상한다. 여기서 유아들은 청중으로 참여하여 서로 다른 관점을 경험하고 생각을 나눈다.

편지 쓰기 영역

레지오에서는 유아 · 교사 · 아틀리에리스타 · 요리사 개개인의 개별 편지함이 준비되어 있어서 물건을 서로 교환하거나 메시지를 통해 의사 소통하도록 한다. 3세 유아를 위한 편지함은 대부분 투명하고 이름과 사진이 부착되어 있기 때문에 내부를 볼 수 있어서 교사의 개입 없이도 유아들 스스로 그 기능을 이해하고 활용한다.

매개물을 사용한 상호 교환을 통해 유아들은 읽기 · 쓰기 능력이 자극될 뿐 아니라 추상적인 '우정'의 표현이 되는 상호 교류를 이해하게 된다. 3년 동안 유아들이 쓰는 메시지의 질은 점진적 · 자연적으로 진화되어 결국 읽고 쓰는 능력으로 발달된다.

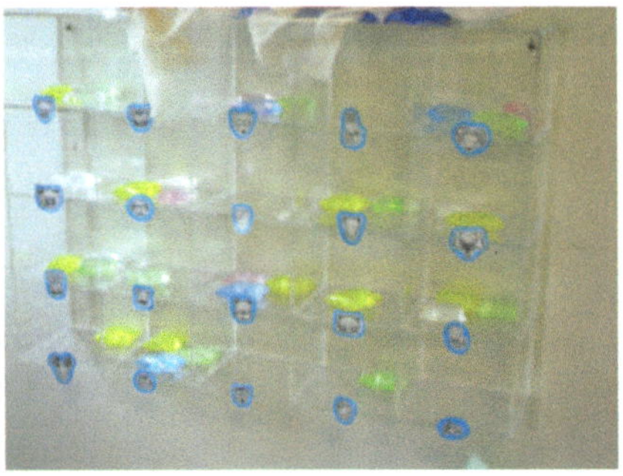

2.2 교실

매일 아침 유아들이 등원하면 학급별 모임을 갖는다. 유아들은 준비된 활동 중에서 선택하거나 프로젝트를 계속하기도 한다. 유아의 흥미에 따라 사용할 수 있도록 개방된 선반, 테이블, 라이트 테이블, 이젤 위 또는 투명한 용기에 다양한 자료나 도구가 준비되어 있다. 유아들은 혼자, 소그룹으로 또는 대그룹으로 활동한다. 교실에는 소집단의 상호 작용이 용이하도록 가구가 배치되어 있다. 교사는 정보를 보여 주기보다 유아들이 스스로 대상물들을 다루고 문제를 발견하며 가설을 구성하고 검증하며 해결해 나가도록 지원한다.

유아들은 상호 작용과 의사소통을 통해 함께 문제를 해결하고 놀이하며 표상하도록 격려된다. 교사들은 지원하고 안내하며 모니터하기 위해 끊임없이 유아들의 활동을 관찰하고 기록화한다. 먼저 집단의 관점에서 유아들의 사고, 언어, 개인 간 기술에 대해 구체적인 관찰과 기록화를 수행한 후 필요할 때 개입하여 개별적으로 지원한다.

2.2.1 공학적 교수 매체의 활용

레지오 학교들은 실물 환등기, 슬라이드 프로젝트, OHP, 라이트 프로젝터, 자연적 · 전기적 빛 등과 같은 공학적 기재를 포함하여 다양한 매체를 통해 유아들의 표상 활동을 유도한다.

라이트 테이블(light table)

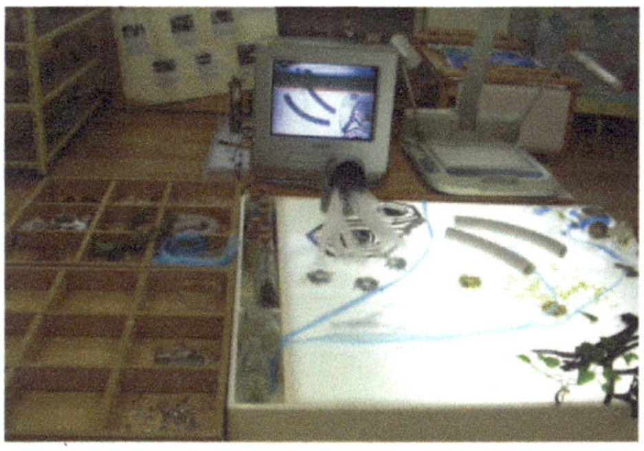

라이트 테이블의 사용은 레지오 학교에서는 일반화되어 있다. 일상적인 사물은 빛을 통해서 보고 사물에 대한 다른 이미지를 갖게 함으로써 표상 활동을 자극한다. 예를 들어, 색의 혼합을 경험하거나, 검정 도화지에 구멍을 뚫어 빛 그림을 구성하기도 하며 경우에 따라 소집단으로 점토와 철사를 사용하여 모형을 만드는 작업대로 이용하기도 한다.

그림자 스크린 및 그림자극 틀

주로 스크린을 교실 천장에 매달아 설치하고 필요할 때 내려서 사용한다. 라이트 프로젝터를 통해 빛이 투사되는 스크린의 이면에서 유아들은 몸 동작, 인형, 실제물, 극화 자료 등을 활용하여 스크린을 이용한 그림자 구성놀이를 즐긴다. 필요한 경우 라이트 프로젝터의 전면에 색 셀로판지를 덧대어 색 스크린을 구성하기도 한다. 교실의 스크린은 때로 실물 환등기, 슬라이드 프로젝트, OHP 등의 기기를 위한 스크린으로도 활용된다.

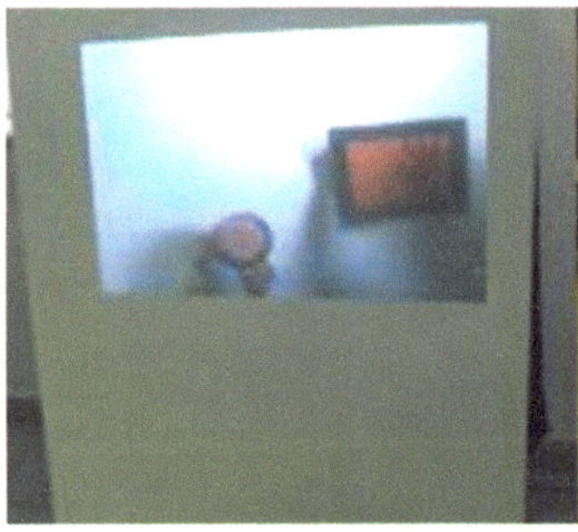

라이트 프로젝터

교실의 한쪽에 부속한 구성놀이 영역에서는 항상 라이트 프로젝터를 스크린이나 벽면을 향해 투사하고 유아들이 구성하는 3차원 구조물들을 그림자로 투영하거나 그 이미지를 인공적인 빛으로 조명해 주어 표상 효과를 높인다.

실물 환등기

실물 환등기를 활용하여 상황에 따라 여러 가지 배경을 벽면에 투사하고 가상의 역할놀이나 상상놀이에 활용한다.

OHP

OHP 기기를 이용하여 벽면이나 스크린에 2, 3차원 구성놀이를 하거나, 주변의 실물들을 이용하여 투사되는 이미지를 탐색, 구성한다.

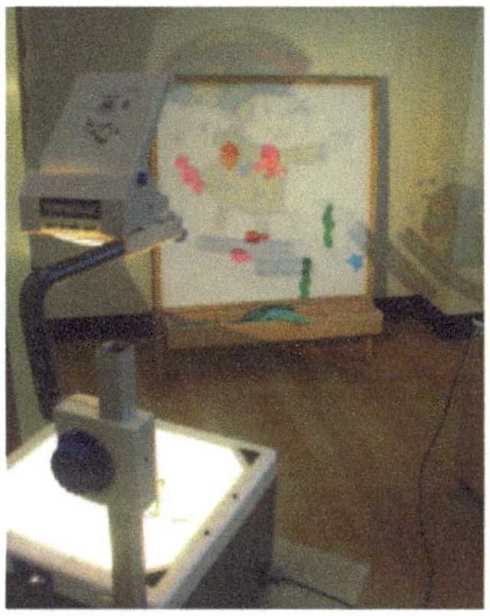

슬라이드 프로젝트

현장 견학 시 촬영해 온 장면들을 스크린에 투사하고 이전의 경험을 재현하거나 필요한 역할놀이 등에 활용한다.

아크릴(plexi-glass) 이젤

이젤의 이면에 슬라이드 프로젝트를 설치하여 배경 화면을 투사하고 배경 화면(예 분수대)에 관련된 유아들의 가설 이론(예 분수에 물이 어떻게 솟아 나올까?)을 쉽게 표상할 수 있도록 돕는다. 유아들이 이론을 표현한 후 배경 화면을 끄고 설명해 보도록 함으로써 반성의 기회를 갖는 매체로 흔히 활용한다.

자연적인 빛

자연적인 빛 또한 레지오 교실에서는 학습의 매체가 된다. 그림자 탐색하기, 빛을 이용한 그리기 등과 같은 실내·외 놀이 활동을 통해 유아들의 탐색 욕구를 자극한다.

2.2.2 교실의 부속 시설

물리적 환경은 교사들이 유아의 행동을 항상 관찰할 수 있고 유아들은 활동에 몰입할 수 있도록 물리적·기능적으로 적절히 구획화하여 구성된다.

미니 아틀리에(mini-atelier)

교실의 부속 공간으로 소집단 프로젝트를 할 수 있는 작업대와 자료 선반, 이젤 등이 설치된 미니 아틀리에가 있다. 유리문으로 되어 있어서 유아들은 교실의 일과를 볼 수 있고 교사들은 안을 들여다볼 수 있도록 되어 있다. 공간을 분리하면서도 공동체 의식을 가질 수 있다.

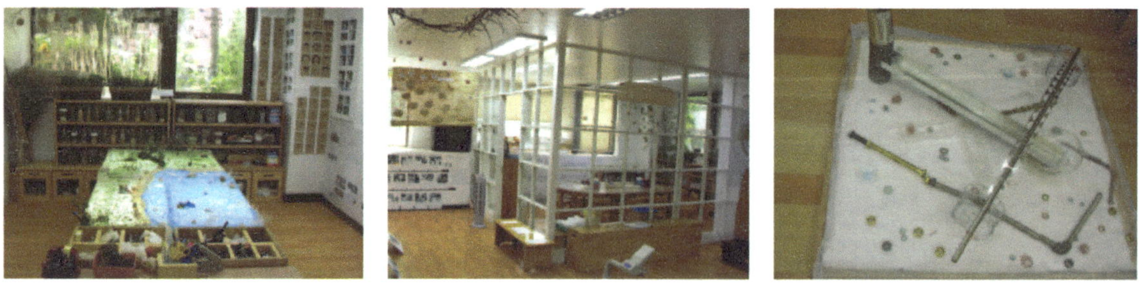

T유치원, 5세 교실 미니 아틀리에

구성놀이실(constructive room)

미니 아틀리에와 마찬가지로 교실에 부속하는 구성놀이 공간이다. 일반적으로 문이 없으나 별도의 공간으로 구조화되어 있다. 벽면은 유아들의 활동 과정을 기록화하여 전시하는 공간으로 활용되거나 구조물의 그림자를 투사할 수 있도록 하고 바닥을 입체적으로 구성하여 구성놀이를 도우며 전시물을 천장에 매달 수 있도록 하는 등 공간 그 자체를 3차원으로 활용한다. 블록 놀이대를 활용하여 개별 또는 집단 프로젝트와 관련된 구성 활동 중에 미처 끝나지 않은 구조물들을 그대로 보존할 수 있는 기능성을 갖출 수 있다.

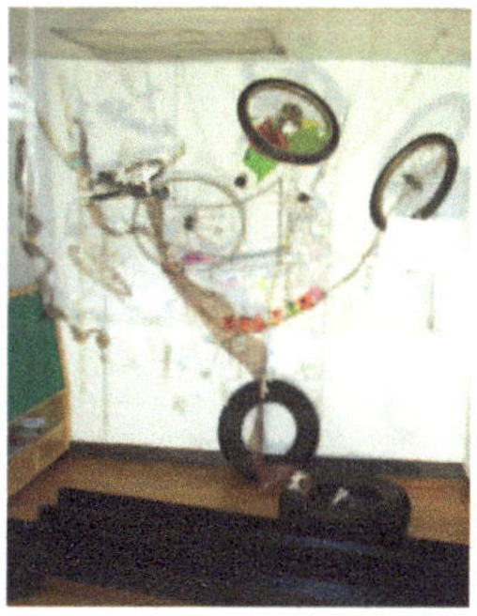

음악 활동실(musica)

시각적 표상 활동뿐만 아니라 다양한 악기를 설치하여 청각적, 동작적, 음악적 탐색 활동을 할 수 있도록 하는 공간 또한 기능적으로 구성된다.

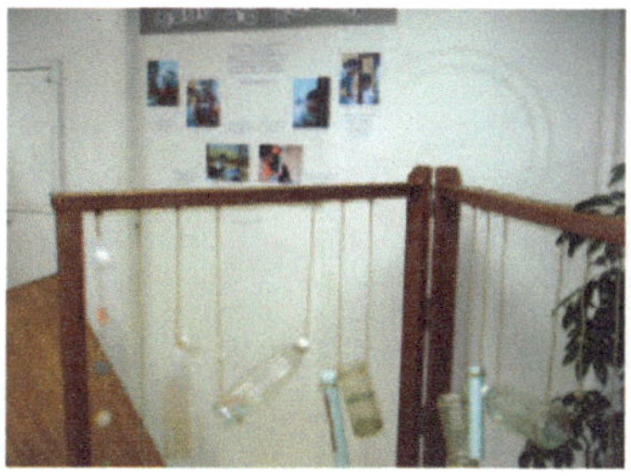

2.3 아틀리에

레지오의 모든 유아 학교와 영유아 센터에는 아틀리에가 있다. 아틀리에는 상주하는 아틀리에리스타가 있어서 언제든지 프로젝트 관련 탐색 활동이나 여러 가지 표상 활동 시에 도움을 준다. 즉흥적으로 특정한 실험실 환경이 구성되기도 한다.

아틀리에에는 잘 정돈된 다양한 미술 자료가 항상 준비되어 있어서 유아들이 아틀리에리스타의 도움을 받아 익숙하거나 새로운 도구 · 기술 · 자료들을 이용하여 생각하고 표현하는 공간이 된다. 시각적이고 표현적인 미술 매체의 종류는 놀라울 정도로 다양하다. 조개껍질 · 구슬 · 털실 · 단추 · 거울 조각 · 구리 조각 · 곡식 · 벨 · 리본 · 점토 · 철사 다양한 종이 · 기계류 등, 그 외 매체들이 한계없이 제공될 수 있다. 재료의 다양함이나 방대한 양보다는 얼마나 그 자료들이 창의적으로 활용되는지, 미술 작업 과정이 얼마나 즐거움, 따뜻함, 상호 관계와 사랑의 느낌을 갖도록 하는지가 인상적이다. 아틀리에에는 카메라, 녹음기, 촬영기, 복사기, 컴퓨터 등이 설치되어 프로젝트를 지원하고 기록을 수행하는 데 활용된다.

2.4 교사용 회의실

교사들 간, 아틀리에리스타와 교사, 교육 조종관과 교사들은 정기적 또는 비정기적으로 토의하고 협의하는 모임을 갖는다.

2.5 유아용 도서실

프로젝트의 주제와 관련된 자료 조사를 위해 다양한 책뿐 아니라 컴퓨터 등을 갖춘 도서실은 유아들의 사회적 상호 작용과 협력 학습을 지원한다.

2.6 부엌과 식당

요리하면 이탈리아, 특히 북부 이탈리아를 들 수 있다. 모든 학교의 부엌은 아름답게 디자인되어 있고 효율적으로 기능할 수 있도록 구성되어 있다. 부엌과 식당은 유리벽으로 연결되어 있기 때문에 요리사들이 요리하는 모습을 유아들이 언제나 관찰할 수 있다. 유아들은 음식 준비나 쿠키 만드는 일에 참여하고 요리를 돕는다. 요리사의 역할은 학교의 일과 활동에 포함되기 때문에 일반적인 교직원 모임에 언제나 참석한다. 여유 있는 일과 시간을 운영하기 때문에 식사 시간을 충분히 가질 수 있으며 자유로운 상호 작용이 이루어진다. 테이블보가 정갈하게 깔린 식탁을 통해 이탈리아의 문화를 엿볼 수 있다.

2.7 실외 영역

레지오 에밀리아 유아교육기관의 실외 영역은 다양한 학습 경험을 유도할 수 있도록 기능에 따라 여러 가지 바닥으로 구성되어 있다.

대근육 신체 운동을 위한 놀이 시설이 설치된 영역은 모래 바닥으로 되어 있다.

마룻바닥 등으로 구성된 실내 정원은 실외로 개방되어 있어 실내 활동의 연장으로서 실외 극 놀이 영역이 되기도 한다.

레지오 학교들은 아름다운 정원을 가진 곳이 많이 있다. 유아들이 친근하게 접근할 수 있고 혼자 조용히 쉬거나 소그룹으로 상호 작용할 수 있는 장소 등이 갖추어져 있다.

공동 벽화를 그리거나 이젤 그림을 그릴 수 있는 실외 미술 활동 영역 또한 구성되어 있어서 유아들의 상상력을 자극하고 토론거리를 만들며 프로젝트와 연결된다.

그 외에도 모래 놀이, 물놀이 등을 위한 놀이 테이블이 실외에 설치되어 있다.

실외 조사나 발견을 위한 관찰 활동 영역에는 타일 바닥에 거울을 조심스럽게 붙여 놓아 다른 관점에서 여러 가지 사물과 자연을 볼 수 있게 한다. 유아들은 빗방울의 형태를 논의하거나 날아가는 물체의 비행 패턴 등에 대해서도 서로 이야기할 수 있는 기회를 갖는다.

2.8 영유아 센터

영유아 센터의 물리적 환경은 어린 영유아에게 가정과 같은 안락감과 친밀감을 주고 안전하게 생활하고 보호받을 수 있도록 구성하며 부모와 영아의 관계 또한 충족시키고자 노력한다.

현관의 부모를 위한 공간

현관에는 부모용 의자와 공간이 마련되어 있어 부모들이 어린 영아들과 만나거나 다른 부모 또는 교사와 의사 소통할 수 있는 장소로 활용된다.

방 사이의 의사소통

두 방 사이에 유리를 설치하여 다른 방의 유아들이 놀이하는 장면을 들여다 볼

수 있도록 하였다. 격리 불안을 느끼는 어린 유아들에게 효과적이다. 또한 두 방 사이에 의사 소통할 수 있도록 호스 전화기 등의 기구를 장치하여 상호 작용이 이루어지도록 한다.

안락한 작은 공간

어린 영아도 또래와 상호 작용할 수 있는 공간을 필요로 하며 경우에 따라서는 혼자 있고 싶은 욕구가 생길 때 숨을 수 있는 장소를 원한다. 바닥에서 천장까지 이르는 장을 설치하고 윗부분은 장으로 아랫부분에는 들어가서 안락하게 쉬고 숨을 수 있도록 커튼과 매트를 설치하기도 한다.

친밀감 형성을 위한 공간

어린 영아들은 가정과 같이 카펫이 깔리고 쿠션과 베개가 많이 있는 방에서 기거나, 교사와의 스킨십을 경험하며 이야기를 듣거나 그림책을 볼 수 있다. 벽면에는 거울을 부착해 두어 영아들이 자신의 모습을 비춰보며 탐색할 수 있도록 한다.

영유아 센터의 아틀리에

영유아 센터에도 아틀리에가 있다. 아틀리에에서는 물감, 사인펜, 밀가루, 점토 등을 가지고 탐색하고 표상하는 다양한 활동이 이루어진다. 늦은 가을에는 나뭇잎 · 점토 · 종이 · 철사 등의 특성을 알아보고 탐색하는 장면을 자주 볼 수 있다. 몇 개월 후 탐색한 자료를 사용하여 표상 활동하며 일 년 정도 경과 후에 자신감이 형성됨에 따라 여러 가지 탐색 활동과 프로젝트를 경험해 본다. 어린 유아들에게 표상 활동이 제시될 때는 유아의 발달 수준에서 할 수 있는 '사회적 과제 조건' 을 충분히 고려한 매체를 제시한다.

이러한 맥락에서 교사가 적절히 돕거나 자료 사용 방법을 가르치기도 한다.

3. 레지오 에밀리아 환경에서 우리가 배울 점

필릭(Firlik, 1994)은 유아 교육의 질이 나아지기 위해서는 레지오 에밀리아 접근법을 현존하는 교육 패러다임 위에 더할 것이 아니라 우리 문화에서 일반적 · 관습적으로 가지고 있는 교육의 패러다임을 변화시켜야 함을 강조하였다. 이를 위해 '유아는 스스로 학습한다'는 신뢰의 바탕 위에 유아의 심리적, 정서적, 사회적 성향을 촉진할 수 있는 물리적 환경 구성을 제안하였다.

레지오 에밀리아 환경으로부터 우리가 배울 점을 조직(organization), 자원(resources), 매체(material)의 세 가지 차원에서 재고하고 배울 점을 살펴보면 다음과 같다.

3.1 조직

시간 조직

한 학급이 3년간 지속되는 체제는 우리 문화에서 유아, 교사, 부모 모두에게 적합한지 재고해 보아야 하겠지만 이러한 레지오의 시간 조직은 다음과 같은 장점을 갖는다.

첫째, 긴밀한 유대(affilation) 감각을 갖게 한다.
둘째, 유아-교사-부모 간 상호 관계를 강화한다.
셋째, 학습 과정의 연계성을 촉진한다.

종일제 프로그램 운영은 현재 우리 문화에서도 절실한 사회적 요구로 대두되고 있다. 레지오의 이러한 일과 시간 조직은 유아, 교사, 부모 모두에게 여유 있고 안정감이 있으며 융통성 있는 교육적, 복지적 차원의 서비스를 제공하고 있다. 특히, 프로젝트 학습을 계획하거나, 운영할 때 구조화된 시간적 '틀'에서 벗어나 비교적 자유롭게 유아의 요구나 관심, 이해 정도를 교사가 충분히 재고하면서 유아의 탐색과 문제 해결이 가능하도록 서두르지 않는 활동 시간을 진행할 수 있다. 이러한 시간 조직 방식이 궁극적으로 레지오 유아 교육의 질을 높이는 전제가 되었다.

집단 조직

대집단보다는 소집단 조직을 활용함으로써 협력적 · 상호 작용적인 학습을 촉진한다. 주로 소집단으로 이루어지는 프로젝트 학습은 의사소통을 활성화하기 때문에 소집단 유아들의 서로 다른 관점을 반영할 수 있고 유아들이 몰입하여 탐색하고 표상해 내는 여러 가지 형태의 표상과 '언어'를 학습에 환원할 수 있어서 유아들의 이해를 심화시킨다. 이러한 집단 조직은 성인이 정보를 제공하거나 알고 있는 것을 가르치기보다 협력적인 탐색과 발견을 통해 유아들이 스스로 학습할 수 있는 과학적 학습 환경을 구성하도록 한다.

공간 조직

우리 문화에서는 교실이 복도를 중심으로 일렬 또는 병렬로 위치하고 있으며 실내는 교사를 중심으로 반원 형태를 이루는 공간 조직이 일반화되어 있다. 이에 반해 레지오 학교의 공간은 사회적 상호 작용을 유도하도록 조직되어 있다. 레지오는 피아자를 중심으로 교실, 아틀리에, 교사실 등이 개방된 학교 구조를 이루며 소집단 활동을 유도하도록 교실의 가구 등을 조직한다. 이는 유아들이 사회적 상호 관계를 통해 놀이하고 의사 소통하면서 학습할 수 있도록 자극한다.

레지오에서는 프로젝트 관련 활동이나 기록화를 위한 공간 또한 갖추어져 있다. 학교 전체가 사용하는 아틀리에나 교실에 부속되는 미니 아틀리에는 일과에 방해를 주거나 방해받지 않고 프로젝트, 표상 활동, 기록화를 기능적으로 수행하게 한다. 유리벽을 활용하여 공간을 분리하면서도 고립된 느낌을 주지 않고 공동체 의식을 갖게 하며 교사의 관찰 또한 용이하게 한다. 이러한 기능성은 교사가 유아들의 사고와 느낌을 계속적으로 관찰하도록 돕고 관찰 내용을 유아들이 공유하며 토론할 수 있도록 기록을 용이하게 하고 기록을 토대로 한 교육 협의는 학습을 지원할 뿐만 아니라 부모가 기관의 교육 내용을 알고 참여할 수 있도록 한다.

공간을 3차원으로 활용한다

학습 활동을 기능적으로 할 수 있도록 영역의 성격에 따라 바닥을 입체적으로 구성하고 벽면은 학교나 유아들의 학습에 대한 정보를 알리는 '말하는 벽' 으로 활용한다. 천장에는 유아들의 표상물이나 자연물 등을 매달아 전시하며 스크린 등을 장치하여 필요할 때 사용할 수 있도록 할 뿐 아니라 그물망, 밧줄 등을 장치하여 놀이에 이용한다.

3.2 자원 활용

인적 자원의 활용

레지오에서는 학기 중 수시로 교사는 물론 부모, 요리사, 용원 등 학교에서 일하는 모든 사람들과 모임을 갖고 운영과 교육 활동에 도움을 받는다. 그 밖에도 지역 사회에는 유아와 교사들이 몰입할 수 있는 경험을 제공하고 학습과 유관한 창의적 활동을 지원할 수 있는 유용한 인적 자원이 풍부하다. 프로젝트 학습에 관심을 가진 유아 교육 전문가들로부터 기관 내 교수 학습을 평가하고 지원받는 '기관 내 공동체' 를 운영한다. 또는 프로젝트를 수행하는 기관들 간에 아이디어를 공유하고 상호 평가하는 '기관 간 공동체' 를 갖는 것도 바람직하다.

'다학문적 접근' 이 강조되는 시대적 요청에 따라 프로젝트 활동 과정에 유용한 표상 아이디어나 기록화를 위한 아이디어는 미술 전문가들의 도움을 얻을 수도 있을 것이다. 이러한 인적 자원의 활용은 팀 워크과 상호 협력을 격려하고 학교, 부모, 지역 사회 간의 소속감을 갖게 한다. 그러나 레지오 에밀리아의 주목할 만한 이러한 지역 사회의 참여는 50여 년간 지속되고 발전되어 온 역사 문화적 소산이므로 우리 문화에서는 서서히 시도해 나가야 할 것이다.

프로젝트 관련 자원의 활용

유아들의 활동 과정과 표상물들을 기록화하여 전시함으로써 얻게 되는 '전시의 힘'은 교수와 학습을 위한 도구로써 계속 연구되고 확장되어야 한다. 프로젝트와 관련된 학교 주변이나 지역 사회 여러 기관을 관람하고 연구하는 '기관 간 상호 교환'을 계획함으로써 유아들이 직접 경험을 통해 깊게 이해하도록 할 수 있다.

유아들이 자신의 아이디어와 느낌을 표상하는 '수많은 언어'를 학습에 활용한다. 유아들의 언어적 · 시각적 표상을 관찰하고 연구함으로써 유아들의 이해 정도를 알고 관련 흥미를 확장할 수 있는 학습 기회를 발견할 수 있다. 유아들의 생각을 통해 학습의 잠재력을 탐색하고 조직하는 이러한 과정은 성인으로 하여금 유아의 관점을 충분히 이해하고 친근감을 갖게 하며 유아들에게는 학교에의 소속감을 높이며 자존감 및 자율성을 갖게 한다.

3.3 자료 제공

재생용품의 활용

레지오에서는 유아의 가정이나 지역 사회의 매체 재활용 센터(Remida center)를 통해 재생 가능한 일상용품들을 활용한다. 재생될 수 있는 자료들을 재활용하는 과정은 유아가 사물을 다른 시각에서 보게 하고 사물에 대한 새로운 관점과 이미지를 갖게 하므로 창의적이고 다양한 표상 활동을 촉발

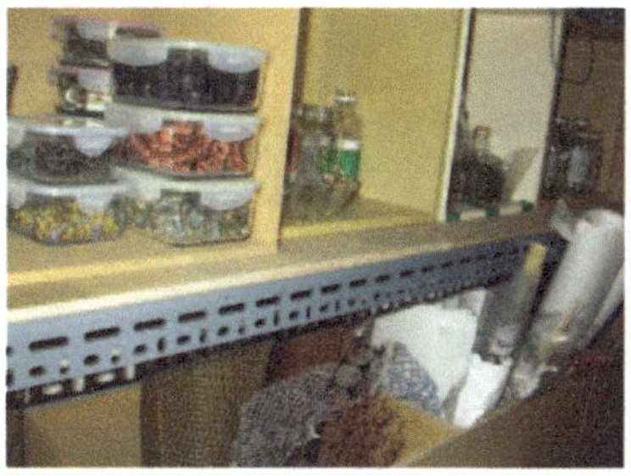

한다.

뿐만 아니라 유아가 지역 사회를 알게 되고 지역 사회가 학교와 긴밀한 관계를 형성하며 교육을 공유하고 환경 관련 주제에 대해서도 탐색할 수 있는 기회가 된다. 재생용품을 수집할 수 있는 범위는 가정이나 학교를 넘어서 지역 사회의 슈퍼마켓, 은행, 관공서, 여러 가지 상품점이나 공장 등을 포함하여 지원 범위를 넓혀 나감으로써 종이류, 직물류, 금속류, 플라스틱류, 기계류, 유리류, 거울류, 필름류, 비닐류, 실류, 고무류, 가구류, 생활용품류 등 무한한 자원을 학습에 활용할 수 있을 뿐만 아니라 학습의 기회를 무수히 포착할 수 있을 것이다. 우리 환경에서도 최근 강조되는 환경 친화적 맥락에서 산업체들과 연대하여 구성 가능할 것으로 예측된다.

자연물의 활용

동물과 식물을 포괄하여 솔방울, 나뭇잎, 나뭇가지, 꽃잎, 깃털, 견과류, 과일, 조개껍질, 흙 그 외에도 유아 주변의 많은 자연물들은 유아들을 위한 교육 과정의 내용이 된다. 대부분 공산품들을 주재료로 하여 교사나 유아들이 제작하여 활용하는 우리네 전시물들과는 대조적으로 주변 환경 속의 자연물들을 있는 그대로 매달거나 재구성하여 전시한다. 학교 내부에는 초록 식물들을 키우거나, 꽃과 화분들을 놓아 건강하고 생기 있는 환경을 구성한다.

이러한 환경이 방문객이나 보는 이들로 하여금 탄성을 자아내게 하는 유아들의 예술적인 표상 작품의 원동력이 되는 것은 아닐까?

공학적 기자재의 활용

교사들은 학습과 기록화를 위해 카메라, 녹음기, 비디오 카메라, 사진 복사기, 컴퓨터, 스캐너 등과 같은 기기들을 사용한다. OHP, 슬라이드 프로젝트, 실물 환등기, 라이트 프로젝터, 그림자 스크린, 라이트 테이블, 아크릴 이젤 등과 같은 기자재를 학습 활동에 교수 매체로 활용하여 학습 환경을 과학적으로 구성할 뿐만 아니라 유아들이 직접 탐색하고 구성하는 놀이 활동에도 적극 활용한다.

이제 유아 교육 교사들은 그림 동화 자료나 보드 중심의 교재 · 교구를 제작하는 데 시간과 에너지를 쏟기보다는 공학적 매체를 익숙하게 활용할 수 있는 지식과 기술을 갖추어야겠다. 이를 바탕으로 현재까지와는 다른 차원에서 다양한 학습 활동을 자극하기 위한 공학적 교수 매체를 활용하고 OHP, 라이트 프로젝터 등 유아들이 조작 가능한 기기들은 유아들의 놀이 매체로도 제공하여 학습 활동의 내용과 운영을 다양화, 과학화해 나가야겠다.

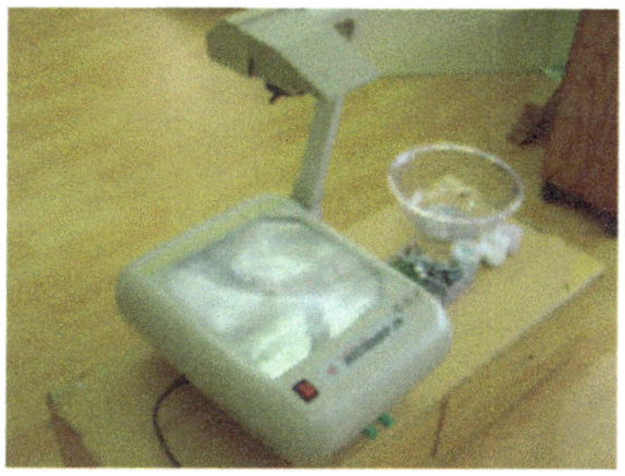
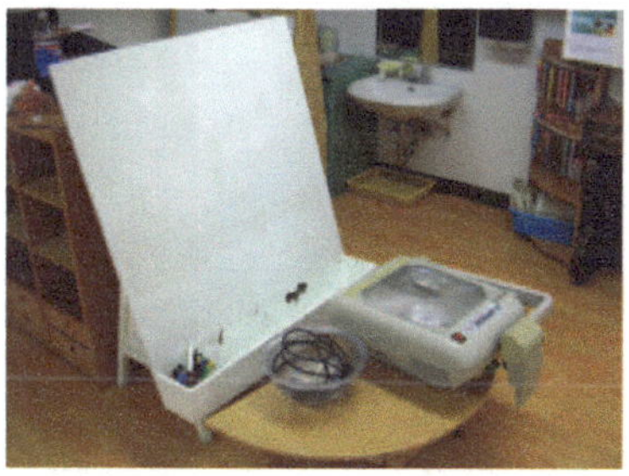

Chapter 8 레지오 에밀리아 학교의 프로젝트 사례

레지오 에밀리아 학교에서 수행된 대표적인 장 · 단기 프로젝트들을 소개한다.

1. 자화상 : 자신을 다시 보는 중요성 (The importance of seeing yourself again)

유아는 태어난 후 오랫동안의 과정을 거쳐 자신의 정체감을 구성해 나간다. 정체감을 갖는다는 것은 다시 태어나는 것과 같다. 이러한 과정에서 유아는 스스로 자신의 얼굴, 몸, 동작, 움직임, 말, 사고, 느낌, 상상력, 환상에 대해 인식하고 개념을 갖게 된다. 정체감의 구성은 자신의 존재를 인식하고 표현하는 것을 의미하며 자신을 다른 사람이나 사물과 구분하고 자율적이 되기 위해 반드시 필요한 과정이다. 유아 자신의 '자아'에 대한 감각은 끝이 없는 과정이긴 하지만 자존감을 형성하고 학습과 발달에 활력을 주는 요소로써 성인의 도움과 협력을 받을 수 있게 됨과 동시에 유아 스스로 수립해야만 하는 중요한 자질이다.

유아는 자신뿐만 아니라 함께 생활하고 상호 작용하는 사람이나 사물을 그림으로 나타내고 자연물을 사용하여 자신을 표현하면서 자신에 대한 정체감을 창안해 나간다. 즉, 스스로를 인식하고 인식되게 하는 것이다. 표상을 통한 이러한 발견의 과정은 계속적으로 변화하는 유아의 인지적 · 정의적 · 사회적 맥락 때문에 점차 미묘하고 복잡해진다. 이러한 과정은 언제나 유아가 사용하는 기호와 통합되기 때문에 유아가 속한 사회의 관습, 문화, 정책, 매체뿐만 아니라 이미지, 자원, 가치들을 유아에게 전수하고 부과하는 가정, 학교 그리고 학교 밖에서의 경험이나 교수 방법에 따라 달라진다.

자아 개념의 확립은 언제나 중요하고 복잡한 과정이었으나 현대에는 더욱 그러하다. 현대는 빠른 속도로 변화하며 사회는 사람들에게 특히 유아에게 격렬한 생존과 문화적 압력을 가하고 개인 간의 경쟁력을 부채질하는 쪽으로 개인을 밀어붙이며 스스로를 속이고 남을 따돌리는 위험까지 감수하게 한다.

현대 사회의 복잡한 모든 것은 오늘날 교육이 나아갈 방향을 제시해 준다. 개인적 정체감을 조직하도록 이끄는 여정은 교육적 '개입' 을 통해서 뿐만 아니라 유아의 선택이고 유아가 속한 사회와의 무한한 조화이며 교육적 프로젝트의 다양한 표상에서 발견될 수 있는 수많은 기호들의 결과로서 가능하다.

여기에 '자신을 다시 보는 중요성' 은 유아가 자신의 정체감을 구성하도록 돕는 여정의 한 짧은 이야기를 제공하고 있다. 이 프로젝트는 유아가 성인들과 공유하는 경험과 유아들만의 자발적인 행위가 엮여져서 이루어졌다. 아이디어, 흉내 내기, 자유로운 발상, 유추, 시상적이고 언어적인 이야기, 상징적 형상, 거울과 그림자 게임, 가장되고 초현실적인 조작들로 구성된 미묘한 조직망이 구성된다.

이 프로젝트에서는 유아가 경험하는 자아 정체감의 전이와 발견을 볼 수 있고 유아들에게 대단히 적합한 환상의 작품집이며 모델이 될 것이다. 왜냐하면 유아는 질 높은 동기를 가지고 자신에게 자극이 될 수 있는 다양한 유형의 탐색과 조사를 통해 자신의 존재를 보고 싶어하기 때문이다. 동시에 손, 얼굴, 뇌, 눈 등과 마인드 간의 강한 유대 감각을 보여줄 수 있을 뿐만 아니라 사물을 변형하는 기쁨과 그 역으로 사물에 의해 변형될 수 있는 자신의 느낌에 대한 즐거움 또한 준다(Malaguzzi, 1996a).

1.1 자신의 표정 탐색하기

유아들은 거울을 보면서 느낌에 따라 달라지는 자신의 얼굴 표정을 탐색하였다.

자신의 얼굴을 사진으로 찍어보기 전에는 다른 사람에게 보이는 자신을 정확하게 볼 수 있는 사람은 드물다. 실제 거울을 정면에 놓으면 얼굴의 상이 '거꾸로' 나타나기 때문에 오른쪽과 왼쪽 간의 미세한 차이를 반대편에서 볼 수 있다.

어린 시절 유아는 엄마의 얼굴을 낯선 사람의 얼굴과 구분하는 것을 학습해야 하고 그 낯설음의 정도가 완전히 낯선 사람인지 다소 친근한 사람인지 알아야 하며 그 후에 사람들의 표정을 이해하게 된다. 그 다음 유아는 몸의 일부로써 자신이 얼굴을 가지고 있다는 것을 인식하게 되고 다른 사람의 얼굴과는 다르다는 것을 처음으로 알게 된다. 이후, 다른 사람 속에서의 자신을 발견하기 시작하고 다른 사람들에게 지각되어지는 자신의 얼굴을 알게 된다.

1.2 거울에 비쳐진 표정을 그림으로 그리기

거울에서 내가 나를 보았을 때, 내가 아닌 다른 사람을 보는 것 같았다.

거울을 통한 이러한 발견은 다른 사람과의 의사소통 수단으로 사용되어진다. 초기에 이러한 의사소통은 의도된 것이 아니라 얼굴에서 그대로 나타나는 표현적인 것이다. 다음 유아들의 언어적 성장이 급속하게 발달하므로 언어 능력과 함께 표정 또한 언어로 사용된다. 결국 유아는 얼굴로 특정 언어뿐만 아니라 특정한 일이나 행동을 나타내고 다른 사람의 표정을 재생하는 등 많은 언어를 숙련하게 된다.

1.3 다양한 표정을 주변 자료로 구성하기

유아들은 감정에 따라 다양하게 변하는 표정을 그림으로 그리고 자연물을 사용하여 표현하면서 자신에 대한 정체감을 창안해 나간다. 이러한 과정에서 유아는 사물이나 자연 속에서 자신의 부분을 발견하고 스스로를 인식하게 된다.

1.4 친구 얼굴 관찰하기

유아들은 스스로를 또래에게서 보이는 표정과 동일시하고 반대편에 있는 사람의 얼굴을 직접 모방하기도 한다. 유아가 자신을 탐색하여 표현하며 다른 사람과 비교하는 맥락에서 다시 표현하고 여러 가지 매체를 사용하여 신체의 부분과 마인드를 연합하여 다양하게 표상하는 복잡한 단계를 거치면서 유아가 자아를 발견해 나가는 과정은 확실히 매력적이다. 이러한 과정을 거쳐 발견된 자아는 우리가 좋아하고 싫어하는 개인적인 기호, 우정과 같은 친화력 그리고 사랑에 이르기까지 모두를 활성화시키고 지배하는 본능적인 힘임에 틀림이 없다.

1.5 얼굴의 부분 그리기

눈은 물웅덩이와 같다. 눈에는 모든 사물이 비쳐보이니까. 푸른 눈과 갈색 눈은 세상이 약간 다르게 보일 거야. 푸른 눈은 좀 더 밝게 보이고 갈색 눈은 좀 더 어둡게 보이겠지. 가끔 눈은 행복해.

1.6 감정과 뇌를 관계지어 점토로 표상하기

행복한 뇌
화난 뇌
아무런 생각이 없는 뇌

1.7 감정과 손을 관련지어 그림으로 표상하기

화난 손은 구부러지지.
슬픈 손은 닫혀 있어.
행복한 손은 활짝 열려 있다.

인생의 성장기에 내부로부터의 압박감은 개인의 삶을 힘들게 한다. 그러한 단계의 중심에서 우리는 개별성을 발견한다. 이것은 다른 모든 대상을 한가운데에서 발견하게 되는 '성격'과 같은 것이라 하겠다. 유아는 이를 통해 한편으로는 자신을 다른 사물들과 구분하고 다른 한편으로는 그 자신을 개별화하는 원천으로 사용한다(Musatti, 1996a).

2. 사자의 초상(Portrait of a lion)

시내 광장에 있는 교회의 계단에 100여 년 동안 앉아 있는 거대한 대리석 사자에 대한 프로젝트는 유아들에게 지각적, 정서적, 논리적, 역사적인 부분을 재구성하게 하였다. 프로젝트 과정에서 유아들의 흥미와 지식을 자극하는 많은 문제와 질문들이 제기되었다. 도출된 문제들은 학습을 위한 좋은 동기로 작용하였다.

2.1 유아들이 알고 있는 사자 첫 그리기

유아들이 익숙하게 알고 있는 광장의 사자를 그림으로 표현하였다. 유아들이 표현한 사자는 서로 달랐으며 실제 광장에 있는 사자의 모습이나 이미지와도 많은 차이가 있었다.

사자의 역사는 그 형태, 크기, 재질, 사람과 시대를 나타내는 기호에서 알 수 있다. 사자에게서 느낄 수 있는 이러한 역사는 사자가 몇 세기 동안 내재하여 온 의미를 초상화나 상징으로 통합하는 데 이미지를 줄 것이다.

2.2 시내 광장에 있는 사자 직접 관찰하기

돌로 된 사자의 초상을 그림으로 표상한 후, 유아들의 눈과 사진기로 실제의 돌사자를 탐색하고 발견하기 위해 사자가 있는 시의 광장으로 관찰하러 갔다.

사자의 앞 · 뒤 · 아래 등 여러 측면에서 사자를 관찰하며 사자 위에 올라타고 만져 보며 눈을 뚫어지게 쳐다보고 손을 사자의 입에 넣어도 보며 먼 거리에서도 관찰하였다.

이전에 사자는 시 광장에 홀로 서 있었지만 이제 사자는 모든 유아들과 어울린다.

2.3 다양한 자료로 사자 표상하기

직접 관찰한 후, 사자에 대해 알기 위해 그리고, 칠하고, 조각하고, 진흙이나 밀가루 점토로 만들었다. 우리는 어떤 사물을 표상해 본 후에야 그 사물에 대해 알게 되기 때문이다.

서로 다른 매체를 사용한 그리기, 칠하기, 모형 만들기와 같은 표상 활동을 통해서만 우리는 대상물에 대해 진정으로 알게 된다. 심리학적 관점에서 볼 때, 이러한 방법은 우리로 하여금 서로 다른 대안으로부터 새로운 정보를 모으도록 하며 대상물과 현상들에 대해 더욱 분명한 양상을 지각하게 하고 지식을 갖게 한다(Pontecorvo, 1996). 복잡한 일련의 활동들에서 사자에 대한 그럴 듯한 재창조와 분리가 나타나고 새로운 해석이 더해지며 자료를 변형하여 또 다른 것을 창안해내는 작업이 반복되었다. 사자의 오래된 이미지는 돌에서부터 진흙으로, 종이에 색을 부가하는 것으로 변화되어 나갔다.

변화는 단순한 자료의 차원이 아니라 다양한 표상 과정에서 심사 숙고된 직관과 표현이며 이러한 표상 과정을 통해 유아들의 눈에 비친 사자의 형태와 보는 시각이 전환되고 재창조되었다. 언제나 현실은 유아들의 손에 의해 다시 변형될 수 있는 무한한 잠재력이 있다(Malaguzzi, 1996b).

2.4 사자의 이미지를 다양한 몸 동작으로 표현하기

사자의 이미지를 몸 동작으로 나타낼 때마다 새롭게 재구성되었다.

2.5 그림자극 놀이

다양한 시상적 표상을 통해 유아들은 광장에 있는 대리석 사자에 대한 여러 가지 지적 구조를 발견하게 되고 동작적 표상이나 그림자놀이를 통해 이미지는 새로워지고 깊어졌다. 3차원 공간에서 빛과 그림자의 효과를 이용한 그림자놀이는 사자 갈기에 대해서도 탐색하게 하였다. 종이를 잘라서 서로 다른 차원으로 조립하고 다시 조합하여 사자 가면을 구성하였다. 사자 입의 공격성을 나타내기 위해 진흙으로 채우고 털의 색깔은 실제와 다르게 잘 구워진 빵 조각과 같은 황금색으로 표현하였다.

시 광장에 있는 교회 계단에 100여 년이 넘게 서 있는 돌사자는 사람들에게 익숙해져 있었고 이미 사람들의 마음 속에 간직되어 온 상이 있었다. 뿐만 아니라 시의 역사와 문화를 간직하고 있는 대상물로 여겨졌다. 사자의 이미지를 탐색하고 다양하게 표상하여 '사자의 초상'을 구성하는 프로젝트 활동을 통해 유아들은 단지 그냥 지나칠 때와는 달리 사자에 대해 더욱 깊고 새로워진 이미지를 갖게 되었으며 애착과 관심을 가지고 시의 역사와 문화를 느껴보는 기회가 되었다. 사자는 매우 구체적인 정체감을 가져왔지만, 그 이미지는 이제 프로젝트를 통해 유아들의 마인드, 눈, 귀, 단어와 손에 의해 정교하게 다듬어지고 또 다른 형태의 정체감을 탐색하도록 하였다. 이러한 경험은 여러 가지 정보들을 사용하고 합성하는 과정을 통해 이루어졌으며 그러한 경험을 통해 유아들은 자신의 기억, 연상, 상상, 논리적 조정력 그리고 허구와 실제가 충돌하는 경험을 할 수 있었다.

3. 도시 속의 비(Rain in the city)

사람의 감수성이나 지적 능력을 배제한 물리적 요인이나 사회적 요인은 없다. 많은 물리적 · 사회적 요인들이 도시 속에 내재해 있고 어떤 도시이든 도시는 끊임없이 변화하고 계속되는 역사와 인생의 복잡한 장소이며 늘 유아와 함께 한다.

'도시 속의 비' 프로젝트는 도시에 내재하고 있는 물리적, 기능적, 문화적, 상징적 세계를 유아들이 자세히 고찰하는 한 대화이다. 이 프로젝트는 우리로 하여금 유아들의 언어적, 영상 · 시상적(iconographic) 그리고 정신적 과정을 '읽게' 하였으며 특별한 교육적 흥미를 갖게 하였다(Malaguzzi, 1996c).

3.1 '비가 오면 어떻게 변할까?'에 대해 자유롭게 말하기

'도시 속의 비' 프로젝트에서는 비가 올 때 도시와 도시의 사람들이 어떻게 변하는지에 대해 탐색하였다. 레지오 에밀리아에서 일반적으로 사용하는 방식대로 '비가 오면 어떤 변화가 있을까?' 에 대한 유아들의 생각을 자유롭게 말하기로 시작하였다.

비는 어디에서 올까?
표면에 따라 비가 떨어지는 소리는 어떻게 서로 다를까?
비 때문에 도시에는 어떤 것들이 건설되었나?
빗물을 이용하기 위해 어떻게 저장할까?
비는 사물을 깨끗하게 만들기도 하고 더럽게 만들기도 해.
비가 자동차 위에 떨어질 때 시끄러운 소리를 내. 금속 덮개이니까.
비가 오면 날이 금새 어두워져.
비가 오면 사람들은 서둘러 집으로 돌아가.

3.2 '비는 어떻게 올까?'에 대한 생각을 그림으로 그리기

비가 오기를 기다리며 유아들은 자신의 생각을 큰 종이 위에 그렸다.
다음은 비의 근원 또는 비의 순환에 대한 유아들의 초기 이론인데, 유아가 아는 것을 토론하고 확장시키는 출발점의 역할을 하였다.

하늘에는 끝없이 연결된 기계가 있어서 비를 만드는데, 비가 구름으로 들어가고 구름이 가득차면 비가 와.
내가 생각하기에 비는 하나님이 자기 정원에 물을 주기 위해 물을 뿌리는 것 같아.
우리 아빠는 내일 비가 올지, 오지 않을지를 알고 나에게 이야기해 주셔. 아빠는 TV에서 그것을 볼 수 있기 때문에 ….
비는 프랑스에 있는 도시든, 일본에 있는 도시든, 모든 곳에 끝도 없이 내려.
비가 오면 비는 땅속으로 들어가. 땅속에는 가느다란 통로가 있어.
비가 오면 주전자 같이 생긴 곳으로 빗물이 모아지고 땅속에 있는 관에서 관으로 전달되어 결국 수도꼭지로 나와.

3.3 비오는 시내 직접 관찰하기

드디어 비가 왔을 때 유아들은 질문거리를 가득 안고 비 오는 시내로 직접 경험을 나갔다. 비가 오면 도시와 사람들이 어떻게 변하는지 학교 내에서 그림으로 표현하였던 자신의 가설과 토론에서 제기된 여러 가지 의문에 대한 답을 찾기 위해 비 오는 거리를 탐색하고 관찰하며 조사하였다. 우산을 쓰거나 쓰지 않고 빗속을 걷거나 달리면서 시각적 · 청각적 · 물리적인 현상이나 느낌들을 눈으로 관찰하고 소리를 녹음하며 사진으로 찍어 수집하였다.

3.4 비가 오는 원리 탐색하기

유아들의 이론을 확인해 보는 실험 활동을 하였다. 물에 열을 가하였을 때 증발한 물이 모아져서 나타나는 현상을 예측하고 실험을 통해 알아보았다.

3.5 비가 온 양 측정하기

프로젝트는 여러 주 동안 계속되었고 많은 활동이 이루어졌다. 비가 어느 정도 올 것이며 어느 정도 왔는지를 알아볼 수 있는 방법을 다양하게 예측하여 측정, 수정, 재측정해 보았다.

3.6 '비 오는 도시' 벽화 구성

유아들이 관찰한 비 오는 도시의 모습들을 점토로 벽면에 구성하였다.

3.7 '빗물의 소리'에 대한 교차 양식적(cross-modal) 표상

유아들은 비 오는 시내에서 녹음하여 온 소리들을 들어보고 그 소리에 대해 이야기한 후, 그림으로 표현하였다.

한 여자 아이가 물웅덩이 위를 걸어서 저편으로 사라지는 소리

서로 굵기가 다른 비가 우산 위에 떨어지는 소리

굵은 비가 자동차 위에 떨어지는 소리
자동차가 빗길 위를 빠르게 지나가는 소리
세 차례 천둥이 친 후, 폭풍우가 세차게 내리는 소리
저수지로 흘러 내려가는 빗소리

3.8 지하 수로 공사 현장의 견학

유아들은 땅속으로 흘러들어간 빗물이 어디로 흘러가는지 보고 싶어 지하 수로 공사 현장을 방문하였다. 친절한 인부들의 도움으로 지하 수로 현장을 견학하고 물이 다니는 길을 탐색하는 경험을 가졌다.

3.9 현장 견학 경험 후 그림 그리기

교실로 돌아와 지하 수로 현장 경험 내용을 그림으로 그리고 학급의 유아들과 공유하였다.

그 밖에도 유아들은 빗물이 하늘에서 땅으로, 땅에서 수도관으로, 수도관에서 집으로 보내지는 상수도 공급 체계를 그림으로 그렸다. 변화하는 날씨를 사진으로 찍어 그 변화를 그림으로 나타내 보았다. 비가 오기 전 도시의 모습과 비가 올 때 도시의 모습을 그림으로 그리는 등 탐색 내용과 관련된 여러 가지 다상징적 표상경험을 하였다.

'도시 속의 비'는 그 도시에 대한 무한한 '설명'으로써 유아들의 경험, 지각 그리고 생각을 바꾸어 주는 특별한 경험들로 이루어졌다. 도시는 예기치 않은 장면이 나타나는 이중 무대 장치가 되었다. 도시의 거리, 사물, 기념물, 가로등들은 여전히 움직이지 않고 버티고 있지만 비가 오면 모든 것이 변화된다. 천둥, 번개, 어두운 먹구름, 소음, 냄새, 색의 변화, 아스팔트 위에 튀는 물, 길 위로 흘러내리는 물, 물웅덩이들이 만들어진다. 대부분의 사람들은 서둘러 움직인다. 우산과 비옷을 뒤집어 쓰고 대화를 멈추며 처마 밑으로 지그재그로 달리는 행동을 한다. 마치 비가 일상의 모든 움직임을 슬로모션으로 바꾸어 놓고 도시의 낡은 흔적을 없애 버려 유아들이 재발견하고 재학습할 내용을 구성하는 것 같다. 유아들은 비가 올 때 집이나 학교의 창을 통해 비 오는 거리를 관찰하면서 모험의 욕구, '위반'에 대한 욕구, 알지 못하는 특별한 사건과 그 결과를 스스로 경험하고자 하는 욕구와 갈등을 가졌었다. 본 프로젝트를 통해 이전과는 전혀 다른 감정으로 도시에 내리는 비를 직접 느껴보면서 흥분과 즐거움을 가지고 주변을 어둡게 만드는 이례적인 사건들을 지각하고 경험할 수 있었다.

놀이와 추론, 직접적 접촉, 시각적 · 청각적 수단을 통해 비를 경험함으로써 유아들의 첫 경험은 도취감, 전율, 환희로 채워졌다. 유아들이 도시와 비의 이미지를 연결, 통합하기 위해서는 이러한 사건을 직접 경험해야만 한다. 유아들은 직접적인 경험을 통해서만 다양한 정보를 수집하며 주관적이고 객관적인 재고찰을 거쳐서 가설을 확인할 수 있었으며 이전 지식과 새로운 지식을 연결하여 의미 있는 지식을 구축함으로써 도시와 비는 '단일' 지각으로 용해될 수 있었다. 유아들의 이론은 임의적이지만 점차 논리적으로 연결되고 강화되어져서 의미를 구축하고 배열하게 되었다.

4. 새들을 위한 놀이 공원(The Amusement park for birds)

'무엇을 탐색할 것인가' 하는 아이디어는 학급 이야기 나누기 시간 동안에 시작되었다. '무엇을 할 것인가'가 결정되고, '만일 그렇다면 어떻게 할 것인가'와 '언제 할 것인가'는 수많은 토의를 주고 받은 후에 결정된다. 유아들은 아이디어를 자유롭게 제안할 수 있다. 때론 아이디어가 만족스럽지 않거나 구성원들 간에 일치를 얻지 못할 때도 있지만 흔히 일어날 수 있는 일이므로 시간을 두고 협의해 나간다. 제안된 많은 아이디어 중 하나가 전체 유아에 의해 채택되어질 때까지 끊임없이 많은 토의가 이루어진다. 유아와 교사가 아이디어를 판정하고 선정하는 과정에 함께 참여한다.

본 프로젝트의 아이디어는 학교 운동장에 사는 목이 마른 새를 위해 깨끗한 호수를 만들어 주자는 것이었다. 만일 새들이 목이 마르다면 다음에는 배가 고파질 것이다. 만일 새들이 목이 마르고 배가 고프다면 그 다음에는 아마 피곤해질 것이라고 하였다. 새로운 아이디어가 계속 나타나서 이전 아이디어에 더해진다.

4.1 '새들을 위한 놀이 공원'의 아이디어

유아들은 나무에 '집과 둥지'를 만들자고 제안하였고 아기새가 놀 수 있는 '그네', 나이든 새를 위한 '엘리베이터'를 만들자고 하였다. 그 다음 '회전식 관람차'와 '음악이 나오는 탈 것'이 제안되었다. 모두가 웃었지만 새들이 탈 수 있는 '물 스키'와 스키를 할 수 있는 얇은 슬레이트 나무를 주자는 제안까지도 나왔다. 다음 '분수대'를 만들자는 제안이 나오게 되었는데, 분수대는 크고 실제와 같아야 하며 물을 실제처럼 높게 뿜어 올려야 한다고 하였다.

이제 프로젝트는 범위와 방향이 정해졌다.

빠뜨린 것은 없을까? 프로젝트의 방향을 더욱 명확하게 하고 유아들을 흥분되게 하는 제안이 나왔다.

얘들아! 우리가 '새들을 위한 놀이 공원'을 만들면 어떨까?

좋은 생각이야! 그래, 그렇게 하자! 새들을 위한 놀이 공원을 만드는 거야!

놀이 공원은 아이들도 새들도 모두 좋아할 거야.

벌써 좋아하고 있을걸. 새들이 듣고는 '와! 멋진 생각이다!' 라고 할 거야.

"우리 새들을 위한 놀이 공원을 만들자!" 이 제안은 많은 학습 경험을 갖게 한 '좋은' 아이디어가 되었다. 그 아이디어를 좀 더 구체화하기 위해 여러 차례의 다음 모임을 가졌다.

4.2 놀이 공원을 위한 디자인

몇 개월 동안 지속된 본 프로젝트를 위해 유아들은 다음과 같은 흥미 있는 아이디어들을 제안하고 디자인하였다.

나이 든 새를 위한 엘리베이터

새들을 위한 그네

새들을 위한 분수대

새들이 타고 놀 수 있는 물레방아

회전식 관람차

음악이 나오는 탈 것

새들을 위한 공중전화

스키를 탈 수 있는 장비

그 외에도 유아들은 여러 가지 재미있는 아이디어를 제안하였다.

4.3 분수대에 대한 이야기

분수대에 관심을 가진 유아들은 어떤 분수대를 만들지에 대해 이야기하였다.

어떤 분수대를 만들까?

새들이 목욕할 수 있는 분수대가 좋겠어.

분수대를 만들려면 파이프를 설치해야 하고 모터로 물을 밀어 올리도록 해야 해.

4.4 실제 분수대 관찰 견학

유아들은 학교 주변의 공원에 있는 엔젤 분수대와 극장 앞이 있는 분수대를 관찰하기로 하였다. 공원과 극장 앞에서 각각 분수대의 사진을 찍고 현장 스케치를 하였다.

4.5 분수대 디자인하기

관찰을 토대로 유아들은 만들고 싶은 분수대를 그림으로 디자인하고 점토로 모형을 만들었다.

4.6 분수대의 작동 원리에 대한 이론

여기서 교사는 분수대가 어떻게 작동하는지에 대한 나름의 이론을 유아가 쉽게 표상할 수 있도록 분수대 사진 위에 아스테이지를 올려놓고 그려보도록 하였다. 또한 아크릴 이젤을 사용하여 이면에서 분수대 배경을 슬라이드 프로젝트로 투사하고 아크릴 이젤 위에 투사된 분수대에 '어떻게 분수가 뿜어져 나오는가'에 대한 자신의 생각을 나타내기만 하면 되도록 과제 조건을 적절히 지원하였다. 때로는 두 명의 유아가 협의하여 공동의 가설을 구성하게도 하였다.

사진 위에 올려진 아스테이지에 표현된 유아의 이론

이건 엔젤 분수대야. 나는 이 속에 물을 운반하는 파이프가 있다고 생각해. 그 파이프는 수도에서 물을 운반하는데, 그 파이프가 기울어질 때 물이 빠르게 흘러 나오기 시작해서 분수대 쪽으로 쏟아져 나오는 거야. 분수대의 바닥에는 물 탱크가 있는데, 아마 일 년에 한번 정도는 바꾸어줄 거야.

물은 비인데, 하늘에서 내려와서 산으로 흘러가고 산 아래에 있는 호수로 흘러 들어가. 처음에는 호수로부터, 그 다음에는 수로로부터 물을 운반하는 기울어진 통로가 있어. 땅속에는 이런 수로가 아주 많이 있어서 쥐들이 그 물을 마시기도 해. 근데, 쥐들이 먹는 물은 조금이고 나머지는 분수대로 가서 분수대의 돌로 쏟아져 나오는 거야~. 그 분수대의 돌은 미끄럼판과 같기 때문에 물은 다시 되돌아가지.

◦ 배경 그림이 투사된 아크릴 이젤에 표현된 유아의 이론

나는 물이 가득 들어 있는 정말 큰 탱크가 있다고 생각해, 그렇지 않니?
우리는 2개를 만들자, 하나는 이쪽에 또 하나는 다른 한쪽에, 그 탱크의 꼭대기에는 탱크에 물이 있는지 없는지를 알려주는 저울이 있어.
예를 들어, 그 저울이 평평하면 탱크에 물이 있어서 분수대가 작동하는 것이고 만약 저울이 기울어지면 분수대에 물이 조금 남아 있기 때문에 뚜껑을 안으로 밀고 물을 채워야만 한다는 것을 말해 주는 거야.

배경이 되는 분수대의 슬라이드 화면을 끈 상태에서 이젤에 표현된 이론을 설명하게 하면 유아는 이전 경험을 재방문하여 반성하는 기회를 갖게 된다.

4.7 물레방아에 대한 이야기

녀 아니? 나 다른 아이디어가 있어.
물속에다 물레방아처럼 내내 돌아가는 바퀴를 장치하는 거야, 그래서 새들이 마치 계단처럼 물레방아의 페달 위에서 놀도록 할 수 있어.

물레방아의 페달이 움직이도록 만들기 위해서는 마치 폭포처럼 물레방아의 꼭대기에서 떨어지는 물이 있어야 해, 내 그림에서 나는 실제 수로를 만들었는데, 만일 물이 없다면 산에서 물을 가져오는 거야, 그 물은 페달 위로 떨어져서 새들이 놀이를 계속할 수 있도록 해.

4.8 물레방아 그리기

유아가 말한 물레방아를 그림으로 그려보았을 때 물레방아의 페달은 유아의 이전 이야기와는 다르게 위치해 있었다. 물레방아의 페달은 떨어지는 물의 힘을 받을 수 있는 측면 위치가 아니라 정면을 향해 그려져 있었다. 그러나 교사는 유아가 그림을 수정하도록 개입하지 않았다. 대신에 교사는 3차원 모형을 구성할 수 있도록 종이, 점토와 같은 매체를 제시하였다.

4.9 종이로 물레방아 만들기

두꺼운 종이로 3차원의 물레방아를 구성하였다. 종이로 만든 물레방아에서도 페달은 그림을 참조하여 정면으로 향하도록 붙여졌다. 이러한 위치의 페달은 물을 밀 수 없고 따라서 물레방아를 움직일 수도 없다. 종이로 만든 물레방아는 물에 담가볼 수는 없지만 돌려볼 수는 있다. 종이 물레방아를 돌려본 후, 유아는 물레방아에 회전 축이 있어야 함을 인식하고 그림에 회전축을 그려 넣어 수정하였다.

4.10 점토로 물레방아 만들기

다음날 교사는 유아에게 자신이 그린 물레방아 그림과 종이로 만든 물레방아 모형을 다시 살펴보게 하였다. 진흙은 물에 담가볼 수 있는 매체이므로 교사는 점토로 물레방아 모형을 만들어 보게 하였다. 점토로 물레방아 모형을 구성하였다. 점토로 만든 물레방아를 물에 담가보아 페달의 날을 치는 물의 저항을 느낄 수 있었다. 유아는 물레방아 모형을 만들어 물에 담가본 후, 페달의 위치를 바꾸었다.

나는 필리포(Flippo)와 함께 생각해 봤는데요...
페달이 이렇게 있으면요, 물이 페달을 밀기에 충분히 세지 않기 때문에 물레방아가 멈춰버릴 거예요.
우리는 물이 페달을 치도록 하려고 하거든요.
그래서 우리는 페달의 위치를 바꿔야 해요.

유아들은 여러 가지 표상 매체를 사용하여 물레방아를 만드는 과정에서 물레방아에 대한 기능적인 맥락에서 사고할 수 있었고 사용 매체에 따라 서로 다른 관점에서 고찰 · 재고찰할 수 있었다.

4.11 물레방아와 분수대의 실제 작동을 위한 연구와 실험

지오바니 교사(아틀리에리스타)는 아틀리에에 유아들이 물레방아의 작동과 분수대의 원리를 실험해 볼 수 있도록 수로를 장치해 주었다.

우리는 지오바니와 함께 멋진 기계를 만들었어. 우리는 천천히, 빨리 흐르는 물, 뿜어져 나오는 물에 대해 연구하였기 때문에 이제 물레방아가 돌도록 할 수 있고 고무 호스와 마개 몇 개로 분수대를 만들 수도 있어.
네가 분수를 만들고 싶다면 발렌티나가 한 것처럼 할 수 있어. 처음에 큰 파이프 하나를 놓고 거기에 다음 2개, 3개, 4개를 연결하면 물을 뿜는 분수가 될 거야. 많은 스프레이를 만들 수도 있고 굵은 비를 만들 수도 있지.

4.12 다양한 매체를 사용한 물레방아 만들기

물레방아 작동에 대한 이해를 토대로 유아들은 금속 뚜껑, 나무, 종이 접시, 컵, 숟가락 등의 일상용품을 가져다 실외에 설치할 물레방아를 만들었다.

나는 내 물레방아에 바람개비를 달거야.
그래서 물이 물레방아를 밀 때 바람이 미는 일을 돕도록 할거야.

물레방아의 작동 원리와 페달 위치에 대한 의미 있는 실제적 이해는 유아들로 하여금 페달로 사용된 종이컵 바닥에 구멍을 뚫어, 돌면서 물을 뿜는 스프링클러를 발명하도록까지 하였다.

4.13 다양한 매체를 사용한 분수대 만들기

바퀴를 이용한 분수대

나는 바퀴 분수대를 만들었어. 새들을 태우는 페리 바퀴야. 여기는 색깔 나무로 만든 좌석도 있고 스틱들을 붙여서 서로서로 받쳐 주도록 만들었어.

T유치원의 '정글' 프로젝트

좌석은 새들이 앉을 건데 큰 것, 작은 것, 중간 것이 있어. 물이 파이프로부터 쏟아져 올라와서 페리 바퀴가 돌아가지.

◦ 바람개비가 같이 도는 분수대

내 분수대는 빨대로 만들었어. 물이 쏟아져 나오는 빨대와 바람개비를 붙였지. 빨대에서 물이 쏟아져 내려오면 그 물이 바람개비로 가서 바람개비들을 돌게 해.

◦ 샤워기와 우산으로 만든 분수대

4.14 새들을 위한 놀이 공원 개막식

물레방아, 분수대, 새들이 타는 보트 등 프로젝트 과정에서 유아들이 만든 여러 가지 놀이 시설들을 실외에 설치하고 부모와 시민들이 참석한 새들을 위한 놀이 공원 개막식을 가졌다.

이봐, 얘들아! 우리가 만든 훌륭한 놀이 공원이야!

새들을 위한 놀이 공원 프로젝트는 학교의 실외 영역에 새들을 위한 실제의 놀이 공원을 구성하기 위해 유아들이 실제 작동하는 탈 것들을 창안해 내고 장기간에 걸쳐 계획한 아이디어를 작업으로 옮기는 실험실 성격의 프로젝트였다(Malaguzzi, 1996d).

5. 군중(The crowd)

가브리엘, 5.2세

…… 저녁에 사람들로 꽉 차 있었는데, 올라가고 있는 사람도 있고 내려가고 있는 사람들도 있었어. 너라도 아무 것도 볼 수 없었을 거야. 그야말로 사람, 다리, 팔, 머리뿐이었거든.

9월, 유아들은 막 여름 방학을 마치고 학교에 나왔다. 유아들과 교사가 방학 동안의 경험에 대한 이야기를 나누는 과정에서 가브리엘은 기억나는 어느 여름날 밤에 대해 이야기하였다. 가브리엘의 이야기는 다른 유아들로부터 즉각적인 반응을 불러 일으켰고 이와 관련된 다른 유아들의 기억과 경험까지 자극하여 결국 프로젝트화됨으로써 '군중'에 대한 유아들 간의 공유 의미를 갖게 하였다.

5.1 군중에 대한 이미지 말로 표현하기

여아 네 명 집단과 남아 네 명 집단은 각각 모여서 '군중'에 대한 자신들의 경험과 이미지를 말로 표현하고 정의하였다.

여아 집단

사람들이 많이 있을 때, 시끄러운 소리를 내는 것, 사람들은 걸을 때, 발로 많은 소리를 내.

아이들을 잃어버릴 수도 있어.

모든 사람들이 함께 어깨가 꽉 끼어서 지나가는 것.

사람들이 가는 곳이 어디이든, 이쪽, 저쪽 편에서, 언덕을 내려가고 올라가고, 어떤 사람은 오른쪽으로, 어떤 사람은 왼쪽으로, 어떤 사람은 똑바로 앞으로 가는 것, 말하는 소리, 고함 지르는 소리를 들을 수 있는 것.

사람들이 걷고, 움직이는 양탄자와 같아.

여자 아이들에게서는 좋은 냄새가 나.

여자들은 짧은 치마, 스타킹, 진, 운동화, 테니스화, 굽 높은 구두 등을 입고 신고 있어. 그러나 남자들은 예쁜 옷이 없기 때문에 그렇지 않아.

- 남아 집단

집 근처에 사람들이 떼를 지어 있는 것

많고도 많은 사람들이 있을 때, 바로 내가 그 한가운데에 있는 것은 길을 잃어버릴 수도 있기 때문에 그건 정말 큰 문제야.

TV에서 내가 본 많은 사람들

사람들이 숨을 쉬고 땀을 흘리기 때문에 고약한 냄새가 나.

모든 사람들을 볼 수 있는데, 여러 측면에서 사람들을 볼 수 있다. 나와 다른 방향으로 가는 사람이라면 등을 볼 수 있다.

네가 정말 사람들이 많이 붐비는 군중 속에 있다면 엄마는 너를 붙잡고 있을 것이고 아빠는 어깨에 목말을 태우실 거야. 그럼 너는 전체 사람들의 머리만 보게 될걸.

밤에 군중은 정말 위험해, 왜냐하면 군중은 새까마니까.

십대들은 모두 검은 옷을 입은 것 같아. 십대들이 좋아하는 색이거든.

5.2 군중 첫 그리기와 그림에 대한 반성

교사는 앞서 유아들이 군중에 대해 이야기한 내용을 요약하여 들려주었고 유아들은 말로 표현한 군중에 대한 이미지를 그림으로 그렸다. 유아들은 그린 그림을 함께 살펴보면서 토의하였다. 그림을 그리면서 유아들은 새로운 아이디어를 얻고 토의하면서 생각의 불일치나 문제점들을 발견하게 된다.

어떤 유아는 몇몇 사람이 모두 같은 방향으로 가는 것처럼 그렸고 종이 가득 군중을 표현한 유아는 모든 사람이 팔을 벌린 채 걷는 것으로 나타내었다. 한 유아가 눈이 없는 사람을 그림으로써 자기와 다른 방향으로 가고 있는 사람들을 표현하였지만 대부분의 유아들은 군중 속에서 볼 수 있는 앞, 뒤, 옆모습을 표현하진 못하였다. 유아들은 군중 속에서 사람 얼굴이 모두 정면을 보고 있는 것이 아니라 옆면과 뒷면도 볼 수 있음을 안다. 군중 속에서 볼 수 있는 여러 측면의 사람을 그림으로 표현하지 못하였음을 알게 되고 표현하는 데 어려움이 있음을 지각하면서 문제 해결 방법에 대해 토의하였다. 유아들의 이러한 인식은 이후 프로젝트의 방향을 설정하는 맥락이 되었다. 유아들은 여러 측면의 사람 모습을 탐색하기로 하였다.

5.3 가상해 보기 – 모델을 이용한 탐색

학교의 피아자에서 유아 한 명을 한가운데에 세우고 가상의 모델을 관찰함으로써 앞, 뒤, 오른쪽, 왼쪽 모습이 어떻게 보이는지 시각적으로 확인하고 탐색하였다. 모델을 관찰하기에 앞서 어떻게 보일지 유아들이 예측해 보았다. 예측을 통해 유아들은 나름의 가설을 가진 후에 관찰하고 탐색한 것을 자신의 가설과 비교해봄으로써 추론이 내재된 경험이 되도록 하였다. 유아들은 사람의 얼굴에는 눈이 2개 있지만 측면에서 볼 때 눈은 하나만 보일 것으로 예측하였고 이에 대해 관찰하였다.

5.4 탐색 후 표현하기

모델 유아가 방 한가운데에 위치하고 나머지 유아들은 정면, 오른쪽, 왼쪽, 뒷면에 각각 둘씩 짝을 지어 앉아 관찰한 내용을 그림으로 그리고 점토로 만들었다. 여기서 측면을 관찰한 유아들은 옆모습을 어떻게 표현할지의 문제에 대해 상호 협의하였다. 그림은 평면으로 표현되는 것이므로 눈을 하나만 그렸고 점토로는 입체 표현되는 것이므로 눈을 2개 만들었다.

5.5 여러 가지 관점 탐색하여 그리기

유아들은 군중을 보는 여러 관점에 대해 탐색하였다. '위에서 보는 군중'과 '한가운데에서 보는 군중'에 대해 추측하여 말로 표현하고 그림으로 그렸다. 유아들은 고층 건물에 올라가서 아래에 있는 군중들을 내려다본다면 사람들은 다 똑같이 보이며 머리, 신발들만을 볼 수 있지만 임산부의 경우 큰 배를 볼 수 있을 것이라고 하였다. 그림으로 나타냈을 때, 보이는 것은 머리와 발이지만 다리가 있다는 것을 알기 때문에 유아들은 공간을 두고 표현하기도 하였다. 많은 사람들의 한가운데에 있을 때는 사람들의 등과 다리만 보이는 것으로 나타냈으며 어른들을 여러 개의 머리를 가진 유령으로 과장하여 설명하면서 군중의 복잡성을 표현하였다.

5.6 심화 – 다양한 매체를 사용한 사람 모습의 심화된 탐색

특히 사람의 옆모습과 뒷모습에 좀 더 주의를 기울여 개념화하고 표현하기 위해 서로 다른 상황과 맥락에 있는 사람의 모습을 탐색하는 시간을 갖기로 하였다. 사람의 옆얼굴을 철사와 점토로 각각 표상하고 뒤에서 본 사람의 머리 모양을 연필로 스케치하는 기회를 가졌다. 앞면과 뒷면에서 본 누드를 펜으로 그렸다. 축구 경기 장면에서 볼 수 있는 여러 측면의 사람 모습을 그려보기도 하였다.

5.7 확장 – 군중 극화놀이

이전까지는 군중 속에서 볼 수 있는 여러 측면의 사람 모습을 탐색하였다. 프로젝트의 방향을 바꾸어 군중의 다양함을 탐색하는 것으로 확장되었다. 시의 광장에서 찍은 군중 사진을 슬라이드 매체를 사용하여 벽면에 투사하였다. 교실은 흡사 '시의 광장'이 되었고 유아들은 광장에 있는 군중의 한 일원이 되어보는 극화놀이를 하였다. 다음 학급 전체 유아가 의사, 운동 선수, 임산부 등 각자 한 가지씩 역할을 정하여 가장하고 군중을 극화하였다. 유아는 군중의 한 사람이 되었다. 각자의 역할에 따라 정체감(identity)을 갖고 군중 속을 걸어다녔다.

5.8 군중 속의 개별성

유아들은 군중 속에 있는 개개인의 서로 다른 이미지를 탐색하는 기회를 가졌다. 군중 이미지를 먼저 사진으로 제안하기로 하였다. 유아들은 군중 사진을 준비하고 군중 속에서 한 사람을 선택한다. 선정된 개인이 가지고 있는 정체성, 생각, 갖고 있는 욕구 등에 대해 유아들은 상상하여 말하고 그림으로 표상하였다.

이 남자는 내내 자기 여자 친구에 대해서 생각하고 있어.

이 남자는 노래를 부르고 싶어해.

이 할머니의 자녀들은 성장하여 결혼하였어. 주변의 아는 사람들이 많이 죽었고 내내 그들을 생각하고 있어.

할아버지는 '제 시간에 돌아가야 하는데' 라고 생각하면서 바삐 가고 있어.

5.9 군중 3차원 구성에 대한 협의

유아들은 실제 군중을 구성해 보기로 하였고 어떤 방법으로 할지에 대해 토의하였다. 여아들과 남아들이 제안한 군중은 서로 달랐으며 여기서 갈등이 야기되었다. 여아들은 그림이 서로 다른 군중을 세밀하게 묘사할 수 있고 그리기 쉽기 때문에 종이에 그려서 구성하자고 제안하였다. 반면 남아들은 세울 수 있도록 점토로 만들자고 하였다. 여아들은 점토로 만든다면 시간이 오래 걸리고 똑같은 갈색 머리와 똑같은 몸을 가진 사람들로 모두 구성될 것이라고 항변하였다. 대립되는 관점을 조정해 나가는 과정에서 먼저 점토로 만드는 과정을 모두 돕고 다음 그림으로 만드는 과정을 모두 돕자는 아이디어가 제안되었고 그 제안은 누구의 반대도 없이 받아들여졌다. 유아들은 두 가지 형태의 군중을 공동 구성하기로 하였다.

5.10 찰흙 점토로 만든 군중

각자 부분을 나누어야 해.

나는 머리만 할게. 머리 90개,

너는 팔을 만들고… 너는 다리를 만들어.

유아들은 일련의 계획을 협의해 나갔다. 군중 속의 다양한 개인을 구성하기 위해 역할을 나누어 서로 다르게 작업하였다. 유아들은 한 친구가 제안한 일련의 작업 라인 방식을 채택하였다. 일단 특정한 인물이 정해지면 각 유아가 맡은 팔, 손, 다리, 머리, 몸 등 부분을 각자 만든 다음 조합한다. 먼저 신발을 놓고 다리를 세우고 몸통을 붙인 후, 머리를 올린다. 몸통에 팔, 손을 붙이고 옷을 입힌다.

점토로 특정 인물을 구성하는 동안 유아들은 스스로 적극적으로 그 인물의 행동이나 사회적 관계를 몸으로 흉내 내었다. 유모차를 끌고 가는 사람, 아이를 안고 가는 사람, 물건을 들고 개를 데리고 가는 사람 등 개별성을 갖고 있는 다양한 군중을 구성한 후 이면에 거울을 놓아 전시하였다.

5.11 그림으로 구성한 군중

점토로 군중을 구성하였던 방식을 적용하여 종이에 그림을 그려 작업하였다. 유아들은 먼저 앞면 그림을 그리고 오려낸 다음에, 뒤집어서 뒷면을 그리고 세울 수 있도록 받침대를 부착하였다. 유아들은 특정 인물이 어떤 사람인지 알 수 있도록 정체성을 주기 위해 한 순간이기는 하지만 간단한 대화를 첨부하기로 하였다. 인물을 그리고 오려내어 대화를 첨가함으로써 서로 다른 맥락의 군중이 되도록 하였다. 최종 전시에서 유아들은 다시 한번 각 인물들의 역할, 관계, 대화를 재해석하는 기회를 가졌다.

5.12 사진으로 포착한 군중

마지막 단계에서 유아들은 학교 밖으로 나가 포착할 수 있는 다양한 군중을 사진으로 촬영하기로 하였다. 슈퍼마켓 앞에 모인 군중, 집 군중, 자전거 군중, 돼지 군중, 기차역에서의 군중, 모여드는 군중, 꽉 찬 군중, 사라진 군중 등 유아들은 다양한 차원과 목적을 가진 군중을 개념화해낼 수 있었다.

'군중' 이라는 주제는 우리 주변에서 흔히 일어날 수 있는 과정들을 조사하고 반성하기에 흥미로운 내용이다. 군중은 사회적 · 문화적 맥락뿐만 아니라 그 자체의 복잡함과 다양함의 특성을 가지고 있기 때문에 그 자체를 탐색하는 것만으로도 좋은 프로젝트 주제가 되었다. 군중이 가지고 있는 다원적인 정체감, 관계, 소리, 냄새와 같은 특성을 탐색하는데, 사회적 · 형식적 · 표현적 · 관계적인 문제들이 프로젝트 과정에서 제기되었다.

프로젝트는 언어적 · 시각적 · 청각적 · 동작적, 그 외 다상징적 표상을 사용하여 군중에 대한 이미지를 창안하고 연합해 나가는 과정에서 지각, 활동, 상상을 풍부하게 하고 사회적 상호 작용 과정에서 유아들 간의 관계를 강화하고 협력 학습이 이루어지도록 하였다.

특히 이 프로젝트에서는 남아와 여아 간에 때로는 유사하게, 때로는 다른 방법으로 어떻게 발달하는지를 보여주었다. 예를 들어, 여아들은 군중의 소리를 거의 음악적 리듬으로 지각하였다. 남아들은 냄새를 즐겁지 않은 것으로 지각하였으며 군중 속의 사람들을 서로 다르게 표현해야 하는 필요성을 느끼고 점차 다양한 요소를 추가하여 표현하였다. 여아, 남아 모두 사람들이 옷 입는 방법에 대해 관심을 갖고 있었으며 군중의 내부 · 외부 · 위에 대한 지각의 관점이 유사하였는데, 이 점은 대단히 흥미 있다. 여아와 남아 모두 표상의 문제에서 단순한 시상적 구조를 제법 지혜롭게 사용함으로써 해결책을 발견해 내었다. 사람을 잃어버린다는 사실은 여아와 남아 모두에게 두렵고 불편하며 흥분되는 감정으로 생각되었다.

프로젝트는 가브리엘의 설명에서 시작하여 군중에 대한 점토 구성과 그림 구성으로 끝이 났는데 유아들 스스로 협력하여 계획하고 조직해 나갔다. 네 명의 여아 집단과 네 명의 남아 집단은 때로는 함께 때로는 따로 활동하였다. 유아들은 집단 응집력에 대한 강한 욕구를 갖고 있으며 참여의 중요성을 강조하고 있음을 알 수 있고 참여 정도, 표상 결과물들, 프로젝트의 과정과 결과, 유아들이 탐색 과정에서 스스로를 위해 설정하는 명료한 객관성 등을 통해 유아들이 참여하여 공유하는 것을 얼마나 기쁘게 생각하는지 알 수 있었다.

Part 2

레지오 에밀리아 접근법 적용하기

레지오 교육에 영감을 받은 국내 공동체 기관들은 레지오 방식의 프로젝트를 적용해 오고 있다. 앞서 고찰한 사회적 구성주의 철학, 교수 학습 이론, 교육 과정 운영 특성, 물리적 환경을 기반으로 어린이집 · 유치원들이 경험해 온 많은 프로젝트 중 연령별로 1세, 2세, 3세, 4세, 5세, 각각의 사례를 추출하여 소개한다.

공동체 기관에서 전개된 프로젝트를 공유하면서 우리네 유아교육현장의 변형 방향을 다시 한번 재고해 본다.

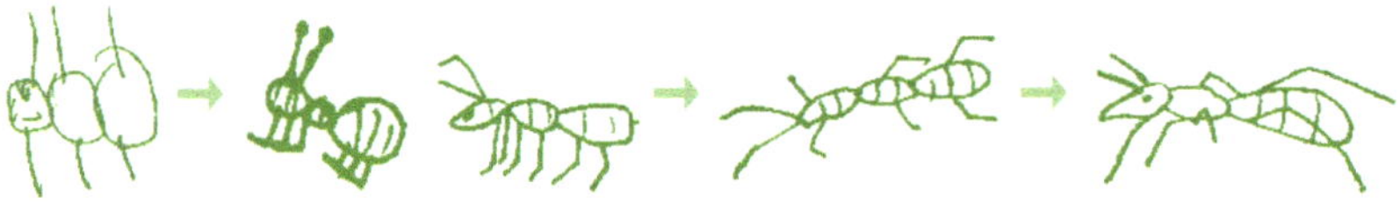

개미, 4세

다람쥐, 4세

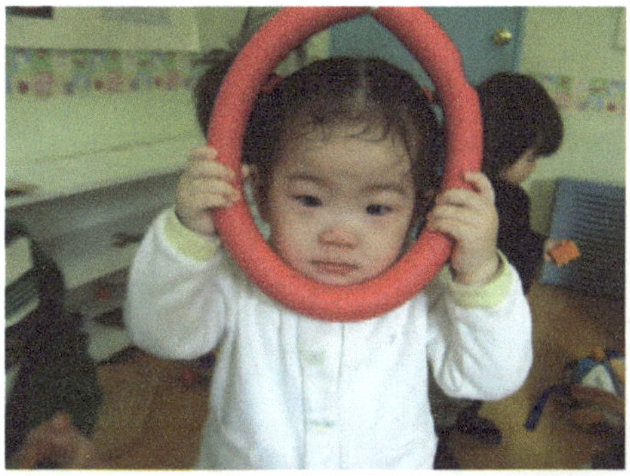
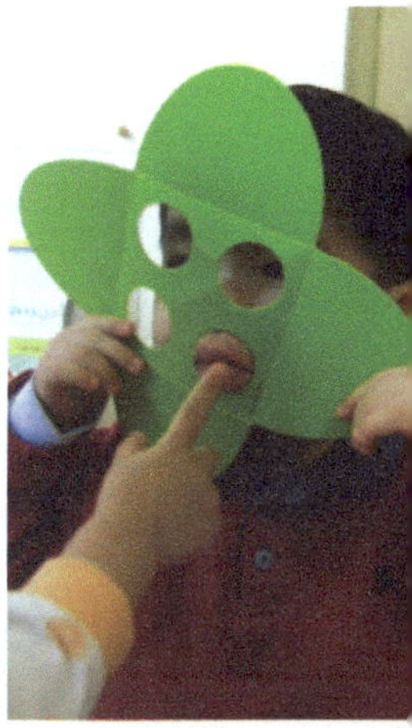

Chapter 1 1세, 영아들이 만난 구멍

M어린이집, 1세

어린이집 1세 새싹반 교실 공간에 달아놓은 동그라미 모빌을 아이들이 무척 좋아하며 잡아당겨 보고 놀이하였다. 어느 순간 그 동그라미를 머리에 끼워보는 아이가 있었다. 다른 아이들도 따라하며 관심을 보인다. 영아들의 관심은 종이 가면에서, 놀잇감에서, 블록 쌓기에서 구멍 발견으로 이어지고 신문지 · 종이 상자 · 비닐 등의 매체로 구멍을 만들고 구멍 그 자체의 현상에 대해 탐색하게 되었다. 구멍에 대한 영아들의 탐색은 어린이집 주변 놀이터와 공사장으로 확장되었으며 영아들의 구멍에 대한 개념은 영아들 스스로 만들어 가는 다양하고 새로운 놀이와 활동을 불러왔다.

1. 구멍에 대한 아이들의 관심과 호기심

야~ 잡아당겨.

슝~ 날아가요.

머리가 들어간다.

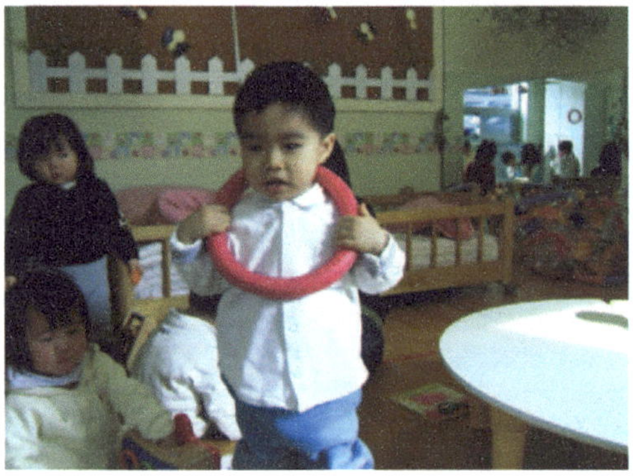

쏙~

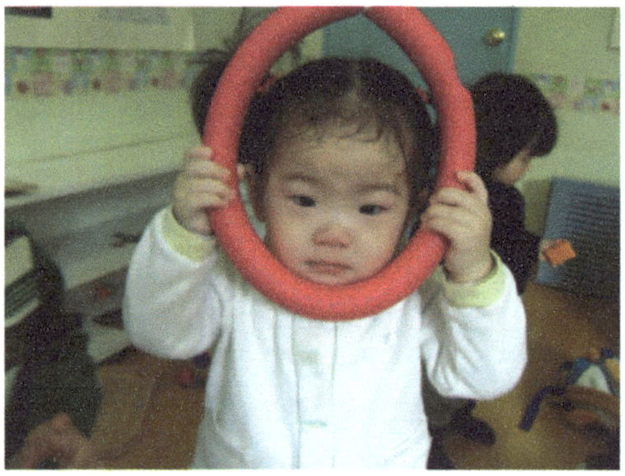

안 들어가.

끙~

2. 구멍 만나기

2.1 종이 가면에서 구멍 발견

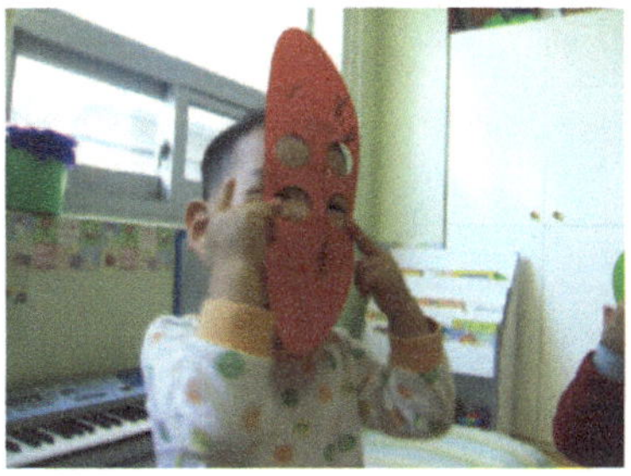
이야~ 보인다.

어! 안 보여.

여기 입 있다.

2.2 놀잇감에서 만난 구멍

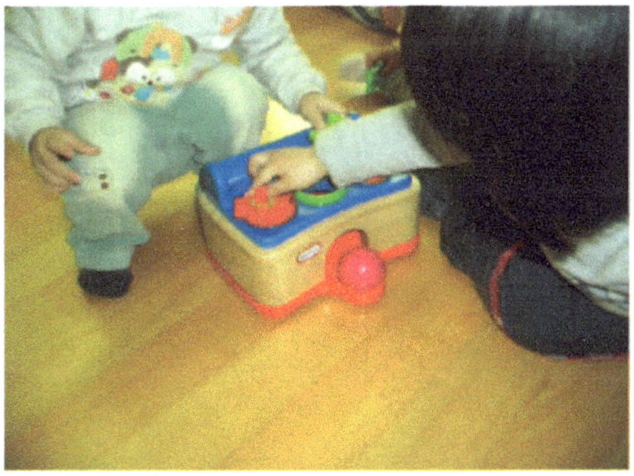
구멍에 공을 넣자.

왜 안 들어가지?

이렇게 하는 거야.

2.3 블록을 쌓으며 발견한 구멍

아야~ 손이 숑~

3. 구멍을 만들어 보자

3.1 신문지로 만들자

여기 혜원이 보이네.

뽀뽀~

어! 신문지가 찢어졌다.

신문지를 찢어서 날려요.

3.2 큰 상자로 무얼하고 놀까?

여러 크기의 상자를 교실에 제시해 주자 아이들은 상자로 구멍을 만들며 놀이하였다.

이게 뭐야?

이야~

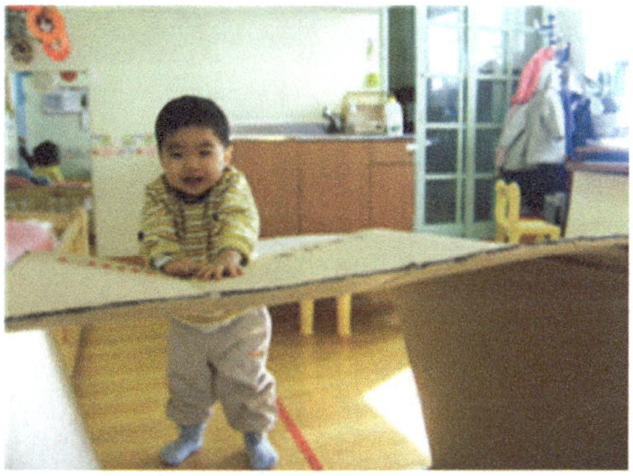

쓰러뜨리자.

여기로 들어가야지.

여기 잡아주세요.

다리 들어봐.

이 속에서 놀자.

엉금엉금 기어가자.

3.3 비닐로 보이는 구멍 만들기

이 속에서 놀자.

비밀 터널을 꾸며보자.

얘들아 나와봐!

이쪽으로 나와요.

4. 어린이집 주변으로 확장된 탐색

4.1 놀이터에도 구멍이 있어요

여기에 구멍 있다.

애들아 여기 봐.

손이 슝~

미끄럼틀에도 구멍이 있다.

4.2 공사장에서 땅에 구멍을 뚫어요

바닥에 구멍 파는 기계

구멍 뚫었어요.

5. 영아들이 만든 구멍을 이용한 놀이와 활동

5.1 지점토로 구멍 만들기

지점토로 구멍 만들어요.

여기에 끼워야지.

여기도 구멍이 있어.

5.2 소리가 울리는 구멍-악기가 되는 구멍

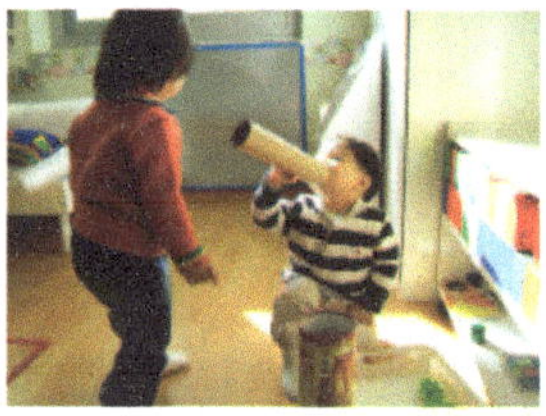
야~

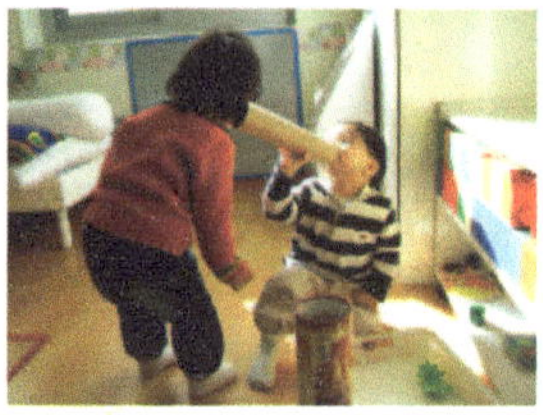
귀 대봐!

야~

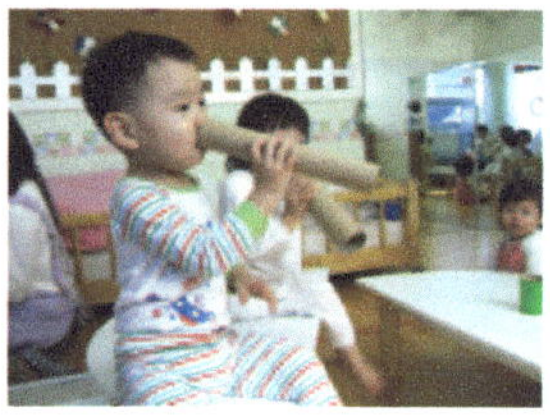
우~ 재밌다.

5.3 크고 작은 구멍 끼우기

끼워보자.

속으로 들어가.

슝~

이것도 넣어봐.

5.4 비교하고 순서 짓고 늘어놓기

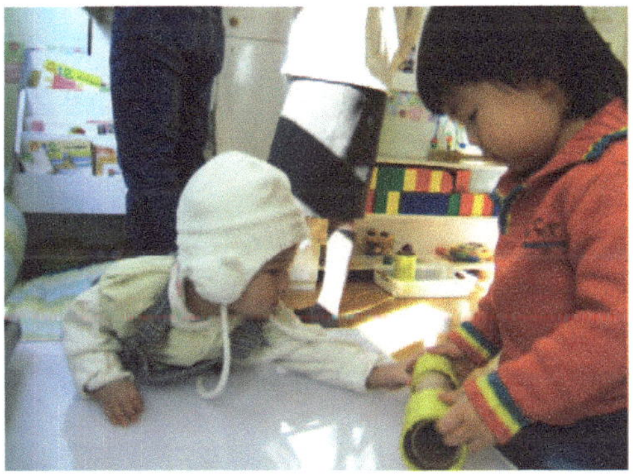

주아야 이거 봐.

발에도 들어가요.

1세 새싹반 영아들이 아직 어리기는 하지만 스스로 자신이 생각하는 것을 나름대로 표현하려 하는 모습을 볼 수 있었다. 관심 있는 부분에서는 집중하고 반복하는 모습도 볼 수 있었다. 아직 영아들은 원하는 것을 잘 알아내지 못하는 미숙함이 있지만 새로운 것에 계속 호기심을 보이며 놀이를 이어가는 아이들을 보며 아이들의 관심을 찾아내어 새롭고 많은 것들을 제시해 주도록 노력해야겠다(M어린이집 1세 S반 교사).

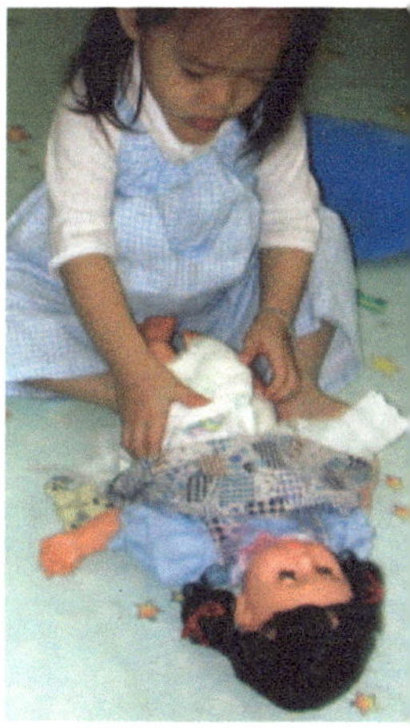

Chapter 2 2세, 영아들의 배변 훈련

S어린이집, 2세

교사들이 '기저귀야 안녕~'이라 이름한 배변 훈련 프로젝트는 S어린이집 영아반 다섯 영아의 이야기이다. 이야기는 25개월 영아, 28개월 두 영아, 30개월 영아, 31개월 영아 모두 다섯 아이가 5월 1주에서 6월 2주까지 엮어갔다.

학기초 영아들 부모의 가장 큰 고민과 원에 대한 바람은 '배변 훈련'이었다. 배변을 할 시기가 되었지만 직장 일과 훈련 방법의 어려움을 이유로 어린이집에서 이 과정을 해결해 주었으면 하는 바람을 가지고 있었다.

교사들은 영아들의 서로 다른 성향과 발달 차이를 고려하여 개별 영아에게 맞는 배변 훈련을 시도하면서 영아들이 스스로 기저귀를 벗고 화장실을 찾아가도록 할 수 있었다.

좋은 프로젝트는 공동의 목표를 향해 유아 개개인이 공헌할 수 있고 흥미와 관심을 가지고 서로 상호 작용한다. 이는 유아로 하여금 분명한 목표를 추구하도록 할 뿐만 아니라 그에 부수하는 하위 목표, 동기, 의문점, 발견 등을 서로 나누고 토론하게 한다.

특히 어린 영아에게 좋은 프로젝트는 언어적 표상을 통해 생각을 표현하고 토의하면서 탐색하도록 할 뿐만 아니라 다매체와 연계된 몸짓, 가상놀이, 역할놀이, 극화하기 등과 같은 서로 다른 표상을 통하여 의사 소통하도록 돕는다.

1. 배변 활동에 관심 가지기

부모들의 배변에 대한 관심은 영아들에게도 전염되어 교사들은 배변 동작이 들어 있는 자료를 OHP로 투사해 보여주었다. 아이들은 2차원으로 투사된 배경을 보면서 배변 동작을 극화하기 시작하였다. 가상의 몸짓은 본능적 욕구와 만나면서 현실 행위로 연결되어 표현되었다.

1.1 OHP로 배변 동작 극화하기

남자친구 쉬해요~

서현이도 할래~

1.2 가상극을 실제와 연결하여 표현하기

친구의 첫 소변에 아이들은 변기를 들여다보며 신기한 듯 탐색한다. 손으로 만져보려는 친구도 있었다.

부~ ~ ~ ~ 쉬

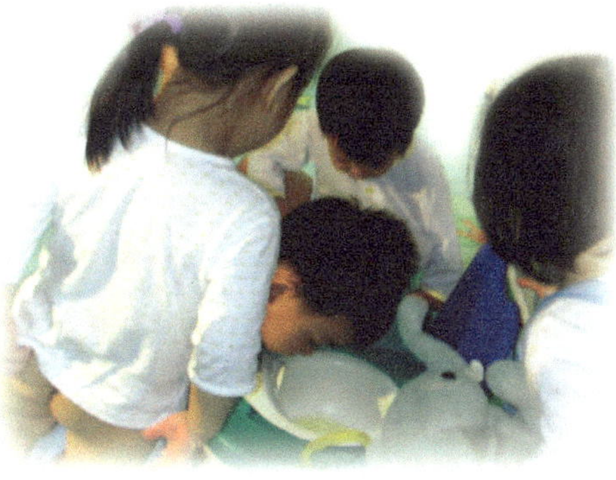

서현이 쉬했어요.

2. 화장실을 방문하여 경험하기

나두 쉬할래~

소변기 물 내리기에 즐거운 제혁

아이들은 형님들이 사용하는 어린이집 화장실을 방문하는 기회를 갖는다. 영아들은 한 번도 사용해본 적이 없다. 여자 · 남자 변기에 대한 인식이 되지 않은 영아들은 그저 바지를 내리고 이전에 본 형님들의 행동을 모방하는 수준이다. 변기를 만지며 관찰하기도 하였다.

3. 배변 관련 책 보기

가정에서 가져온 배변 책을 보면서 책 속의 상황을 이야기해 보았다. 의외로 영아들은 책 보기에 흥미와 관심을 보이며 몰입하였다.

아가가 쉬한대?~

책 보기에 몰입

4. 인형으로 배변 가상놀이

서현이는 자신이 쉬한 뒤 인형 젤라비를 변기에 앉히고 쉬하라며 "쉬~"라고 이야기한다. 이러한 인형놀이는 다른 아이들에게도 전염되어 관찰하고 흉내 내어 "아가 인형놀이"로 이어진다.

젤라비도 쉬한대~

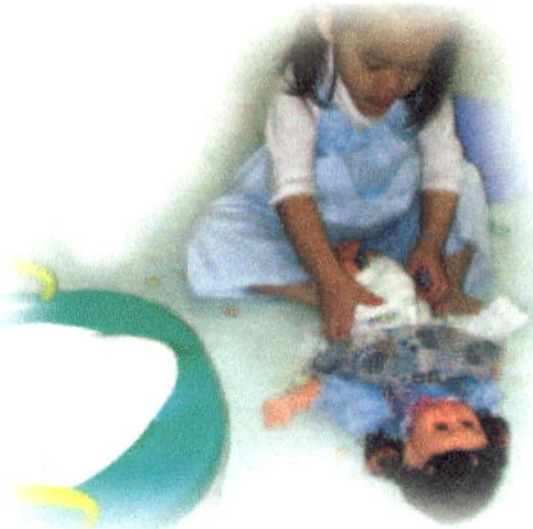

아가 기저귀 빼고

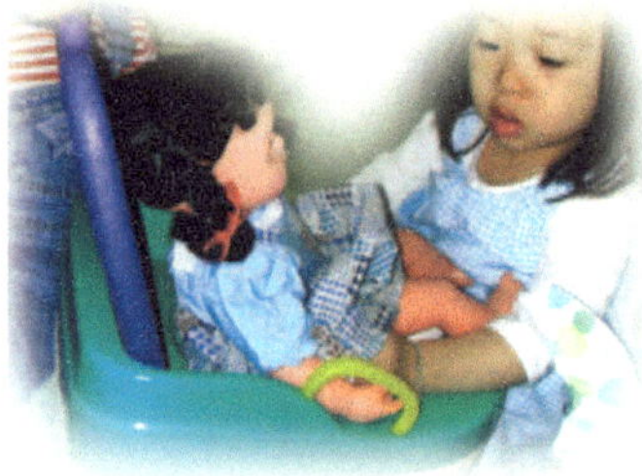

쉬~ 쉬하자.

5. 직접 변기에 대소변 하기

5.1 변기에 배변하기

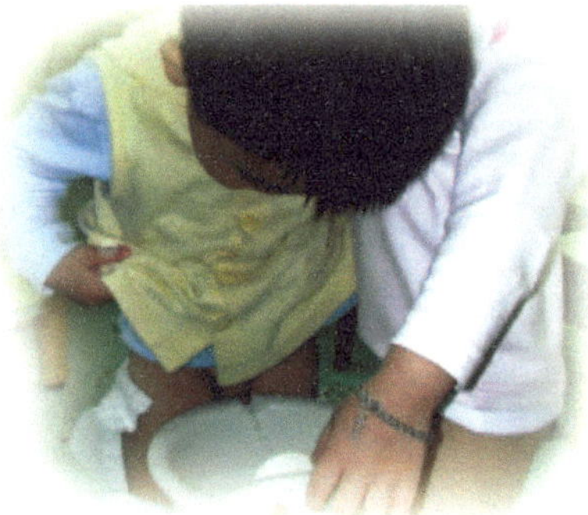

영아 스스로 변기에 대소변 하는 모습은 물론, 친구의 배변 모습을 탐색하는 아이들의 얼굴에는 진지함과 신기함이 교차한다.

5.2 처음 변기에 앉은 예진

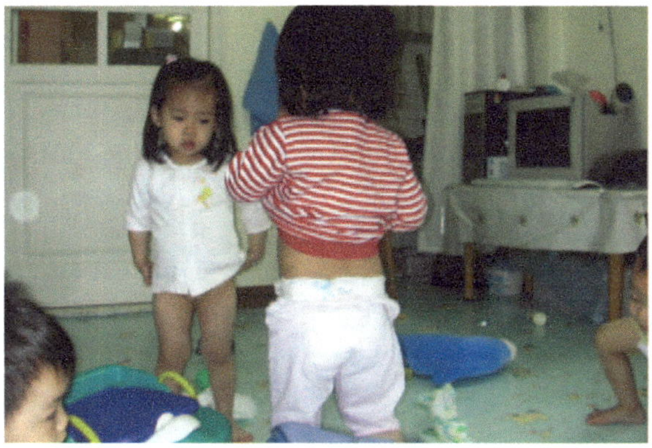

서현아~ 나도 이거 빼줘~

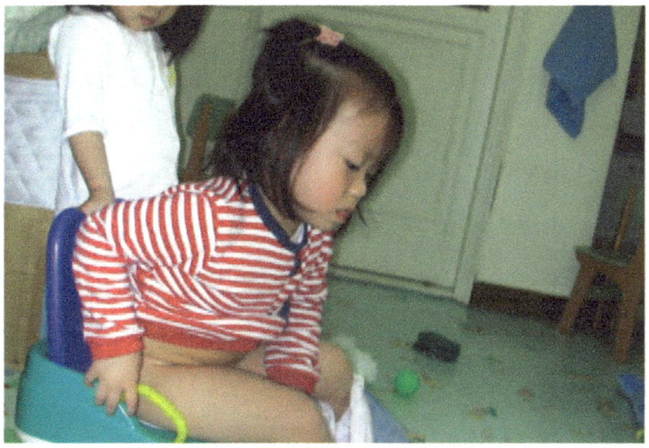

예진이가 처음 변기에 앉았어요.

예진이는 12개월 때 대리모가 배변을 시켜려다 부적응하고 변기만 보면 울고 도망치는 행동을 하던 아이였다. 가정에서는 배변 훈련을 포기하고 있었던 상황이었는데, 이날 처음 기저귀를 빼고 변기에 앉는 모습을 보였다.

6. 교실에 화장실 영역 만들기

아이들의 배변 습관 형성을 돕기 위해 교실 한 코너에 화장실 영역을 만들기로 하였다. 유아용 변기를 놓고 벽면에는 그동안 자신들의 배변 사진을 기록해 두었다. 이는 영아들로 하여금 '대소변은 변기에 해요'를 인식하도록 도울 것이다.

6.1 화장실 영역 만들어 활용하기

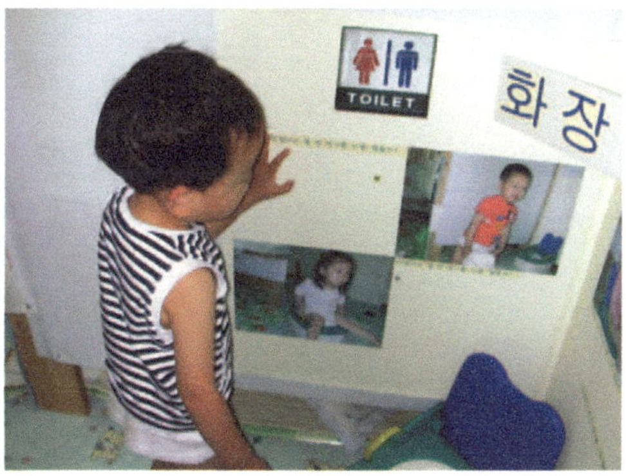

화장실 영역에 가져다 놓은 변기를 유아가 이용할 때마다 스티커가 주어지고 유아 스스로 자신의 배변 사진 아래에 붙인다. 유아들은 놀이처럼 생활 속에서 실천하기 시작하였다.

6.2 "기저귀야! 안녕" 실천하기–스스로 기저귀를 벗어 쓰레기통에 넣기

기저귀야! 안녕

아침 등원과 동시에 일상적으로 아이들은 스스로 기저귀를 벗어 직접 쓰레기통에 넣고 "기저귀야! 안녕"하고 이야기한다. 이 일상적인 실천이 반복되면서 아이들은 이제 기저귀를 하지 않아야 함을 스스로 인식한 듯, 모든 아이들이 기저귀를 스스로 쓰레기통에 넣으며 변기를 이용하기 시작하였다.

7. 화장실 사용 약속 정하기

교실에 마련된 화장실 영역을 사용하면서 아이들은 몇 가지 약속을 정하기로 하였다.

친구가 변기를 사용할 때는 줄을 서서 기다려요, 화장지를 아껴서 써요 등...

8. 기저귀야! 안녕~

이제 아이들은 어린이집에서나 견학할 때도 대소변을 화장실에서 한다.

다섯 아이 모두 프로젝트 과정에서 기저귀를 떼고 무더운 여름을 시원하게 지낼 수 있었다. 서로 다른 발달 특성과 개인적 성향에도 불구하고 부적응 유아까지 배변 훈련을 할 수 있었던 것은 영아들의 발달에 차이는 중요하지 않음을 알 수 있었다. 흥미를 가지는 목표를 향하여 탐색 과정을 함께 한 아이들이 그 과정에 대한 공유 이해를 가지고 그 의미를 상호 인식하는 데에는 차이가 없음을 보여준 좋은 경험이었다(G어린이집, 2세, K교사).

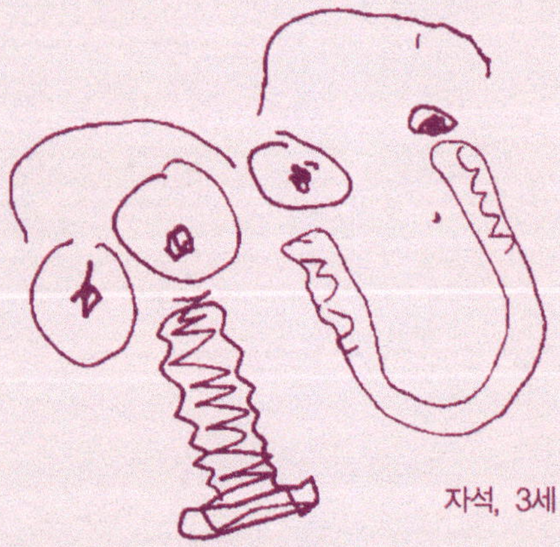

자석, 3세

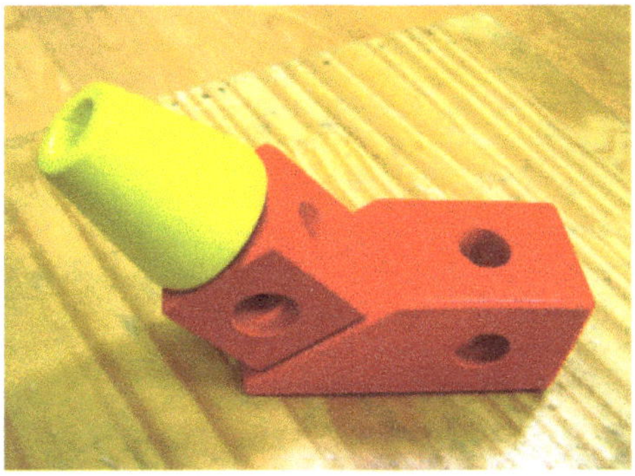

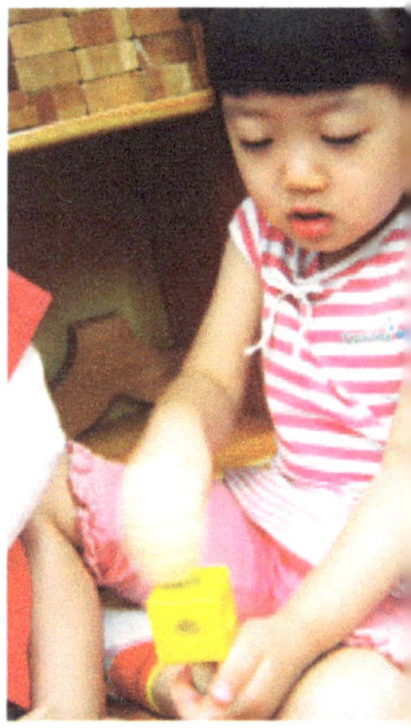

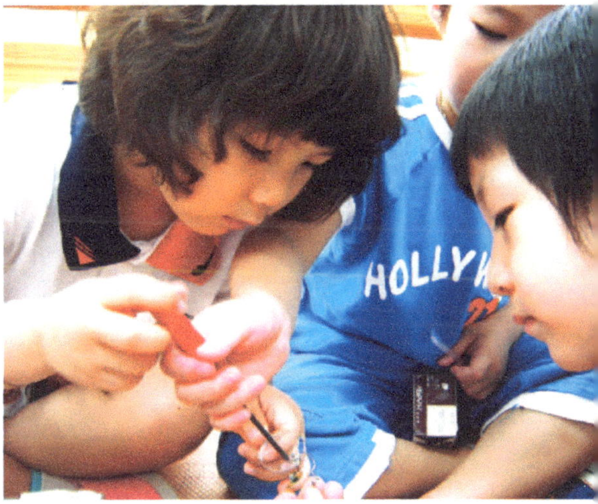

Chapter 3 3세, 나사?? 나사!!

T유치원 M반, 3세

T유치원 3세 M반에서는 목공놀이를 경험하면서 나사의 사용 방법에 대한 궁금증이 모아져 탐색이 시작되었다. 나사가 사용되고 있는 물건들을 찾아보면서 우리 생활에 나사가 많이 사용되고 있으며 반드시 필요한 도구임을 알아나갔다. 나사의 독특한 모양을 이용하여 3차원 구성 활동과 그림자놀이, 신체표현, 찍기, 그림 그리기 등을 통해 창의적인 생각을 표현해 보며 나사와 친숙해질 수 있었다. 직접 우드락과 나사를 가지고 구성 활동을 계속하면서 나사의 사용 방법과 용도 등에 대해 재방문하는 기회를 가졌다. 주변 생활 속에서 나사가 있는 물건을 살펴보면서 볼트, 무두나사, 캡나사 등과 같은 나사의 종류, 단일스패너, 멍키스패너, 렌지 등과 같은 도구의 쓰임새 등에 대한 궁금증을 스스로 해결해 보는 시간이 두 달여 간 지속되었다.

1. 나사에 관심 가지기

목공놀이 영역에서 "이 나사 어떻게 놀이하는 것이지?"

이거 어떻게 놀이하는 거에요?

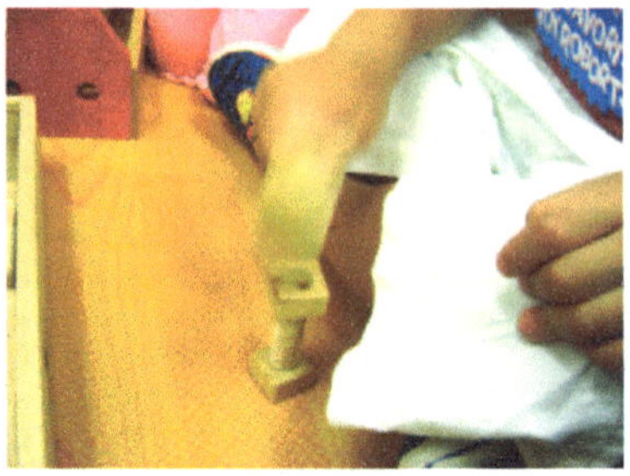

이거 어떻게 해요?

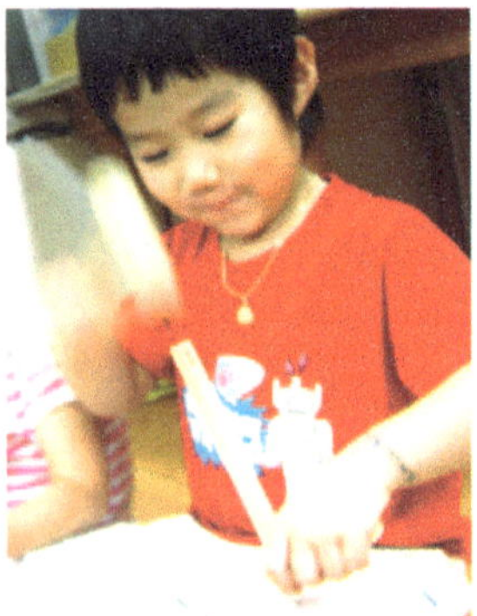
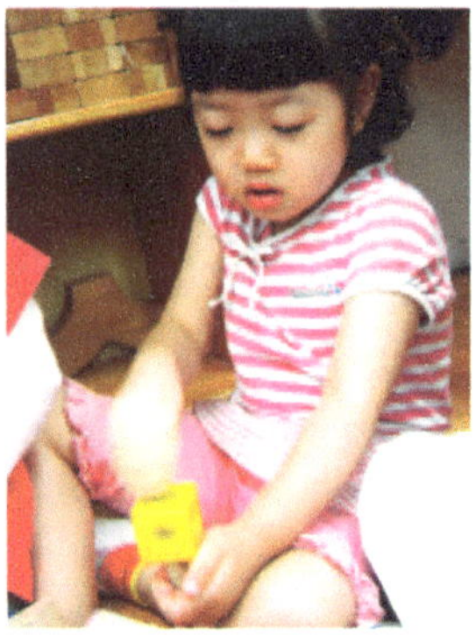

교사에게 같은 질문만 계속하다 유아들은 고민에 빠졌다. 유아들은 나사를 이용한 놀이를 포기하고 두드리며 끼울 수 있는 목공놀이만을 찾아 활동하기 시작하였다.

기차

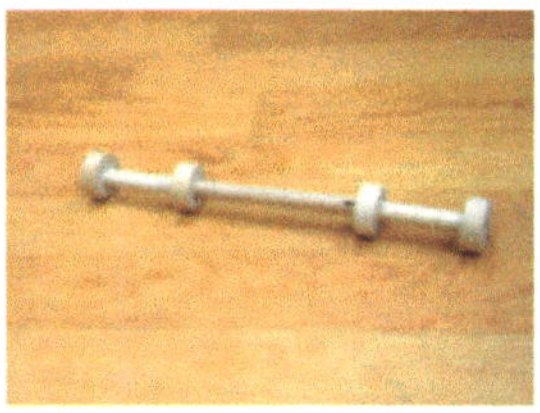

굴러가는 장난감

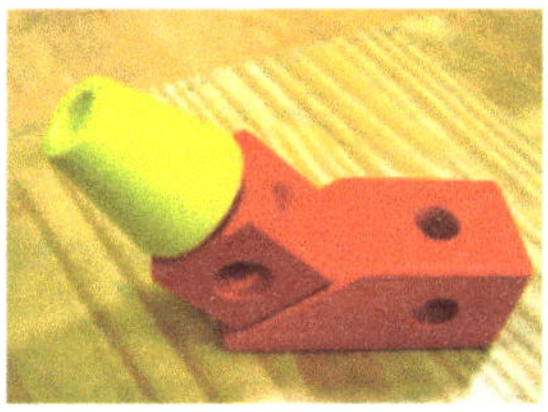

대포

2. 나사 만나기

이건 나사야!

한 친구가 집에서 알아온 나사의 사용 방법을 친구들에게 소개해 주었다. 끼워 돌리면 들어가는 나사의 생김새에 대해 알게 되었지만 유아들은 망치를 사용해야 한다고 생각하였고 어디에, 어떻게, 사용하는지 몰라 끼웠다 뺐다만 계속하였다.

이렇게 돌리면 들어가는 거야.

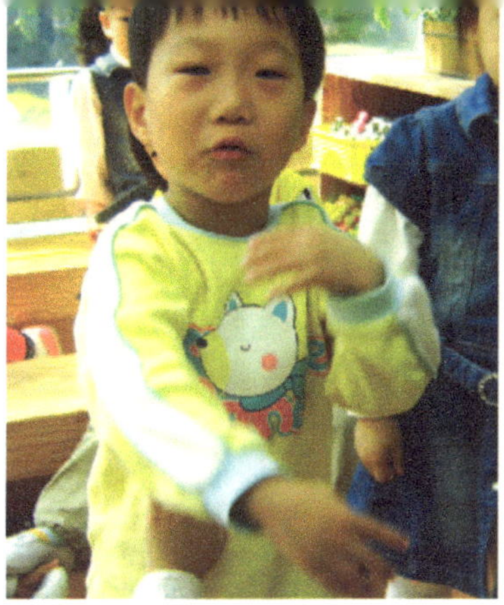

진짜 들어간다~ 와! 신기해!

여기 옆 모양이 돌아가라고 이렇게 생긴 건가 봐~
이렇게 빙글빙글 돌아가게 생겼잖아~
그러면 이렇게 돌리고 망치로 두드리는 거 아니야?!

3. 볼트와 너트 구조 알기

나사를 이용하여~ !

나사의 사용 방법에 대해서 알게 되면서 다양한 종류의 나사를 지원하였고 그 나사들을 어떻게 놀이하는지 지켜보았다.

거꾸로 해도 떨어지지 않아!

토끼야 귀여운 토끼!

꼭 안경 같지?

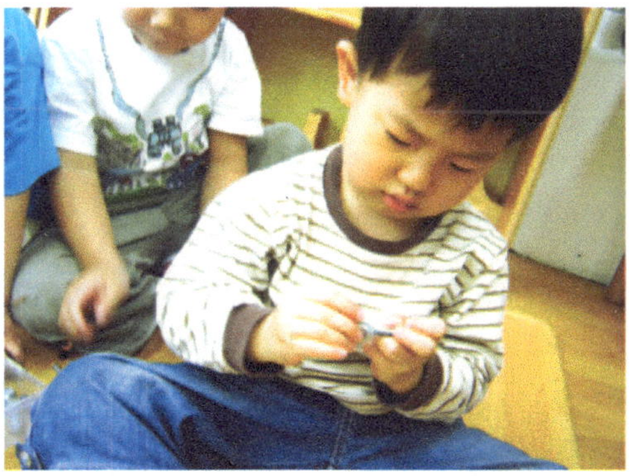

왜 안 들어가! 자꾸 안 들어가네?

볼트의 크기에 따라 너트의 크기가 다름을 모르는 친구는 들어가는 너트와 안 들어가는 너트가 있음을 알게 되고 자기가 원하는 볼트에 들어가는 너트를 찾아 해맸다.

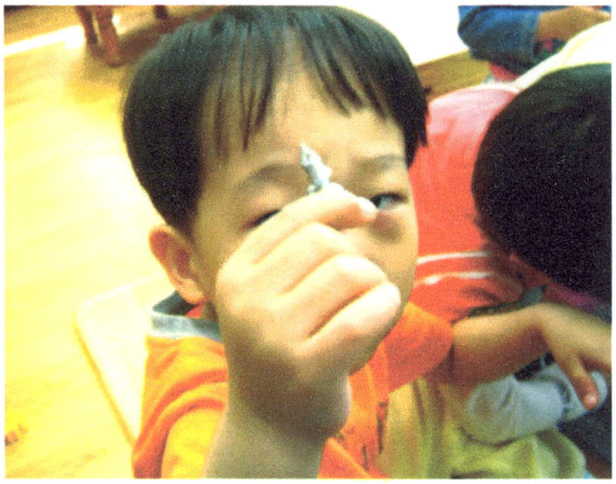

이건 나사가 아니야! 앞이 뾰족하니까 아닌 것 같아.
이렇게 생긴 건 나사가 아니니까 돌려서 사용할 수 없어.

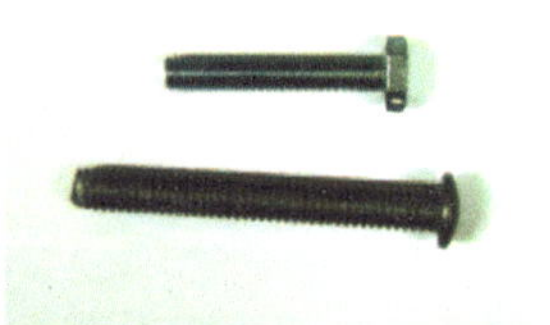

나사라고 생각

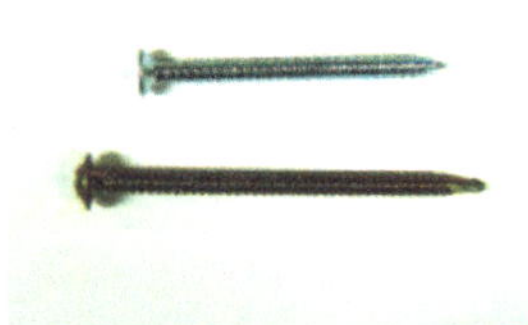

나사가 아니라고 생각

우리들이 '나사라고 생각하는 것'들과 '나사가 아니라고 생각하는 것'들이 나누어지면서 의문점을 가지게 되었다. '집에서 아빠가 사용했다'는 이야기에 집에서 나사를 찾아와 공유하기로 하였으며 어떤 곳에 있는지 찾아서 나사의 종류에 대해서 살펴보기로 하였다.

4. 다양한 나사 찾아보기

우리는 주변에서 다양한 나사를 찾아보기로 하였다.

4.1 집에서 찾아온 나사

우리 집에도 나사가 있었어!

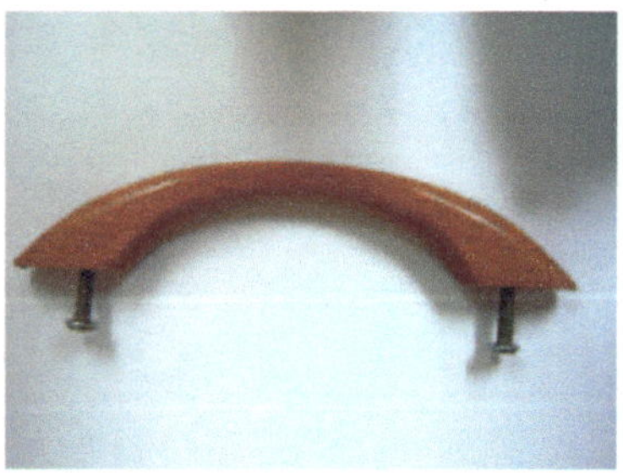

마지막 서랍에 있는 손잡이야!

문에도 있고 세탁기에도 있었어.

난 아빠가 나사를 가지고 왔어. 이거 뾰족한 거잖아!
그건 나사가 아닌 것 같은데... 아빠가 나사라고 사 가지고 온 거야!

집에서 찾아온 나사를 보면서 유치원에서도 찾을 수 있을 거라는 생각을 갖게 되었다. 그리고 곳곳에서 나사를 찾을 수 있었다.

4.2 교실에 있는 나사들

나사가 있는 곳이 참 많아~

나사가 있는 곳이 참 많아~

교실에 있는 나사들을 찾으면서 사진으로 남겨 놓았으며 사진을 보면서 회상한 뒤, 친구들과 어떤 나사가 사용되었고 어떤 곳에 사용이 되었는지 공유하였다.

5. 나사의 쓰임 알아보기

5.1 나사 풀어보기

부서질 것 같아~

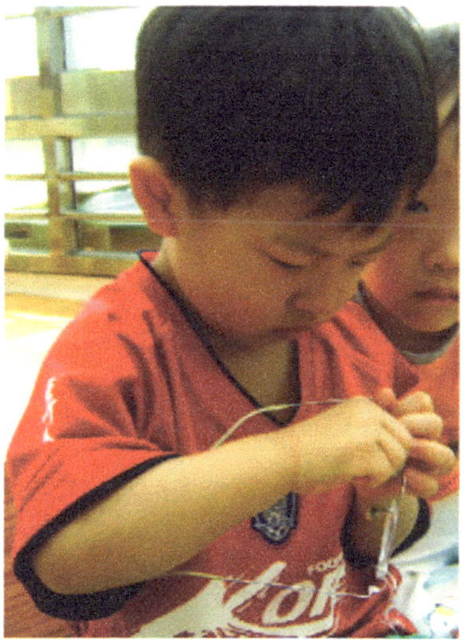
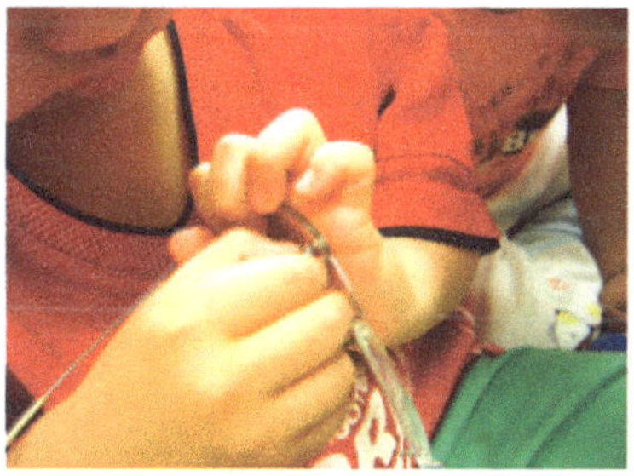
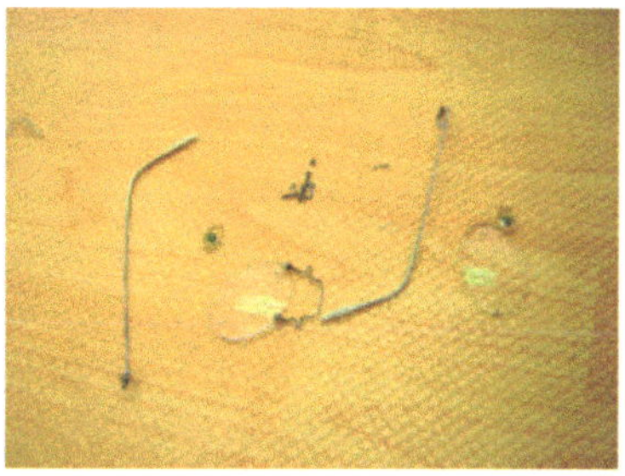

나사를 풀어버리면... 어떻게 되지? 한번 해 보자!

안경에 있는 나사는 개미 같아, 나사가 너무 작아서...
부서져 버릴 것 같지?
나사가 없으면 쓸 수 없겠다.
그럼 버려야 해~!

의자도 해 보자!

와! 하나씩 부셔지고 있어!

엉덩이가 나와...

우리들 다치지 말라고 나사가 있는 거야.

부서졌어... 의자도 버려!
아니야~ 다시 돌려보면 돼! 맞아! 다시 돌려서 해 보자!

5.2 나사 조여보기

나사가 있는 물건들을 하나씩 돌려보면서 분리하였다. '버려야 할 것'으로 생각되었던 물건들에 대해 다시 사용할 수 있게 변화시킬 수 있다는 생각으로 바뀌게 되었다.

튼튼하게 하려고 사용하는 거야!

풀었던 사물을 다시 나사를 이용하여 복구시켰으며 나사의 쓰임에 대해서 이야기 나누는 시간을 가졌다.

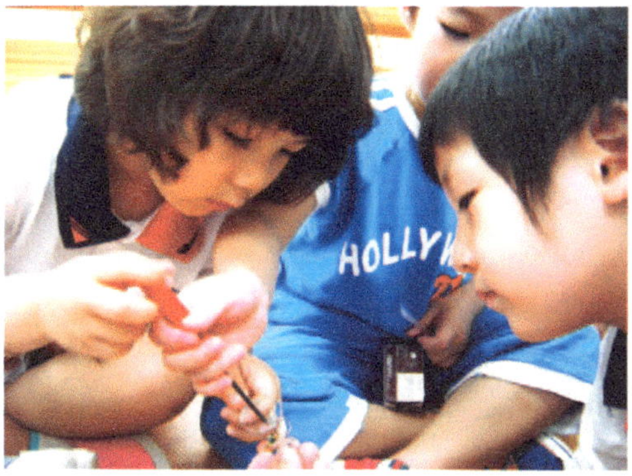

다시 변해 가고 있어! 아까랑 똑같아진다~
드라이버가 너무 커~ 작은 것으로 해야 해!

나사는 부셨다가 다시 만들 수 있어.
튼튼하게 만들려고 있는 거야~

와! 튼튼해졌어! 내가 앉아도 그대로야~

우리가 당겨볼게~

나사는 쉽게 다시 풀러 재구성할 수 있고 재빨리 튼튼하게 만들 수 있는 기능을 하고 있다는 생각이 모아졌고 이 과정에서 나사의 크기와 종류에 따라 알맞은 도구(드라이버)가 있다는 사실을 알게 되었다.

6. 자전거를 이용한 나사 탐색

6.1 자전거에 있는 나사 풀어보기

이 나사는 어떻게 풀러?!

나사를 찾고 풀었다 조였다 하는 것에 흥미를 느낀 우리들은 부모가 지원해 주신 자전거를 보자마자 나사를 찾기 시작하였고 알맞은 드라이버를 사용하여 하나씩 풀어 나갔다.

자전거에도 나사가 많아, 우리 또 풀어보자!

안경처럼 생긴 것도 나왔어~

나사가 아닌가?
다른 것으로 풀어야 할 것 같아!

어... 그런데 이건 구멍이 없어!
손으로 돌리는 건가? 안 돌아가~!

나사를 푸는 가운데 그동안 보지 못한 나사를 발견하면서 궁금증이 발현되었고 우리들이 사용하고 있는 나사와 드라이버 외에 다른 무엇인가 있을 것이라는 예측을 하게 되었다.

6.2 여러 가지 나사와 여러 가지 도구

여러 가지 나사 그리고 여러 가지 도구가 있어~

나사에도 이름이 있어!
뾰족한 것도 나사야!
머리가 없는 나사도 있어.
저기! 풀지 못했던 나사다!

유볼트

무두나사

캡나사

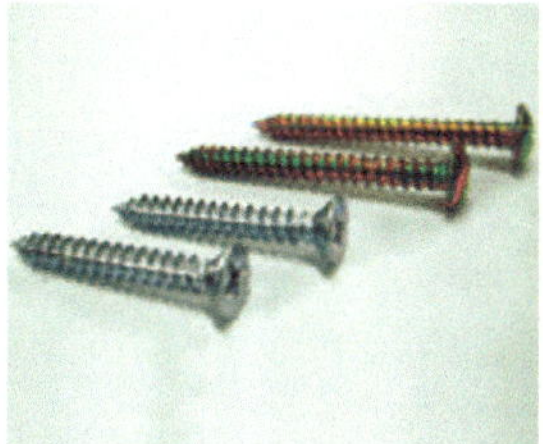

태핑나사

이건 앞에 끼우고 돌리는 것 같아.
기사선생님한테 여쭤보자!
다 고쳐주시잖아!

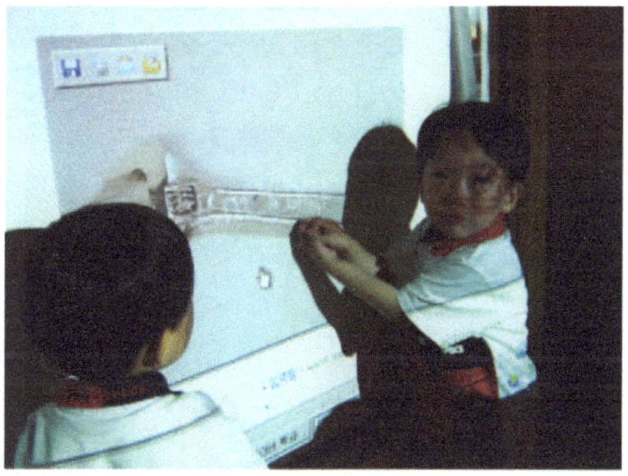

자료를 살펴보면서 나사의 종류와 도구를 알게 되었고 그 사용 방법에 대해서 예측해 보았다. 우리들의 생각이 맞는지 확인하고 궁금증을 해결하기 위해 기사 선생님께 여쭤보기로 하였다.

1. 뾰족한 나사와 뾰족하지 않은 볼트 나사를 사용하는 곳은?
2. 구멍이 없는 나사들을 사용하는 도구는?

6.3 나사의 종류와 도구 확인하기

궁금증 해결했다!

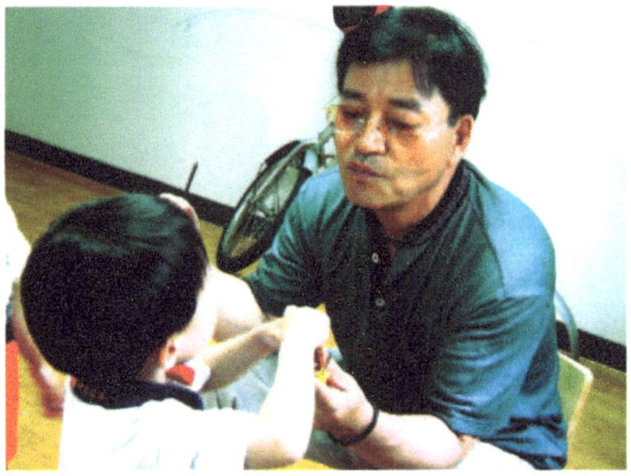

나사는 돌려서 빼야 하기 때문에 못보다 더 단단하고 쉽게 할 수 있어.
구멍이 없는 나사는 이런 멍키스패너를 사용한단다.

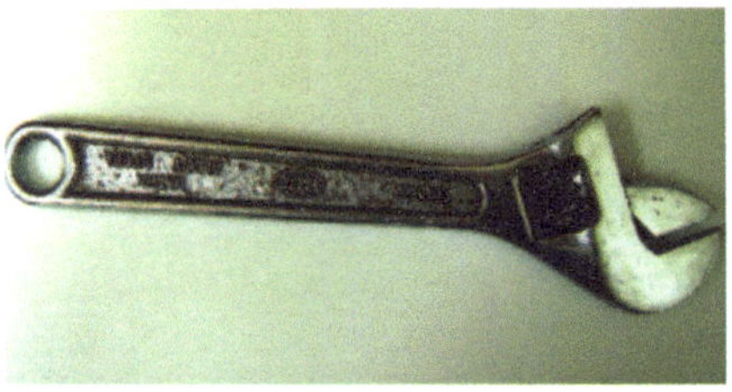

멍키스패너

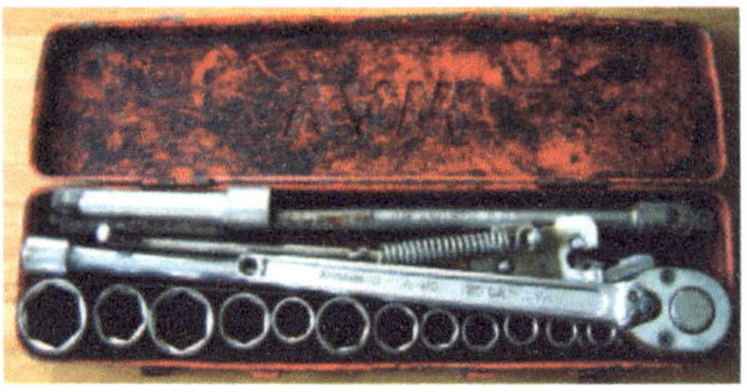

복스렌지

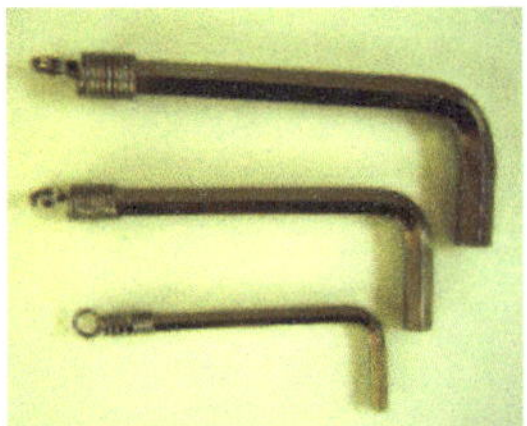

육각렌지

6.4 도구를 이용한 나사 풀기

다시 해 보자!

스패너로 다시 해 보자!

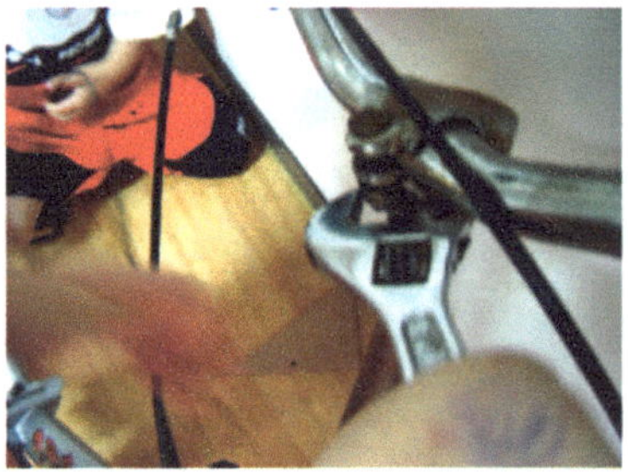

끼워서 돌려야지 ~ 진짜 풀린다!!

녹이 슬면 이렇게 약을 뿌려줘야 한대!

풀지 못했던 나사들은 탐색한 도구를 사용하여 해결해 나갔고 부수적으로 유액도 경험하였다.

7. 나사에 맞는 도구 경험하기

나사와 도구! 재방문하기~

우리들이 알아본 다양한 나사를 직접 경험하기 위해 실제물을 구입하였고 사진과 비교해 가면서 관찰하는 모습을 볼 수 있었다. 다양한 나사마다 적절한 도구를 연결해 봄으로써 우리들이 알아본 것들을 활용하고 재방문하는 시간을 가졌다.

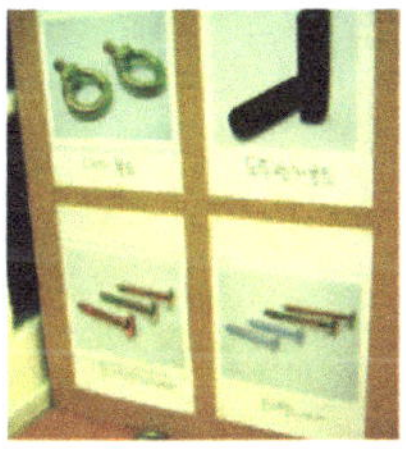

아이 볼트 봐~ 내 머리보다 큰 것도 있어~!
캡볼트다! 여기 사진이랑 똑같지? 이건 멍키스패너를 써야 해!!

여기를 잡고 돌려! 이건 아니야~ 이건 자를 때 사용하는 거랬어!

탐색 과정에서 나사를 활용한 다양한 표상 활동들이 진행되었다. 표상 과정을 통해 보다 나사와 친근해질 수 있었고 흥미를 가질 수 있었다.

8. 다양한 매체로 나사 표상하기

8.1 다양한 나사 찍기 놀이

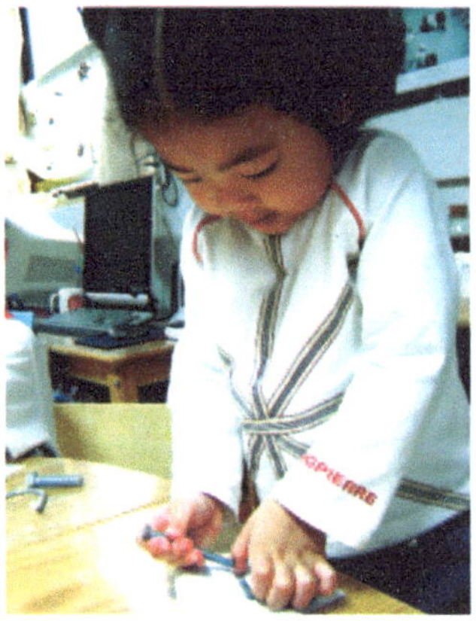

석고

지점토

물감

8.2 나사를 이용한 2차원 구성놀이

토끼 있는 곳에 놀러왔어!
안녕 토끼야~

로봇으로 변신이다~ !!!

웃는 얼굴로 그네 타야지~

8.3 먹지 이용 판화와 이어 그리기

다양한 나사 종류의 그림 위에 먹지를 대고 그림을 표현하였다. 그 위에 연상되는 이미지를 더하였다.

엄마와 아빠

잠자리

8.4 우리가 알게 된 나사 그리기

우리들이 생각하는 나사는!!

나사는 이렇게 동그란 모양인데
빙글빙글 돌아가게
줄무늬가 있어!

나사는 모양이 다 달라~
동그란 모양, 위에는 별 모양도
있어!!

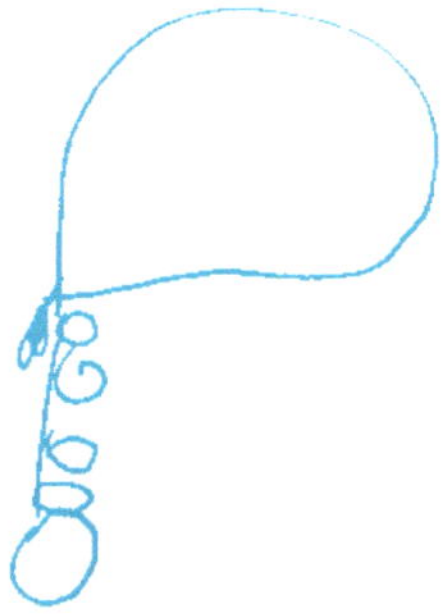

동그라미가 많이 모여서
연결된 것이 나사야!!

9. 나사에 대한 이해가 전제된 목공놀이

9.1 새로워진 목공놀이

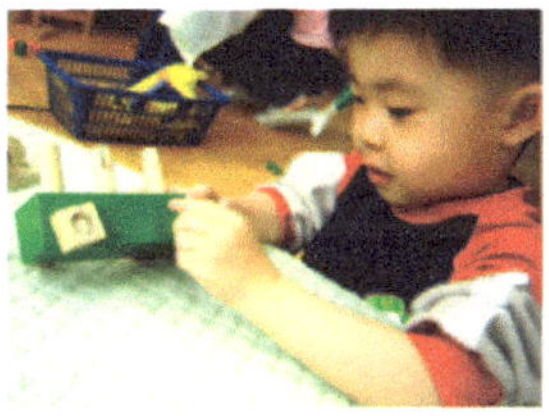

돌리고 돌리고 튼튼한 기차를 만들 거야~

십자드라이버가 필요해!

이건 다 볼트야!
제일 긴 볼트, 작은 볼트~

다시 목공놀이를 경험하면서 구성 활동을 즐기기도 하고 나사와 도구를 매치시키거나 나사 자체에 관심을 보이며 놀이하는 모습들을 볼 수 있었다. 부서진 주변용품을 찾아 크기에 맞는 나사를 찾아서 고치기도 하였다.

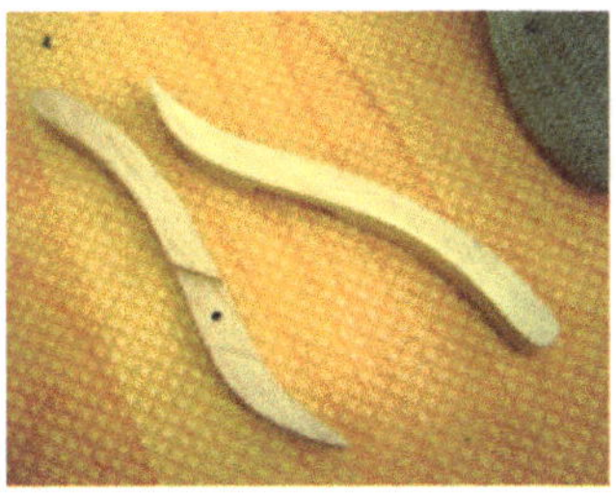

이게 부러져버렸어!!!

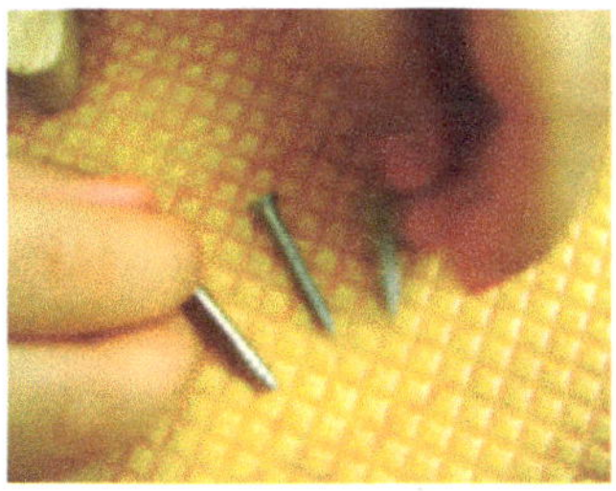

작은 나사가 필요해.

내가 고쳐야지.

9.2 우드락으로 만들기

우드락과 나사를 이용하여...

우리들이 쉽게 할 수 있는 우드락에 나사를 사용하여 구성하였다.

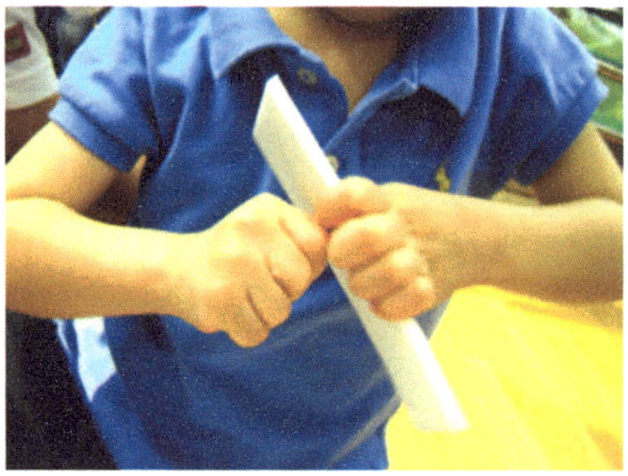

나사가 잘 들어간다!

어떤 드라이버를 쓸까?

책상처럼 만들어야지~

우리 같이 만들어 보자!

벼 자르는 도구

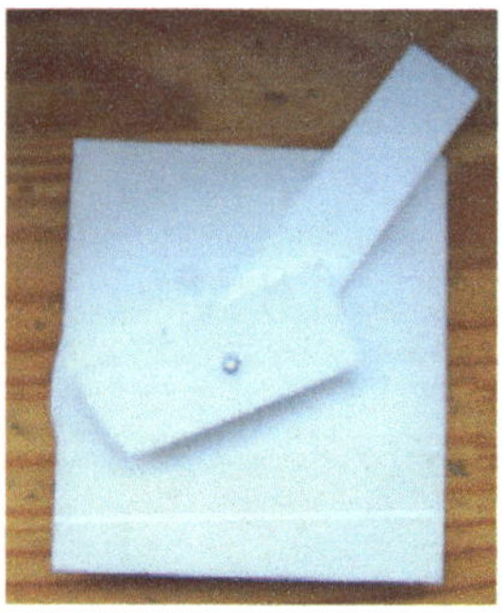

시계

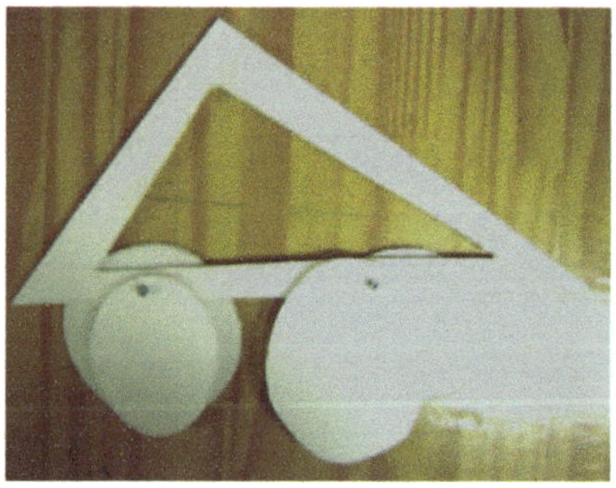

자동차

10. 3차원 구성

10.1 설치미술 감상 및 3차원 계획하기

우리들이 알아본 나사를 3차원으로 구성하기 위해 고민하던 중, '설치미술' 을 감상하게 되었다.

◀ '지하철 2호선 안'

'쓰레기를 이용한 기대고 있는 사람' ▼

너무 멀리 있는 물' ▼

나사를 매달아서 보여주면 어때?
빙글빙글 돌아가는 것이 나사야!
돌아가는 모양을 만들어 주자!
나사를 사용한 물건들도 같이 놓아주면
좋을 것 같아~

미술 감상 후, 나사를 전달하기 위해 어떻게 설치미술을 구성할지 계획하였다.

10.2 나사 이미지를 3차원으로 구성하기

나사와 어울리는 매체를 찾아 빵끈과 철사를 함께 이용하였고 나사와 돌아가는 모양을 표현하였다.

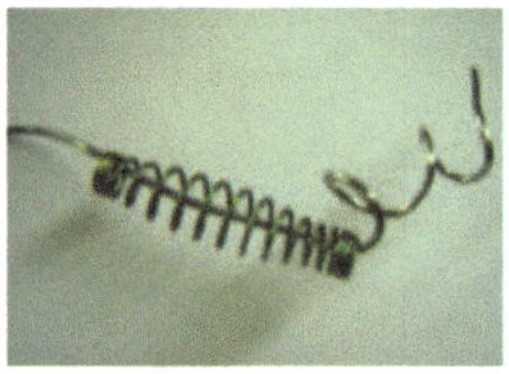

빙글빙글 돌아가는
모양 같아!
꼬불 꼬불~

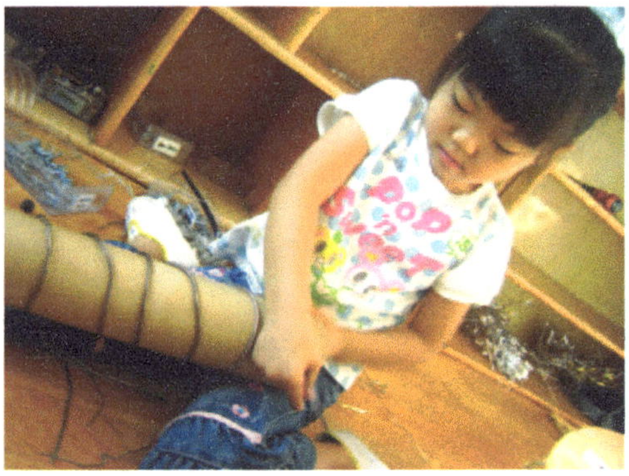

무두나사를 만들 거야, 그림자가 있으니까 더 나사가 많이 있는 것 같아~

나사 외에도 고철류와 CD, 우리들이 그렸던 그림 등을 함께 전시하여 완성하였다.

우리가 구성한 나사 나라 : 반짝반짝 빙글빙글 나사

완성된 설치미술에서 나사에 사용되는 도구와 배경 등을 활용하여 그림자놀이와 신체표현을 하였다.

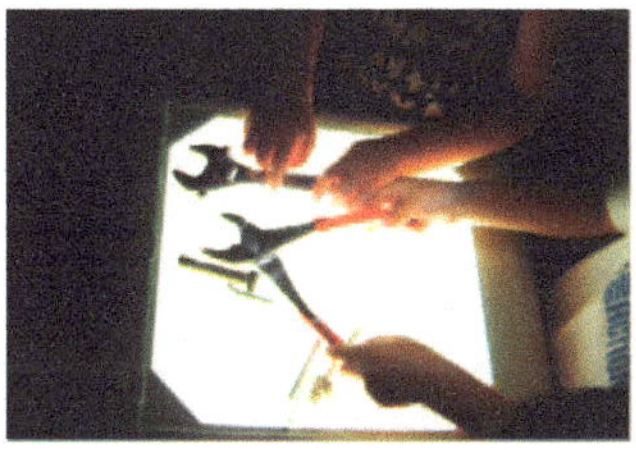

▲ 커다란 입으로 날 잡으려 해~

◀ 나사 나라에 악어가 나타났다!

내가 너희들을 바구니에 넣어서 ▶
데려 갈 거야~!

11. 나사에 대한 우리들의 생각 가시화하기

나사에 대한 우리들의 생각을 담아 적은 패널을 완성한 후, 함께 살펴보며 그 동안의 활동을 회상하는 시간을 가졌다.

12. 우리의 이해를 부모와 함께 공유하기

12.1 부모와 함께 하는 목공놀이

아이 생각 엿보기 날(부모 참여 행사) 가족에게 우리들이 알아본 나사에 대해서 공유하는 시간을 갖고 나무와 나사를 가지고 구성 활동을 하였다.

여기에 나사를 넣어서 만들어야 해~

자동차

수납장

3차원 구성을 살펴보며 이야기 나누기

◀ ▲ 이렇게 있으니까 정말 나사 나라에 온 것 같다~

Chapter 4 4세, 땅속에서 봄이 오면...

T유치원 H반, 4세

H반 교실의 큰 창은 봄 · 여름 · 가을 · 겨울 계절에 따라 변화되는 자연에 민감하게 반응할 수 있도록 해준다. 3월! 유아들은 따뜻한 빛이 들어오는 창가에 어울리는 벽화를 구성하기로 하였다.

봄에 대한 이미지, 경험 등에 대한 이야기를 나누면서 벽화 구성을 위한 탐색이 시작되었다. 벽화를 구성해 나가면서 계절의 변화와 그에 따른 나와 주변 환경의 변화, 동 · 식물의 변화에도 관심을 가지게 되었으며 공동의 목표를 향한 구체적이고 지속적인 탐색이 이루어졌다.

1. 벽화에 표현할 '봄' 이야기 나누기

봄이니까 따뜻한 것들이 생각나. 얼었던 땅도 물렁물렁해지고 겨울잠에서 깨어나는 동물들!

무당개구리가 겨울잠 잘까? 뱀도 겨울잠 자니까 땅속도 그리자. 봄은 땅속, 땅 위, 하늘... 모든 곳에 찾아와.

봄과 관련된 벽화를 그리기로 하고 사전 경험과 봄에 대한 이미지를 이야기 나누었다. 땅속, 땅 위, 하늘로 구성하기로 하였고 특히 땅속에서 겨울잠 자는 동물에 관심을 가지게 되었으며 몇 가지 궁금증을 해결하기 위해 책을 찾아보았다.

2. 벽화를 위한 밑그림 그리고 공유하기

봄이 되어서 열매가 달린 나무야.

우리가 꽃구경 가는 그림이야. 한규 그림에서는 나비를 제일 잘 그린 것 같아.

친구들을 다 그리고 싶었는데... 힘들어. 창근이는 뱀을 잘 그린 것 같아.

봄이 되어서 꽃 봉우리가 자란거야. 목련처럼 곧 꽃이 필 거야!

땅속에서 겨울잠 자고 지금 막 깨어난 개구리고 봄나들이 가는 그림이야. 개구리 잘 그렸다.

2.1 밑그림 구성을 위한 협상

어떤 그림으로 벽화하지?

제일 잘 그린 그림을 뽑아.

그게 좋겠다.

누구 그림이 제일 좋은지 손들어서 뽑을까?

나는... 내가 그린 것도 벽화하고 싶은데...

그럼.. 어떤 친구는 나비를 잘 그렸고 어떤 친구는 벚나무를 잘 그렸으니까 친구들 그림 중에서 가장 잘 그린 것 하나씩 선택하자.

처음에는 친구들의 그림 중 가장 잘 그린 하나의 그림을 선택하여 벽화하자고 하였다. 평소 그림에 자신 없어 하고 의사표현을 잘 하지 않던 친구가 자신의 그림을 넣어 벽화를 꼭 하고 싶다는 이야기를 하였다. 교사는 듣지 못한 친구들이 들을 수 있게 다시 한번 의사표현을 하도록 하였고 이야기를 들은 많은 친구들은 각자의 그림에서 가장 잘 그린 하나씩을 선택하여 모두의 그림이 들어간 공동벽화를 하자고 의견을 모았다.

- 가장 잘 그린 그림 그리기
- 모든 친구들의 그림 하나씩 다 들어갈 수 있게 하기

2.2 사람을 사실적으로 표현할 수 있는 방법 고민하기

뱀 보고 놀란 모습

떨어진 꽃잎 줍기

친구가 불렀어

의자에 앉아 봄바람 맞기

벽화에 들어갈 사람을 다 그리지 않고 잘 표현할 수 있는 방법을 고민하였다. 직접 그리기에는 섬세한 표현이 안될 수도 있고 작게 그려 색칠하기에는 어렵다

고 판단되었다. 사진으로 촬영하기로 하였으며 촬영한 사진을 OHP필름에 뽑아서 붙이기로 하였다. 같은 체육복과 맨발의 사진이 싫어 재촬영하여 붙이기도 하였다.

3. '봄' 벽화 밑그림 구성

3.1 구성 1

가장 잘 그렸다고 했던 거 오리자. 친구들 그림이 하나씩 다 들어가야 해. 확인해 봐.

구성 1

교사는 원본 그림을 여러 장 복사해 두었고 다음날 필요한 그림을 잘라서 밑그림을 구성하였다.

3.2 구성 2

허전한 것 같았는데 개미랑 개구리를 더 그리니까 완성된 것 같아. 사람만 넣으면 진짜 완성이야.

구성 2-개미, 개구리 추가하기

그림의 내용을 다른 사람들이 알아볼 수 있을지, 나타내고자 하는 것들이 제대로 표현되었는지 보다가 유아들은 여백의 허전함에 대해 이야기하였다. 아침 계획하기 시간과 오후 공유하기 시간에 친구들과 함께 구성된 밑그림을 보면서 이야기 나누고 다시 수정하는 시간을 갖기로 하였다.

3.3 구성 3에 대해 참여하지 않았던 친구들의 의견 들어보기

구성 3-사람 추가하기

우리 그림에서 이상하거나 고쳤으면 하는 거 있어?
아니 아니 잘 그린것 같아.
그냥 그대로 벽화해도 되겠다

4. 다른 반 선생님들 의견 듣기

많은 친구들이 밑그림이 마음에 든다며 벽화에 참여하길 원했다. 그러나 나타내고자 한 내용들이 제대로 표현되지 않은 그 부분에 대해 되짚어보면 좋겠다고 생각하였다. 다음날 다른 반 선생님들과 이야기 나눌 수 있는 시간을 마련하였고 대화를 통해 '다른 사람들이 알아볼 수 있도록 충분히 표현되지 않았다' 는 것과 '그리고자 하는 내용들에 대한 구체적인 탐색' 이 필요함을 알게 되었다.

T : 겨울잠 자는 동물이라구? 개구리랑 뱀이 겨울잠 자는 것처럼 안 보이는데...

C : 뱀이 자는 것 같지 않아.
기어다니는 모습인 것 같아.
개구리도 눈을 뜨고 있어.

T : 그럼, 뱀은 어떤 모습으로 겨울잠 자는데?

C : ......

T : 나무 위는 이렇게 생겼는데 나무의 땅속 부분은 어떻게 되어 있을까?

C : ...

C : 엄청 복잡할지도 몰라요.

5. 표현을 위한 탐색을 통해 지식 재구성하기

5.1 땅속 동물 탐색하기

줄무늬 다람쥐다. 추우니까 저렇게(열을 뺏기지 않기 위해 웅크리고) 자는 거야.

장지뱀은 꼬리를 베고 겨울잠을 잔대. 우리가 베개 베고 자는 것처럼 개구리가 축축한 땅에서, 돌 아래서 겨울잠을 잔다면 놀이터 땅속은 절대 안될 거야.

뱀이 개구리를 잡아먹는데 같이(나란히) 그릴 순 없잖아. 개구리랑 뱀을 멀리 떨어져서 그리자.

책을 통해 겨울잠을 자는 땅속 동물 탐색은 벽화를 그릴 때 개구리와 뱀의 위치를 정하는 계기가 되었다. 뱀, 무당벌레, 개구리 등 벽화에 들어갈 동물과 곤충들에 관해서도 찾아보았다.

5.2 벚나무와 목련 나무 탐색하기

5.2.1 책 속에서 알아보기

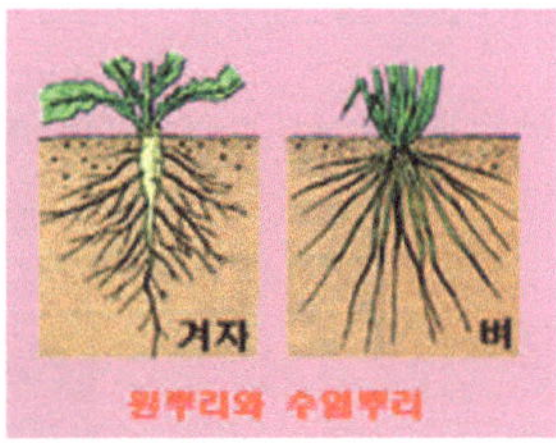

나무의 잎마다 줄(잎맥)이 달라 뿌리 모양이 다른데,
이 책에는 없어 밖으로 나가서 보자.

5.2.2 밖으로 나가 살펴보기

벚나무

목련 나무

C : 아직 꽃이 피지 않아서 모르겠다. 소은이 아줌마 이 나무가 벚나무 맞아요?

소은엄마 : 응, 조금 더 지나서 날씨가 따뜻해지면 꽃이 필 거야.
너무 예뻐서 사진도 찍고 그랬어.

소은엄마 : 여기서 꽃이(목련) 나오려나 봐. 털이 있어 부드러워. 꽃도 안 피고 잎도 없고... 교실에 가서 활짝 핀 모습을 다시 봐야겠다.

밖으로 나가 우리가 그리고자 하는 목련과 벚나무를 탐색하였다. 직접 볼 수 없는 뿌리는 며칠 뒤 친구가 알아온 정보를 통해 뿌리가 옆으로 넓고 길게 뻗어 나감을 알게 되었다.

5.2.3 라이트 테이블을 이용한 관찰

목련과 벚꽃 가지 일부를 가져와 라이트 테이블에 올려놓았다. 밑그림과 목련을 번갈아 살펴보던 준영이가 나무를 다시 탐색하고 싶다며 밖으로 나가자고 했으며 표상을 들고 친구들과 함께 나갔다.

우리가 그린 거..목련이랑 비슷해!

그런데... 비슷한 데 이상한 것도 있어!

5.2.4 그린 그림을 토대로 실제 나무와 비교하기

나무는 이렇게 뚱뚱하고(제일아래),
그 다음 여기 (중간 가지),
그 다음은 저기(잔가지들)...
위는 점점 얇아져

유아들이 그린 목련 그림과 실제 나무를 비교하며 살펴보기 시작했다. 가지의 굵기가 다양하며 위로 갈수록 가늘어지기 때문에 나무 그림의 수정이 필요하다고 제안했다.

6. 알게 된 사실을 바탕으로 밑그림 수정 후 비교하기

6.1 목련 나무 수정 후 비교하기

나뭇가지는 위로 갈수록 점점 가늘어져. 이 나무는 거꾸로 자라는 나무 같다.

우리 중에서 민재가 나무를 제일 잘 그린 것 같아.

우리가 그리려는 나무의 뿌리는 아래로 긴 것보다 옆으로 넓게 넓게 뻗어 있어야 해.
승우(그림)보다 준수가 그린 뿌리가 더 적당해

준수

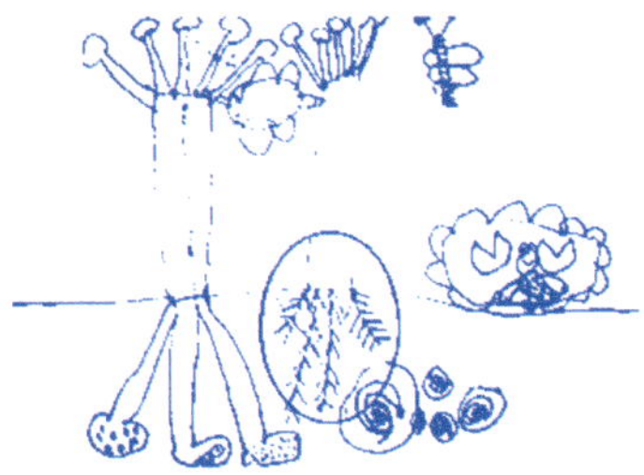

승우

개미가 걷고 있는 것 같아. 그렇지만 진짜 개미가 아니라 그림자 개미 같은데...

6.2 동물 수정 후 문제점 인식

동글동글 말아서 자는 뱀이랑
꼬리 베고 자는 뱀이야

하하하... 개구리가 죽어서 뻗었다
그런데 친구들이 다람쥐는 한 명도 안 그렸고
개구리도 이상하게 몇 명만 그렸어
개구리랑 다람쥐가 어떻게 자는지는 알겠는데
그림으로 그리기는 너무 어려워, 어쩌지?
종혁이에게 물어볼까?

알게 된 사실을 바탕으로 그림을 그리고 공유하면서 표현의 문제를 인식하고 수성, 보완해야 하는 부분을 찾게 되었다. 또한 개구리와 다람쥐는 종혁이에게 부탁하기로 하였는데, 종혁이는 이번 벽화에 참여하지는 않았으나 친구들 사이에서 그림을 잘 그리는 친구로 알려져 있었다.

7. 수정이 필요한 부분 재탐색 후 다시 그리기

7.1 나무 다시 그리기

자유선택활동 시간에 몇 명의 친구들이 라이트 테이블에 놓인 나뭇가지로 나무 모양을 만들었다. 자기가 그린 그림처럼 놓아보기도 하고 새로 만들기도 해

보면서 나무의 구조에 대해 다시 생각해 보는 기회가 되었다.

7.2 나비 다시 그리기

나비 입(주둥이)은 꿀 먹을 때만 쭉 뻗어서 사용하고 평소에는 말려 있어서 없는 줄 알았어.

나비 배에는 11개 줄이 있어.

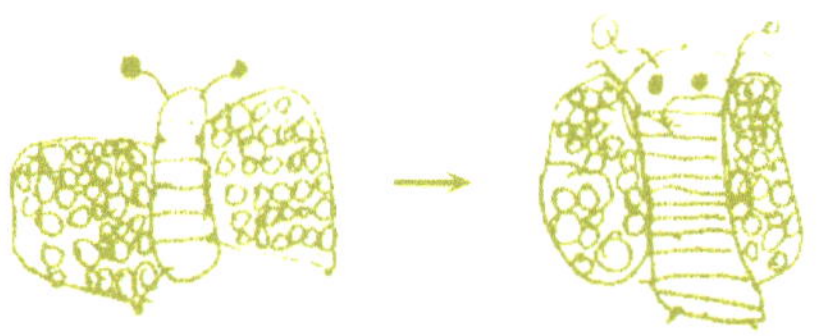

나비 날개에 비늘 가루가 있어서 빗물이 묻지 않고 떨어지게 해줘. 만약 젖는다면 날 수 없을 거야.

7.3 무당벌레 그리기

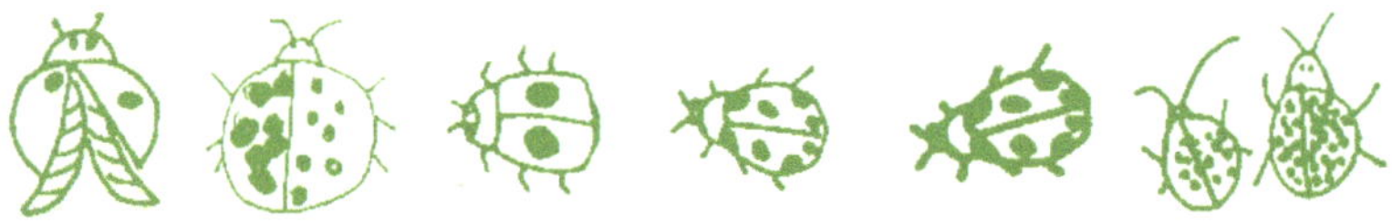

칠성무당벌레는 몇 마리씩 모여 돌아다니고 다른 무당벌레들은 엄청 많이 모여 다닌대.
우리는 점 2개인 무당벌레랑 4개인 무당벌레 그리자.

7.4 뱀 그리기

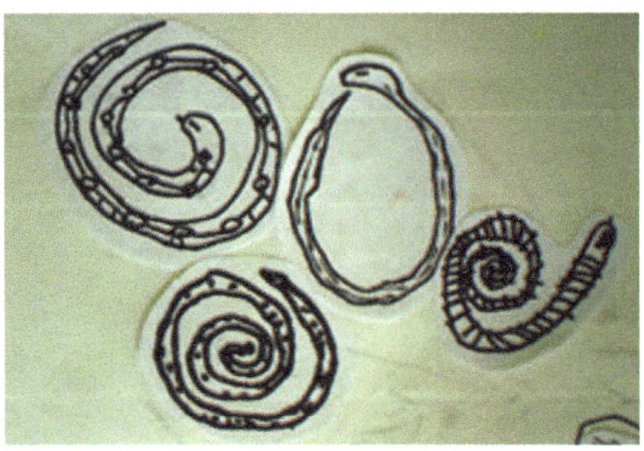

겨울잠 자는 뱀을 그린 친구들은 많지만
뱀의 무늬를 그린 친구는 거의 없었어.
다양한 무늬를 그리자.

7.5 개구리 다시 그리기

① 친구들이 처음 그린 개구리

② 그 중 개구리처럼 보인다고 생각하여 선택하였으나 마음에 들지 않아 다시 그리고자 하였고 종혁이에게 부탁하기로 하였다.

③ 뛰는 것처럼 느껴져,
개구리가 자는 모습 나는 모르는데...

설명만으로는 부족함을 느끼자 종혁이에게 책을 보여주며 참개구리에 대한 설명을 해주기 시작했다.

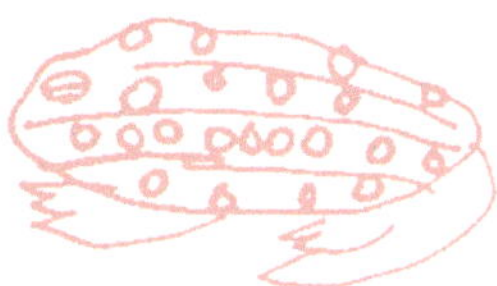

④ 잠에서 깨어난 개구리 같다.

⑤ '겨울잠 자는 개구리'로 선택하고
'땅속에서 나온 개구리'로 하자.

친구들이 그린 그림을 공유하면서 개구리와 다람쥐를 그리는 것에 많은 어려움을 느끼고 있음을 알 수 있었다. 어떻게 할 것인지 이야기 나누는 과정에서 벽화 활동에 참여하지 않은 친구에게 도움을 요청하기로 하였으며 두세 명의 친구들이 도와주겠다고 하였다. 소그룹으로 모여 우리가 원하는 개구리의 모습을 설명하였고 친구들이 그리기 시작했다.

7.6 개미 다시 그리기

이것만(머리 · 가슴 · 배) 개미 같아 곰개미라는 것을 알아볼 수가 없어.

둘 다 걷는 모습같은데 다리가 너무 길어.

더듬이가 너무 길다. 어디가 머리고 어디가 배인지 모르겠어. 줄(마디)도 세 곳 다 그려져 있어

제일 가는 펜으로 다리털을 그렸어. 드디어 완성!

7.7 다람쥐 다시 그리기

7.7.1 친구들이 처음 그린 다람쥐

다람쥐가 자는 모습 말고 겨울잠에서 깨어 나온 모습으로 바꿔서 그리자. 봄이니까!

그럼 땅속에 있을 수 없잖아?

잠에서 깬 다람쥐니까 땅속에 있을 수 있어. 밖으로 나오는 중인 다람쥐야.

맞아. 동그랗게 말아서 자는 다람쥐를 그리는 건 정말 어려워.

7.7.2 몸으로 표현한 다람쥐 그리기

다람쥐가 먹이를 먹을 때나 돌아 다닐 때는 이렇게.. 하하하하

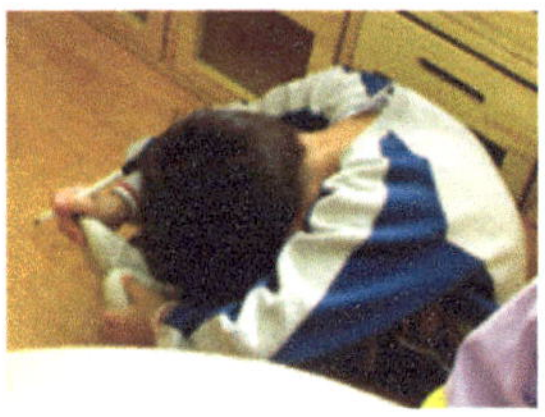

다람쥐는 추우니까 몸을 따뜻하게 하려고 돌돌 말아서 잔다고 했었어

종혁이가 그리니까 다람쥐 같아 얼굴을 아래로 하고 다리를 앞으로 가게 하면 최고야!

7.7.3 완성된 다람쥐 두 마리

8. 위치를 정하여 벽화 밑그림 완성

재탐색 후 다시 그리거나 수정한 그림들을 오려서 적절한 곳에 위치를 잡은 후 밑그림을 완성하였다.

9. 완성된 밑그림 친구들과 공유하기

우리가 그린 개미는 곰개미야!
개미들 중에서 봄이 되면 제일 먼저 땅 속에서 나오거든.
궁금한 거 있으면 질문도 하고
더 좋은 생각 있으면 이야기도 해줘.
물감으로 칠할지 곡식을 붙여서 할지
고민 중이야!

공유 시간을 통해 우리가 알게 된 사실들을 재방문하는 기회가 되었다.

10. 벽화를 구성할 매체를 위해 다른 반 선생님께 조언 듣기

지난번 오셨던 선생님들을 초대하여 밑그림을 소개하였고 그 당시 궁금해 하시며 질문이 수정된 내용들에 대해 알려드렸다. 우리가 그린 그림이 알아보기 쉬운지, 수정 · 보완할 부분이 있는지, 있다면 어떤 것인지 의견도 들어볼 수 있었다. 또한 이 시간을 통해 섬세하게 표현된 밑그림에 어울리는 매체를 고민해 볼 수 있는 시간이 되었다.

뱀이 개구리를 잡아먹는 거 아세요?
그래서 멀리 멀리 떨어져 있어요.

무엇으로 벽화를 구성할 생각이야?
개미가 아주 작은 데
곡식으로 표현이 잘 될까?

11. 벽화 구성하기

11.1 라인드로잉과 나무 색칠하기

OHP로 투사된 밑그림을 라인드로잉하였다

아크릴 물감으로 목련과 벚나무 색칠하기

11.2 동물 색칠하기

처음 벽화의 밑그림을 그렸을 때 다양한 곡식과 철사 등을 이용하여 벽화를 하고자 하였다. 그러나 그림이 구체적으로 바뀌면서 세밀한 부분을 곡식과 철사 등으로 하면 알아보기 힘들겠다는 생각을 하게 되었다. 어떤 매체가 적당할지 이야기 나누던 중 물감과 모래를 사용하자는 이야기가 나왔으며 조금씩 진행되어 가면서 처음 생각했던 매체와 달라지기도 하고 새로운 매체를 추가하기도 하였다.

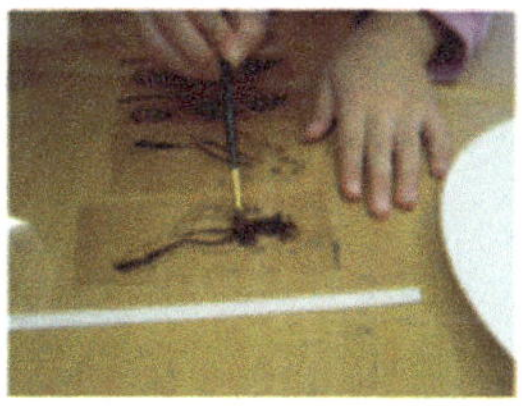

다람쥐를 아크릴 물감으로 칠하니까 선이 안 보여.

매니큐어 어때? 우리 데칼코마니 했었잖아. 해보자.

된다 된다. 뒷면(매니큐어를 칠한 부분)은 안 보이지만 앞으로 보면(반대쪽) 선도 잘 보이고 나비인지 다람쥐인지 구분도 잘 되잖아.

개구리 망친것 같아. 색깔이 진했다가 연했다가... (겹쳐서 칠하면) 비닐이 뚫어질 것 같아

아크릴 물감으로 목련과 벚나무 색칠하기

11.3 서로 다른 나무 표현하기

OHP필름에 뽑은 다람쥐, 나비 등은 매니큐어로 잘 칠해졌으나 비닐에 직접 칠하자 구멍이 날 것 같았다. 최대한 한 번에 빠르게 칠해야 한다는 것을 알게 되었다. 문제를 해결하기 위해 붓의 크기를 조절하였으며 가장 손놀림이 빠른 친구를 찾아 색을 칠했다.

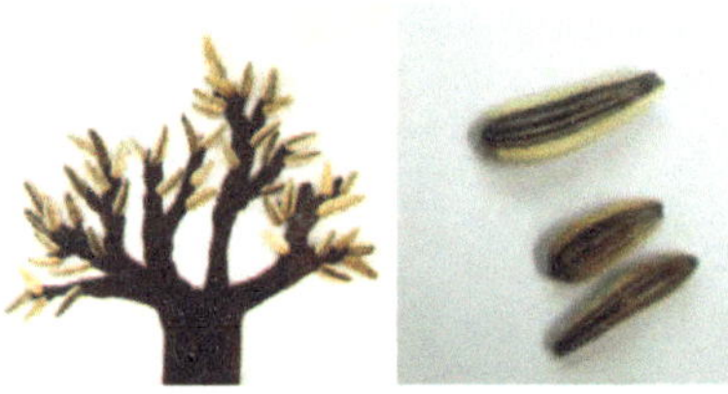

다람쥐 굴과 연결한 상수리나무

목련 나무

아크릴 물감을 찍어서 벚꽃 잎 표현하기

벚꽃 잎은 한 장씩 보면 하얀색인데
모으면 내가 좋아하는 분홍색이야!
솜이 부드러워서 좋지만 자르기가 힘들고 실도 빠져나오고...
(OHP필름에 분홍색 래커를 뿌려서 오린 것)
비슷하지만 언제 다 오려?
물감으로 찍어도 멀리서 보면 벚꽃처럼 보일거야.
다른 종이에 먼저 해 보고 괜찮으면 여기 색칠하자.

11.4 땅속 표현하기

모래 붙인 아스테이지와 그림이 그려진 아스테이지

땅속에 먼저 모래를 붙여놓고
그림을 그렸어야 했는데... 아! 실수했다.
언제 이 그림을 피해서 모래를 붙이지...
똑같은 크기의 비닐을 새로 준비해서
흙을 붙이고 두 장 같이(겹쳐) 걸자.

상수리 나무와 연결된 땅속 표현하기

11.5 동물과 곤충 붙이기

나비를 어디 붙여야 하더라...
그림에서 위치 확인해, 나비는 나무 위에 붙이기로 했었어.
무당벌레는 나란히 붙여야겠다.

밑그림을 보며 동물과 곤충의 위치를 확인한 후 아스테이지 위에 붙였다.

12. 사람 모습을 사진 촬영한 후 원하는 곳에 붙이기

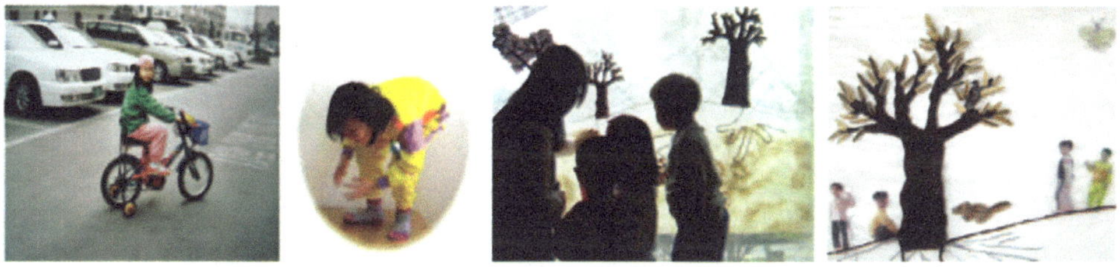

우리 사진 다시 찍어야 해, 친구들이 모두 유치원 옷을 입고 있었어.
소풍 갔다고 하면 되잖아?
그럼 우리 밖에 없는데?
그리고 신발도 안 신고 있어서...
아아... 다시 찍어야겠다.
그럼 밖에 나가서 정말 놀고 있는 모습을 찍자.

부모님께서 보내 주신 각자의 사진을 스캔하기도 하고 처음 찍었던 사진에서 부족한 부분을 이야기 나눈 후 재촬영한 사진을 투명 필름으로 출력하였다. 투명 필름으로 출력한 사진은 아스테이지 위의 원하는 곳에 붙였다.

12.1 완성된 벽화 소개하기

다른 반 선생님들과 친구들을 초대하여 우리가 완성한 벽화를 소개하였다.

'땅속에서, 봄이 오면...'

교실 창가에 전시하여 우리 교실 혹은 유치원을 방문하는 사람들에게 소개하였다.

서로 다른 생각을 조율해 가는 과정과 대화 속에서, 유아들 간의 상호작용이 활발하고 의미 있게 이루어졌다. 친구들 간 의견의 일치와 불일치를 경험하였고 그 속에서 생기는 갈등을 지혜롭게 해결하기 위해 노력했다. 공동의 목표를 향해 가면서 시행착오도 많았지만 무엇보다 함께 협력하는 소중함을 느낄 수 있는 시간이었다. 표상 활동 과정에서 유아들은 자신의 생각대로 그려지지 않거나, 협의과정에서 인지적 갈등을 겪으며 어려워하기도 하였으나, 지속적인 탐색과 피드백을 통해 처음 그림을 거듭 수정, 재수정, 표상, 재표상하면서 작업해 나갔고 자신의 생각을 다른 사람이 이해할 수 있도록 표현하고자 노력하였다.

매체를 찾고 활용하면서 어려움을 경험하였으나, 오히려 생각을 구체화하고 심화하도록 도왔으며 서로의 협력에 의해 벽화가 완성되어 전시되었을 때 성취감과 긍정적 확인감을 가질 수 있었다. 완성된 벽화는 교실 창에 걸어 전시하여 가족과 원을 방문하는 사람들과 함께 공유하였다. 그 해 겨울이 되었을 때 겨울의 모습을 담은 벽화로 재구성되었다(T유치원 H반, J교사).

겨울이 되어...

겨울의 절기를 탐색하던 중 눈이 펑펑 내린다는 '대설'이 되었다. 눈이 내리기를 기다리던 몇몇 친구들은 내리지 않는 눈에 대한 아쉬움을 이야기하였고 이에 우리는 눈이 많이 내리면 무엇을 하고 싶은지, 눈 내린 세상은 어떻게 달라지는지 이야기를 나누었다. 그리고 자유선택활동 시간에 몇몇 친구들이 눈 내린 풍경을 투명 아스테이지 위에 표현하기 시작하면서 벽화 활동이 시작되었다.

주변의 아름다운 경치를 소재로 하여 겨울 풍경에서 계절과 날씨의 변화에 따른 특징을 자유롭게 표현하기 위해 아이디어를 나누었고 어떤 매체가 아이디어를 표현하는 데 적절한지 의논하고 협력하였다. 같은 풍경이라도 보는 각도와 거리, 시간에 따라 그 느낌이 다르다는 것을 알게 되었고 가까이 있는 것과 멀리 있는 것의 표현 방법에 초점을 두어 원근감이 잘 나타나도록 하기 위해 여러 번의 재수정 과정을 거쳤다. 사실적인 표현을 위해 활용 가능한 주변의 매체를 탐색하고 사용 방법을 실천하면서 여러 가지 표현 기법을 알아가며 벽화를 완성하였다.

친구들은 '살며시 고개 내민 겨울'이라 이름 지었고 교실 창가에 전시하여 많은 사람들과 함께 공유하였다.

Chapter 5 5세, 숲을 통한 지역 사회와 하나되기–고봉산 샛길 탐색

T유치원 D반, 5세

'고봉산 샛길 탐색'은 9월에서 10월 두 달간 이루어졌다.

6월, '잣나무와 소나무'라는 프로젝트를 진행하면서 숲 해설가를 만나고 고봉산 숲 체험을 했던 적이 있었다. 그 당시 녹색소비자연대 숲 해설가 선생님들께서 우리 아이들의 '나무에 대한 몰입과 반응'에 놀라시며 숲 체험 활동을 지속적으로 해나갔으면 하는 바람을 전해 주셨다. 몇 달 뒤 녹색소비자연대에서는 숲 체험 활동을 공식적으로 함께 할 것을 제안해 오셨고, 유치원에서 검토한 결과 의미 있다고 여겨져 함께 하기로 하였다. 또한 10월 말쯤 있을 가족과 함께 하는 등반대회로 인해 아이들이 산에 관심이 많아졌고 궁금한 것들이 생기기 시작했기 때문에 숲 해설가와 함께 하는 숲 체험은 궁금한 것들을 직접 탐색하고 경험을 통해 문제 해결할 수 있는 좋은 기회가 되리라 생각하여 일주일에 한 번씩 다녀오기로 하였다.

숲 해설가와 교사는 날짜, 장소, 시간, 활동 방향 등에 대해 의논하였고 그 과정에서 요즘 이슈가 되고 있다고 하시면서 산의 샛길에 대해 말씀하셨다. 고봉산에 등산로가 있음에도 불구하고 많은 사람들이 샛길을 이용하게 되면서 여러 가지 자연이 훼손되고 있다고 말씀하셨다. 샛길을 한번 막아봤더니 어느새 풀과 꽃들이 다시 자리를 잡아가고 있다는 말씀도 덧붙이셨다. 일주일에 한번 고봉산에 가는 것에 대해 아이들에게 전해 주었고 숲 해설가와 이야기 나눴던 샛길에 대해서도 아이들의 생각을 엿보기로 하고 질문을 던지기 시작하면서 프로젝트가 시작되었다.

탐색을 통해 숲과 친해지는 계기가 되었고, 숲을 이루는 작은 것들의 변화에도 유아들은 민감하게 반응하였으며 지속적으로 생명체들을 보면서 생명의 소중함도 느꼈다. 자연과 교감하는 상황 자체가 체험의 내용이 되었고 자연으로부터 채취해 오는 것에 대해 욕심 부리지 않고 필요한 만큼 취하는 것은 자연의 훼손이라기보다는 인간과 자연의 적절한 관계 맺음임을 느낄 수 있는 기회가 되었다. 지역 사회와 유아 · 교사 · 부모는 끊임없이 서로에게 정보를 제공하고 의견을 교환하였다. 이제 우리가 주변 환경에 영향을 주고 지역 사회 구성원들과 의사 소통하면서 우리는 물론 주변 사회에도 변화를 가져올 수 있게 하는 적극적인 주체로 역할할 수 있는 가능성을 갖게 되었다.

1. 고봉산의 샛길에 관심 가지기

샛길은 새길? 새이 있는 길?, 새로 만든 길?, 동물들이 다니는 길?

교사가 숲 해설가와 나눈 이야기를 들으며 유아들은 '샛길이 생기면 안 된다?', '샛길이 뭐지?' 라며 샛길을 예측하고 확인하고자 하였다.

인터넷 검색을 해보니 '샛길'은 큰길 사이로 난 작은 길(=간도)이라고 되어 있었고 우리는 고봉산에 가서 샛길을 찾아보기로 하였다.

2. 숲 해설가와 함께 고봉산 숲 체험

2.1 솔부엉이가 다시 돌아오기를 바라며

고봉산 입구에 있는 솔부엉이 솟대에 많은 관심을 갖게 되었고 부엉이가 돌아오길 진심으로 바랬다.

솔부엉이를 흔히 볼 수 있었는데, 왜 지금은 없는거야? 고봉산이 아프고 사람들이 힘들게 하니까 그런것 같아.

2.2 숲의 좋은 점과 숲의 옷치 생각해 보기

산에는 풀, 작은 나무, 큰 나무, 아주 큰 나무가 있는데, 숲 가장 바깥쪽에 있는 작은 나무가 바람과 눈을 막아주면서 큰 나무를 보호해 줘요. 그래서 숲의 작은 나무와 풀을 숲의 옷치라고 해요.

2.3 자연물로 할 수 있는 놀이 경험하기

이 풀의 이름이 뭘까요?

숲 해설가는 자연에서 주운 자연물로 만든 작품을 보여주었다. 우리도 유치원으로 돌아가 만들어 보기로 하였다. 산에서 주운 자연물은 우리의 놀잇감이 되고 신나는 게임을 즐길 수 있는 매체가 됨을 알아갔다. 산에서 자라는 풀들의 이름, 이로운 점, 이름의 의미... 알아보기 등을 통해서 풀로 할 수 있는 재미있는 놀이도 경험하였다.

2.4 등산로와 등산로 안쪽의 흙 비교해 보기

등산로 흙은 먼지 같이 날리고
먼지 냄새였는데,
샛길이나 풀이 많은 곳의 흙은
냄새도 고약하지 않아 좋고
밟으니까 푹신했어.

2.5 샛길 찾아보기

샛길이 많아지면 사람들이 길을 잃을지도 몰라.
맞아! 그리고 풀이랑 나무가 자라기 어렵지.
새들이 알을 조용히 잘 키울 수도 없어.
샛길을 막아둔 건 좋은데... 너무 무섭게 되어 있어.
샛길도 막으면서 산이랑 어울리게 하면 좋을텐데...

숲 해설가 선생님과 함께 한 첫 숲 체험은 유아들로 하여금 산에 있는 풀과 나무, 이름 모르는 벌레들까지 관심을 갖게 하였고 친구가 되는 경험을 하게 되었다. 나아가 샛길을 찾아보고 샛길이 생기는 원인을 생각해 볼 수 있는 기회가 되었다.

3. 주말에 고봉산에 다녀 온 친구의 이야기를 듣고 샛길에 대해 함께 생각해 보기

난 엄마 · 아빠랑 고봉산 갔다가 샛길로 집에 왔는데
길을 잃어버리지도 않고 엄청 빨리 집에 도착했어.
지름길이라서 좋은 것 같아.
샛길이 있으면 좋은 점도 조금 있지만 안 좋은 점도 있어.
벌레나 풀이나 동물들은 샛길이 생기지 않기를 바랄 거야.
사람들 때문에 풀들이 밟힐 수도 있고 눈에 안 보이는
작은 벌레들은 죽겠지.
우리도 모르게 그렇게 하는 게 있거든.
자세히 보면 땅에는 작은 벌레들이 꿈틀꿈틀 기어가.

샛길에 대한 친구들의 다양한 생각을 들어보면서 좋은 점도 있지만, 산의 주인인 풀이나 나무 · 벌레들의 입장에서 보면 샛길이 생기는 것은 바람직하지 않다는 생각을 하는 친구들이 많이 있었다.

4. 3차원 구성놀이 '산에서...'

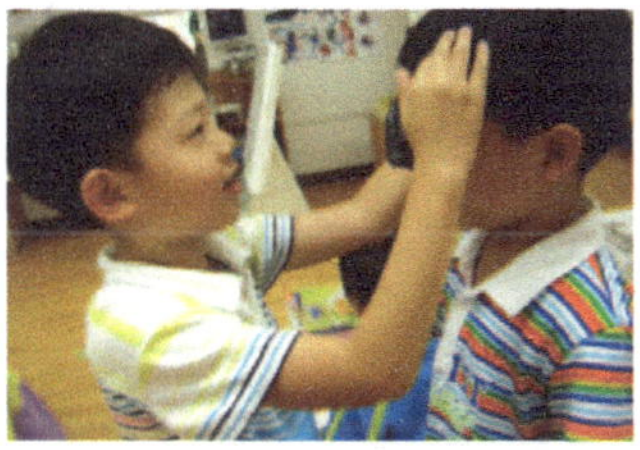

3차원 구성놀이 영역을 야영장으로 구성해 보기로 하였다. 부모님들께서 저널을 읽고 보내주신 텐트, 코펠, 등산화, 등산복 등으로 산에 갔었던 경험을 회상해 가면서 놀이하였다.

텐트 설치

진짜 밤 삶아먹기

맛있는 저녁 만들기

5. 샛길에 대한 기사 보고 토론하기

인왕산 거미줄 샛길 기사 읽고 우리들의 생각 토론

인왕산의 거미줄 샛길로 인해 생태가 심각하게 훼손되고 있다는 기사를 읽고 각자의 생각과 느낌을 이야기하였다.

한 사람, 두 사람... 점점 많은 사람들이 등산로로 안 가고 편한 길을 찾아다녔는데, 그 사람을 보고 다른 사람이 따라 해서 점점 샛길이 생기잖아? 그러니까 더 많이 생기기 전에 샛길을 없애야 겠다는 생각이 들었어.

산이 훼손되는 원인과 이유 중 하나가 샛길이라는 생각을 하게 되었고 산을 훼손하는 사람들도 있지만 아끼고 보호하려는 사람들도 많다는 사실을 알게 되었다.

6. 고봉산을 다녀온 뒤 샛길 그림을 그리고 공유하기

지난주 고봉산 견학을 못한 친구가 있었다. 우리는 그때 찍어둔 사진을 함께 보며 이야기 나누었고 견학 후, 우리가 나누었던 내용을 바탕으로 내가 본 샛길에 대해서 그림을 그렸다. 친구들의 그림에서 궁금한 것들은 질문하고 우리의 달라진 생각도 이야기 나누었다.

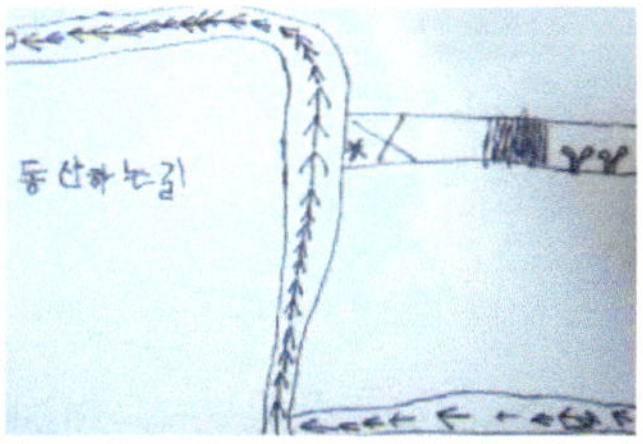

등산하는 길마다 표시가 잘 되어 있어야 하는 데 그렇지 않아서
등산로와 샛길을 구별할 수 없었어.
샛길이라고 말해 주고 '돌아가세요' 라는 푯말을 세워서
샛길과 등산로를 구별할 수 있어야겠어.

7. 고봉산의 뜻과 유래를 알아본 후 녹색소비자연대에 궁금한 것 남기기

고봉산의 뜻과 유래에 대해 지난주 숲 해설가 선생님과 고봉산에 올랐을 때, 질문하려고 했었는 데 깜박하고 그냥 왔었다. 우리는 인터넷으로 먼저 검색해 본 후, 해결되지 않을 경우 다시 여쭤보기로 하였다.

'높을 고' '봉오리 봉' 맞을것 같아.

높은 봉우리의 산...

일산에서 가장 높은 산이란 뜻이 아닐까?

맞긴 맞는데... 정말 맞나?...

인터넷 검색을 통해 궁금한 것을 알아보고자 하였으나 고봉산의 뜻과 유래가 잘 나와 있지 않았다. 그래서 우리는 녹색소비자연대 홈페이지를 통해 숲 해설가 선생님께 궁금한 것을 직접 여쭤보기로 하고 글을 남겼다.

8. 두 번째 고봉산 숲 체험

등산로 표지판이 필요해.

샛길을 막는 것도 중요하지만 샛길을 만들지 않는 것이 더 중요해.

유아들은 지난 번 숲 해설가 선생님과 함께 하는 고봉산 체험 시 샛길 안쪽을 살펴보고 오지 못하였기 때문에 다시 가보기를 원했다. 산과 더욱 친숙해지는 기회가 되리라 여겨져 고봉산을 두 번째 찾았다. 다시 찾은 고봉산에서 샛길을 찾아보고 그 샛길 안쪽이 어떻게 되어 있는지 살펴보았다.

등산로 표시가 없잖아.
사람들이 잘 몰라서 샛길로 다닌 건 아닐까?
등산로를 잘 알려주는 표지판이 필요해.
산이 이렇게 좋은데...
좋아하는 곤충이랑 벌레도 많고...

책을 가져가 산에서 궁금한 것들이 생겼을 때는 바로 확인하였다. 샛길을 찾아 살펴보던 중 두 길이 있었고 등산로처럼 보인 길을 선택하여 걸어보았는데, 등산로가 아니었다. 등산로보다 샛길이 더 커져 있었기 때문에 등산로인지, 샛길인지 알 수 없었고 '표지판이 필요' 하다는 생각을 하게 되었다. 또한 샛길을 막아 나무들을 보기 좋게 하는 것도 중요하지만, 그것보다 더 중요한 것은 '샛길을 만들지 말아야 한다' 는 것이었다.

9. 샛길과 그 밖의 몇 가지 궁금증이 생겼어요!

세 번째 고봉산 숲 체험

세 번째 숲 체험은 숲 해설가 선생님과 함께 하였다. 숲 해설가 선생님께 몇 가지 여쭤보고 싶은 것들이 생겼다. '샛길 앞에 나무를 심어서 막고 싶다'는 우리들의 생각과 '등산로 표지판이 잘 갖춰져 있지 않아 불편한 점'을 말씀드리기로 했고 '고봉산의 뜻과 유래' 등에 대해서 궁금한 것들을 여쭤보았다. 숲 해설가 선생님께서는 고봉산을 가꾸고 샛길을 더 이상 만들지 않기 위해 우리가 할 수 있는 일이 있다면 같이 해나가자고 말씀하셨다. 그리고 숲 체험 시 고봉산에서 주운 자연물을 교실로 가져와 활동하였다.

고봉산의 뜻이 궁금해요.
고봉산이라고 이름을 지은 이유가 있어요? 누가 지었는지도 알고 계세요? 유래가 궁금해요.
목요일 날 고봉산 가면 막아둔 샛길 안쪽을 보고 싶어요.
그리고 막았을 때랑 안 막았을 때랑 비교해 보고 싶어요.
고봉산의 봉수대는 봉수 중에 가장 큰 직봉으로 5개의 봉혈이 있다! 이게 무슨 말이에요?
봉수가 뭐에요?
5개의 봉혈도 궁금해요.
샛길이 작게 난 곳에는 나무를 심어서 막으면 공기도 좋고 보기에도 좋을 것 같아요.
나무를 심어도 되나요? 나무 심을 때 누군가의 허락을 받아야 하나요?
샛길이 생기지 않으려면 등산로 표시가 잘 되어 있어야 하는데, 고봉산에는 표지판이 없어요.
표지판을 우리가 만들어 세우고 싶은 데 그래도 되나요?

10. 고봉산에서 주워온 자연물로 구성하기

오전에 고봉산 숲에서 주워온 자연물과 교실에 있던 매체들을 가지고 여러 곤충과 동물을 만들어 보았다.

솔방울과 오리나무 열매로 몸과 머리 만들기

땅콩으로 다리 붙이기

완성

거북이

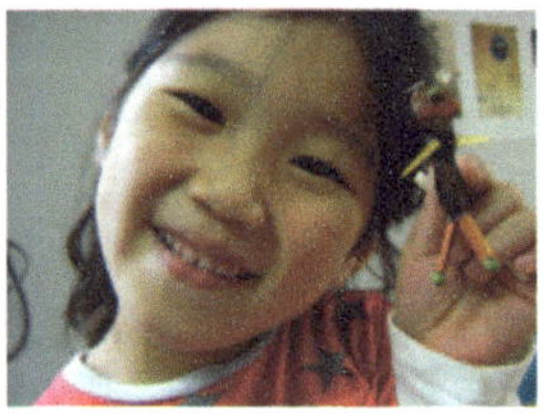

밤껍질, 솔방울 씨앗, 오리나무 등을 이용하여 허수아비 만들기

완성

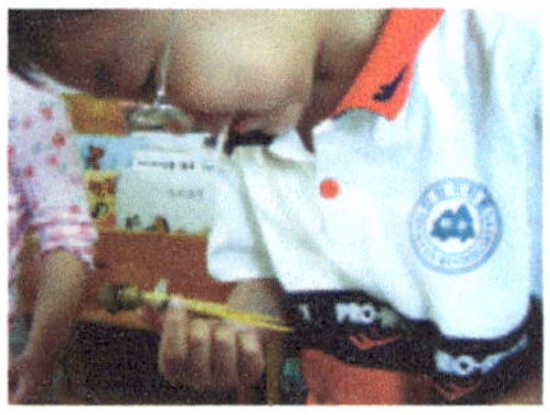

허수아비

솔방울과 지끈을 연결하여 목걸이 만들기

수염 난 할아버지

11. 궁금한 점 집에서도 알아보기

가정에서 알아온 고봉산의 뜻과 유래, 그리고 샛길에 대한 자료들을 함께 공유하였다. 또한 친구들이 하나씩 가지고 오는 등산 장비들을 친구들에게 소개하고 3차원 구성 영역에 제시하여 활동하기도 하였다.

12. 고봉산 숲 체험 및 그동안의 활동을 회상하며 우리의 생각 정리

활동 과정의 기록을 보면서 회상하는 기회를 가졌다. 앞으로 우리가 해야 할 일들을 생각해 보게 되었고 방향 탐색이 좀 더 구체화되었다.

1. 많은 샛길이 있는데 그 중 막아놓지 않은 샛길 입구에는 고봉산이 좋아하는 나무를 심어서 막자–**샛길 막기 위한 나무 심기**
2. 등산로 표지판을 세워서 사람들이 샛길을 이용하지 않도록 하자 – **등산로 표지판 세우기**
3. 이미 나뭇가지를 엮어 막아놓은 샛길은 자연과 어울리지 않아 보기에도 흉하다. 자연과 어울리는 막을 방법을 생각해 보자 – **샛길 알림판 세우기**

13. 샛길을 막기 위한 나무 심기 실천

13.1 산림전문가 및 산림청에 여쭤보기

우리가 앞으로 해야 할 일들에 대한 이야기를 나누면서 우리들의 생각을 정리하는 과정에서 궁금한 것들이 생겼다. 우리는 산림자원에 대해 공부하시는 전문가 선생님께 메일을 보냈고 답장을 기다려 보기로 하였다. 진행 과정에 대한 전반적인 내용을 교사가 미리 메일로 남기고 아이들의 질문과 샛길 사진을 첨부하였다.

1. 고봉산에 생긴 샛길을 막기 위한 방법으로 샛길 앞에 나무를 심고 싶은 데 가능한가요?
2. 심는 시기가 따로 있나요? 지금 심을 수 있는 나무가 있는지, 있다면 어떤 나무이고 어떻게 심어야 하는지 궁금해요.

나무를 심자는 의견은 너무 좋지만 가을에 심어야 할 경우 제약이 많다는 것과 그 밖에도 여러 가지 고려해야 할 것들을 알려주셨다. 현실적인 대안 중에 한 방법으로 울타리 효과도 내면서 아울러 미적 효과도 가지고 있으며 '타감작용(다른 나무의 종자가 발아하는 데 해를 주는 행위)' 이 적은 코스모스씨를 뿌리는 방법을 추천해 주셨다. 그래서 우리는 코스모스씨를 뿌리는 시기와 방법을 알아보았다.

13.2 답변 받은 후 코스모스 구입 및 동생들에게 전달하기

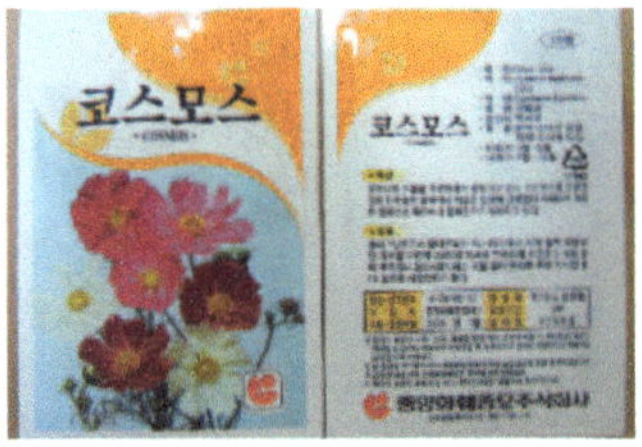

나무를 심는 건 좋은 생각이지만 지금(가을에)은 심을 수 없어.
내년 봄에 코스모스씨를 뿌리자!
우리는 졸업하니까 동생들에게 부탁해야겠어.

13.3 2007년 5월~ 부탁 받은 동생들과 고봉산 다녀오기

동생들이 형들과의 약속을 이해하고 지킬 수 있도록 동생들과 고봉산에 다녀왔다. 아울러 앞으로의 실천을 위해 필요한 사항들을 점검하였다.

등산로 표지판이 몇 개 필요한지 체크하였다. 총 6개가 필요하였으나 후에 숲 해설가와 의논하고 몇 번 오가면서 꼭 필요한 4곳에만 하기로 하였다.

숲 체험 온 다른 유치원 친구들이 산길을 여기 저기 마음대로 들어가는 것을 보면서(습지 주변 30분 정도의 코스) 샛길 표지판과 등산로 표지판을 세워야겠다고 생각하게 되었다. 또한 습지 입구에서 우리 말고 고봉산 보존을 위한 설문지 작성 및 홍보지와 배지를 나눠주면서 숲을 지키기 위해 노력하시는 분들을 만났고 그렇게 노력하시는 분들이 많다는 것을 알게 되었다.

앞으로 우리가 할 일

1. 샛길을 막는 방법 대신 코스모스씨 뿌리기
2. 등산로 표지판 세우기
3. 샛길 알림판 만들어 세우기

14. 등산로 표지판 세우기 실천

등산로 표지판이 없기 때문에 등산로와 샛길을 구별할 수가 없고 그래서 많은 사람들이 모르고 샛길로 오가게 되는 경우도 있다는 것을 알게 되었다. 등산로 표지판을 세워서 사람들이 샛길을 이용하지 않도록 하자는 의견에 따라 먼저 다양한 표지판을 인터넷으로 검색하였다. 표지판의 의미, 종류, 모양 등을 생각해 보았다.

14.1 표지판을 인터넷 검색 및 주변에서 찾아보기

유치원 주변을 돌면서 간판과 표지판의 차이점이 궁금해져 교실로 돌아와 알아보았다.

간 판 : 기관, 상점, 따위에서 이름, 업종 따위를 써서 눈에 잘 띄게 걸거나 붙이는 표지
표지판 : 사실을 알리기 위해 일정한 표시를 해 놓은 판. 문자, 도형, 기호 등으로...

14.2 표지판을 디자인하여 공유하기

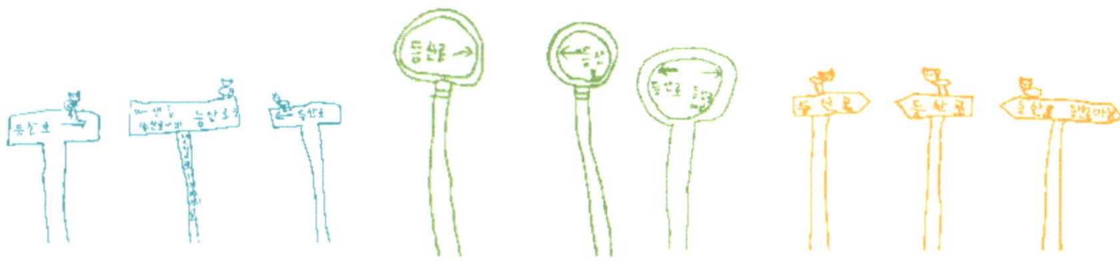

친구들의 디자인을 공유한 뒤 마음에 드는 세 가지를 골랐다. 우리가 디자인한 것처럼 재질을 나무로 하고 솔부엉이를 조각해서 붙여 만드는 것이 가능할지 전문가의 조언을 들어보기로 하였다.

14.3 전문가의 조언 듣고 등산로 표지판 완성

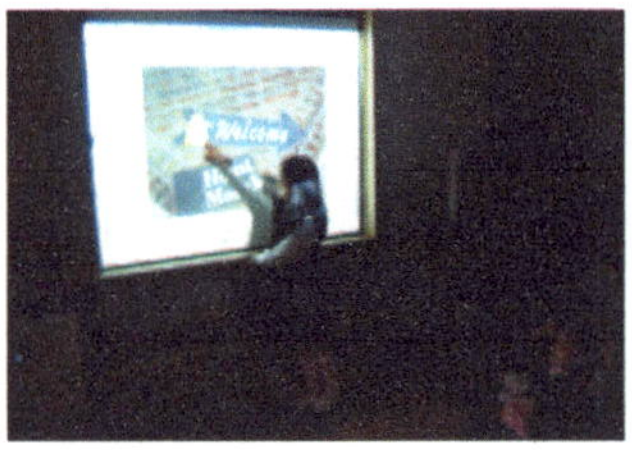

산에 있는 표지판들은 진짜 나무도 있으나, '의목' 이라 하여 겉으로는 나무인 듯 하지만 재질이 콘크리트인 구조물이 많다고 했다. 오래 가는 장점은 있으나 시간이 많이 지난 후에는 이 구조물이 흉물이 된다고 하셔서 우리는 나무로 표지판을 제작하기로 하였다. 조언을 듣고 관련 업체를 찾아 진행하던 과정에서 디자인과 크기가 조금씩 수정되었다.

14.4 등산로 표지판을 완성하여 고봉산에 세우기

우리가 주문한 수량 6개가 다 왔다.
오일 크레파스랑 아크릴 물감으로 그리면 되겠어.
비가 와도 지워지지 않아.

등산로 표지판을 고봉산 전체에 세울 수는 없었다. 그래서 우리 친구들과 초등학생 형님들이 체험하는 숲의 꼭 필요한 몇 곳에 세워두었다.

15. 샛길 알림판 세우기 실천

이미 나뭇가지를 엮어 막아놓은 샛길은 자연과 어울리지 않고 보기에도 흉하다. 자연과 어울리게 막을 방법을 생각해 보기로 하였다.

15.1 '자연과 어울리는 샛길 알림판' 전문가에게 여쭤보기

우리한테는 무섭고 엉망진창으로 보여도 벌레나 동물들에게는 집이 되고 먹이를 줄 수도 있어. 저 나무들이 나중에 썩어서 다시 나무들이 자라기에 좋은 영양분이 될 거야.

우리가 찾아간 산림자원과 교수님에게 자연과 어울리는 샛길 알림판 만드는 방법에 대해 여쭤보았다. '산은 우리 인간에게도 유용하지만 숲 속의 동물 친구들이나 작은 풀벌레들에게도 꼭 필요하고 우리의 눈에는 흉물스러울수도 있으나 풀벌레들에게는 저곳이 좋은 집이 될 수도 있다' 고 말씀해 주셨다. 그리고 '산림이 정리가 잘되지 않은 것 같다' 는 말씀과 함께 '나무줄기에 곧 떨어질 곁가지들이 많기 때문에 잘 자랄 수 있도록 우리가 꺾어주면 좋겠다' 는 말씀도 해주셨다. 가장 중요한 것은 '우리의 산이 우리 것이 아니다' 라는 의식 전환임을 느낄 수 있는 시간이었다.

15.2 고봉산 다녀오기 네 번째-샛길 알림판 제작 의논

박사님(산림자원과 교수)이 곁가지를 잘라주면, 햇빛이 숲에 잘 들어서 나무가 잘 자란다고 하셨어.

땅에서는 작은 풀들이 자라기 시작하고 벌레가 모이고 나무의 씨앗이 작은 묘목으로 자라고...

숲 해설가 선생님의 의견은 좋은 것 같아. 샛길에 대한 우리들의 생각을 그림으로 그리면 좋겠다.

숲 해설가 선생님께서 방부목으로 제작된 나무판을 보여주시며 고봉산을 지키

기 위한 우리들의 생각을 표현해서 붙여두면 어떨까...하고 의견을 물으셨다. 정기적으로 주변을 돌며 함께 관리해 주신다고 하셨으며 이 방부목 판은 다른 유치원 혹은 초등학교 형님들의 그림을 붙이기도 하면서 융통성 있게 사용할 것이라고 말씀하셨다.

15.3 샛길 알림판에 넣을 밑그림 그리기

각자 그린 그림에서 몇 차례의 수정 과정을 거쳐 밑그림을 완성하였다.

15.4 샛길 알림판 그림 완성

필요한 8개의 그림을 2~4명의 유아가 소그룹으로 하나씩 완성하였다.

1 
2 
3 

4 
5 
6 

7

8

친구들이 그린 내용 중 한 가지씩을 선택 · 조합하여 하나의 그림으로 만들었다. A4 종이에 그린 그림을 복사한 후 크기를 조절하고 라이트 테이블 위에서 라인드로잉하였다.

각자 하고 싶은 부분을 선택하여 2명 혹은 4명의 친구들이 색칠을 하거나 혹은 부족한 부분을 추가 또는 수정하여 완성하였다. 완성된 그림은 같은 팀은 물론 반 친구들과도 공유하였다.

15.5 다른 반 친구들에게 '샛길'에 대해 소개하기

샛길 알림판을 가지고 각 반 동생들과 선생님들께 소개하였다. '샛길이 무엇인지', '어떻게 생기게 되었으며', '생겼을 때의 문제점'과 '샛길이 생기지 않게 하는 방법' 등을 이야기하였다. 그리고 '내년에 코스모스씨를 뿌리기로 한 이유' 등에 대해 설명해 주고 코스모스씨를 전달하였다.

15.6 샛길 알림판을 세우기 위한 조사 및 협의

알림판을 만들어서 세우려면 누구의 허락을 받아야 하는지, 그냥 세워도 되는지 궁금해졌다. 알아보니 고봉산은 일산구청 녹지과에서 관리하고 있으며 나라

그룹지어 정해진 8곳에 알림판 나무 세우기

의 산이 아니라 개인 소유의 산이라는 것을 알게 되었다. 알림판을 세워도 되는지, 세울 때 도와줄 수 있는지, 안된다면 왜 안되는지 등을 여쭤보았으며 그 결과 일산동구청 녹지과 선생님과 녹색소비자연대 선생님들의 생각이 다르다는 것을 알게 되었다.

녹지과 공무원들의 생각

고봉산은 개인 소유의 땅이고 그렇기 때문에 알림판을 세우려면 허락을 받아야한다. 예전에도 비슷한 경우가 있었는데 안 된다고 하였다. 고양시 예산이 없기 때문에 표지판을 만들 수 없고 이미 몇 개 있기 때문에 또 만들 필요가 없다고 생각한다.

숲 해설가 및 환경연합회 선생님들의 생각

알림판을 세우고 샛길을 막는 것은 나무와 산을 지키고 고봉산을 보전하는 일이므로 누군가는 앞장서서 해야 하고 어린 유아들이 먼저 시작한다는데 말린 다는 것은 옳지 않다고 생각한다. 샛길을 보호하고 산림을 보호하기 위해 훼손하지 않는 차원에서 주인 허락 없이도 알림판을 세우는 건 좋다.

서로 다른 의견에 대한 우리들의 생각

우리들의 생각도 서로 달랐다. 허락을 받아야 하는 것은 맞지만 주인에게 물어서 허락하지 않는다 하더라도 산을 보호하는 입장에서 알림판을 세우는 것이 맞다고 여겨졌고 그렇게 생각하는 친구들이 조금 더 많았기 때문에 알림판을 세우기로 하였다.

15.7 우리도 녹색소비자연대 선생님들과 같은 생각!
샛길 알림판 세우기로 결정!

환경연합회 선생님들과 목수아저씨와 함께 미리 정해 놓은 위치에 알림판을 세웠다.

16. 며칠 뒤-샛길의 변화를 느끼고 돌아오기

며칠 뒤 고봉산을 다시 찾았다. 샛길을 막아둔 나무들 사이에서 버섯이 자라고 있었고 아이들은 그런 작은 변화를 발견하면서 많은 이야기들을 하였다. 또한 우리가 세운 알림판을 많은 사람들이 유심히 살펴보는 모습을 발견하게 되었고 우리를 본 어른들은 샛길로 다니지 않겠노라 말씀해 주시고 샛길에 대해서 몰랐던 정보를 알려주어 고맙다고 하셨다.

16.1 1년 후의 방문-2007년 5월 고봉산 다녀오기

2007년 5월 고봉산을 다시 찾았다. 작년에 세워둔 샛길 알림판이 그대로 놓여져 등산하는 사람들이 오가며 보기도 하였고 몇 개는 훼손되어 있었다. 뿌듯함과 함께 지속적인 관리가 필요함을 느낀 시간이었다.

17. 탄현 가족 행사를 위해 초대장 · 이름표 · 패널 준비하기

우리가 그동안 해 왔던 프로젝트를 유치원 전체가 부모와 고봉산을 등반하며 공유하기로 했다. 고봉산에서 주워온 풀로 초대장과 이름표를 만들고 정보를 담은 패널을 만들어 산에 전시하기로 했다.

18. 탄현 가족 행사! 가족과 함께 산으로...

유치원 가족 모두가 산을 오르면서 각 반에서 이루어진 프로젝트를 공유하였고 프로젝트와 연계한 다양한 활동을 하면서 부모, 유아, 교사, 지역 사회가 함께하는 즐거운 행사가 되었다.

19. 다른 반 친구들의 탐색

19.1 고봉산 등산로 안내도 그리기

19.2 고봉산의 풀 탐험

첫 그리기

강아지풀과 해바라기야.
풀은 잎이 달려 있는 것을
말하는 거야.

풀은 줄기에 잎이
달려 있는 거야.

세 잎이 달린 것들을
풀이라고 부를 것 같아.

선인장처럼 가시가
달린 풀도 있을 것
같아.

경험 후 그리기

아카시
아카시는 가운데에 잎이 하나
나 있고, 양옆으로
붙어서 잎이 나 있어.

역귀
역귀는 물고기를 기절시
킬 때 사용할 수 있대.
줄기는 붉은 색이야.

괭이밥
괭이밥은 클로버랑은 달라서
세 잎짜리밖에 없어.

개고사리
개고사리는 서로
이어져서 생겼어.

풀을 찾아서, T유치원 5세

의사소통을 위한 표상

토끼풀(토끼똥풀)
동그란 잎이 3장이나 4
장이 달려 있고 네잎클
로버는 행운을 뜻해요.

환삼덩굴(삼베풀)
가시를 가지고 있고 서로
엉켜 있어요. 옛날에는 군
복을 만들었어요.

돌콩(행복한 콩)
돌콩의 잎이 3개 달려 있
어요. 덩굴을 만들어 나무
기둥을 타고 올라가요.

개고사리(점박이)
점이 나 있어요.
고사리 같지만 우리가
먹으면 안 돼요.

고마리(여자수영복풀)
고마리는 물가에 펴요.
물을 깨끗하게 해주는
고마운 풀이에요.

바랭이(우산풀)
하나씩 모아 묶으면
우산 모양이 돼요.

질경이(변덕쟁이 도마뱀)
아주 질겨서 질경이래요.
질경이는 밟으면 밟을수록
씨가 펴져 더 잘 자라요.

마(마음풀)
심장을 닮은 풀이에요.
마는 심장에도 아주 좋아요.

쇠무릎(뽈록이)
줄기 모양이 소의 무릎을 닮았어요. 두툼한 부분에는 벌레가 알을 낳는대요.

쑥(할머니풀)
우리가 먹을 수 있어요.
국도 끓여 먹고 떡도 해서 먹어요.
앞과 뒤의 색이 달라요.

아카시(가위, 바위, 보)
양 옆으로 동그란 잎이 나 있어요. 풀로 게임을 할 수 있어요.

강아지풀(간지럽히기쟁이)
강아지 꼬리같이 생겼어요.
만지면 강아지를 만지는 것 같아요.

괭이밥(사랑초)
하트 모양의 잎이 3개가 달려 있어요.
고양이가 소화가 안 될 때 먹어요.
맛은 아주 셔요.

풀을 찾아서, T유치원, 5세

19.3 도토리 6형제

계속적인 탐색 끝에 완성된 도토리 6형제의 모습

떡갈나무

신갈나무

갈참나무

졸참나무

상수리나무

굴참나무

20. 고봉산 희망 솟대 마당 축제

프로젝트가 마무리되고 얼마 뒤 고봉산 지킴이들과 환경연합회 그리고 시민들의 노력으로 개인 소유의 땅이었던 고봉산을 고양시에서 매입하게 되었다. 고봉산과 그 주변 습지를 보존하고 지킬 수 있게 되었기 때문에 '고봉산 희망 솟대 마당'이라는 축제를 열게 되었고, 그동안 함께 노력해 왔던 우리도 초대 받아 가족과 함께 참여하는 뜻깊은 시간을 갖게 되었다.

항상 그냥 지나치지 않는 우리가 이름 붙인 다솜 나무가 있는 장소, 거미가 특히 많이 있는 장소 등, 목적지에 도착하면 대개는 자연스럽게 탐색과 놀이가 시작되었다. 자연물을 이용한 놀이 및 낙엽 · 나뭇잎 · 줄기 · 풀잎 · 꽃을 이용한 왕관 목걸이 만들기, 꽃 말리기, 염색하기, 풀씨름과 같은 다양한 게임 개발을 하면서 생생한 체험을 하게 되었다. 자연과 교감하는 상황 자체가 체험의 내용이 되었고 나뭇가지 · 들꽃 · 돌멩이를 꼭 필요한 만큼 주워오는 것, 자연으로부터 채취해 오는 것에 대해 욕심을 부리지 않고 필요한 만큼 취하는 것은 자연을 훼손하는 것이 아니라 인간과 자연의 적절한 관계맺음을 배우는 과정이라 생각되었다.

유아 간 의사소통이 활성화되었다. 친구들과의 상호 작용에 참여하여 서로의 의견에 대한 일치와 불일치를 경험하기도 하고 공동의 목표를 향해 문제를 공유하면서 갖게 되는 갈등을 경험하고 조정하면서 타협안을 도출하게 되는 상호 작용이 의미 있게 이루어져 나갔다.

산과 샛길에 관련된 기사나 우리가 경험한 특정한 사건 · 문제 등에 대해 많은 이야기를 나누었다. 옳고 그름뿐만 아니라 그것을 떠나서 서로 다른 의견이 있을 수 있다는 것을 알게 되었다. 두 입장에 대해 충분히 생각한 후 나의 생각과 내 입장을 명확하게 하면서 다른 사람의 의견도 존중하게 되었다. 또한 인식한 문제를 풀어가기 위해 상황과 내용에 따라 의견을 교환해야 하는 대상이 달라짐을 알고 도움을 받을 수 있는 지역 사회 구성원들을 적극적으로 찾게 되었다.
지역 사회와 유아와 교사는 기록과 대화를 통해 끊임없이 서로에게 정보를 제공하고 의견을 교환하였으며 유아들의 관심이 많아지면서 가정에서도 관심을 가지기 시작했다. 산과 관련된 다양한 매체들을 보내주시고 자료를 찾아주시면서 부모 역시 많은 참여가 이루어졌고 유아들의 놀이는 활성화되었다.
지금까지 보통 우리는 지역 사회의 특정기관이나 장소를 견학·방문하여 알아가는 형태가 대부분이었다. 지역 사회의 참여가 필요하지만 현실적으로 불가능한 부분이 많고 우리가 요청할 때만 한시적으로 이루어진다든가 함께 한다는 것을 귀찮아하는 분들이 있기도 하지만 프로젝트에 관련이 있고, 관심이 있는 지역 사회를 중심으로 연락을 취하고 함께 활동하고 홍보한다면 차츰 그 범위는 넓어지지 않을까?...
어디서부터 어떻게 지역 사회와 함께 해야 하는지 어렵게만 느껴졌던 부분이지만 본 프로젝트는 이제 우리가 주변 환경에 영향을 주고 지역 사회 구성원들과 의사소통하면서 우리는 물론 주변 사회에도 변화를 가져올 수 있는 적극적인 주체로 역할을 할 수 있는 가능성을 갖게 되었다고 생각한다.
고봉산 샛길 프로젝트 마무리 단계에서 유아·교사·부모·지역 사회가 함께 해보는 값진 경험을 하게 되었으며 이로 인해, 함께 할 수 있는 가능성을 엿볼 수 있게 되었고 관계에 기초한 교육과정을 이루어간 소중한 기회였다고 여겨진다 (T유치원 D반, J교사).

Chapter 6 프로젝트 수행을 위한 제안

프로젝트 수행 절차를 기본적인 수준에서 정리해 본다.

이는 구조화된 절차로 보지 않아야겠다. 보다 중요한 것은 part 1에서 살펴본 사회적 구성주의 교수 학습 원리에 대한 이해가 전제되어야 한다. 이후, 유아들의 생각에 귀 기울이며 유아들 스스로 공동의 목표를 향해 갈등을 경험하고 문제를 인식, 다양한 매체를 활용한 표상과 협력적 상호작용을 통해 해결해 나갈 수 있도록 학습을 지원하는 교사의 유연한 역할과 서두르지 않는 지원이 필요하다.

프로젝트 수행에 있어서 주제 선정, 전개 방향, 운영 방법 등에 대해 반드시 지켜야 하는 정해진 방식은 없다. 레지오식 프로젝트는 더욱 그러하다. 오히려 구성주의, 나아가 사회적 구성주의 시각에서 학습 원리, 유아관, 교사의 역할에 대한 이해나 가치를 바탕으로 유아의 흥미나 욕구, 교사의 경험에 따른 판단에 기초하여 진정한 유아 존중의 교수-학습 방식을 융통성 있게 실천해 나가는 것이 필요하다.

그러나 이는 역으로 프로젝트를 처음 수행하는 현장 교사들이나 사회적 구성주의 학습 원리에 익숙하지 않은 교사들에게는 막연한 두려움이 될 수도 있으므로 프로젝트 수행 절차를 그야말로 기본적인 수준에서 정리해 본다.

여기에 제시하는 제안들은 가능한 모든 절차를 최선의 수준에서 다룬 것이 아니므로 적용 시 그 순서 · 수준 · 범위 · 방식 등은 프로젝트의 성격 · 대상 등 무엇보다 유아들의 흥미나 관심에 따라 달리하거나 확장시킬 수 있다.

1 프로젝트 주제가 발현된다.

- 일상에서 발현되는 주제를 심화 또는 확장하는 수준에서 프로젝트 주제를 선정한다.
- 성인의 시각에서 학구적인 주제보다 유아의 시각에서 흥미 있는 주제가 탐색에 대한 몰입을 높인다.
- 두 가지 이상의 주제가 상정된 경우, 유아와 함께 교사도 주제 선정에 개입하여 학습의 잠재력을 따져 협상한다.

2 프로젝트 집단을 구성한다.

- 연령에 따라 2명 이상에서 5명 정도의 소집단을 구성하거나 중 또는 대집단으로 운영한다.
- 인지적 성격의 프로젝트인 경우는 비슷한 발달 수준이나 동일 연령 집단으로, 사회 정서적 성격의 프로젝트인 경우는 서로 다른 발달 수준이나 복합 연령 집단으로 구성하면 효율적이다.
- 남녀의 비율은 조화의 원칙을 따르기보다는 주제에 대한 유아들의 흥미

에 따라 결정한다.

- 학급 전체 유아가 골고루 관심있는 프로젝트에 참여할 수 있도록 한다.

③ 프로젝트의 전개 가능성을 '사전 정찰' 하여 함께 계획한다.

- 전개 가능 방향을 다양하게 연구한다. 경우에 따라 전문적 고찰이나 조사, 문헌 연구 또한 필요하다.
- 전개 방향을 다양하게 계획하되 주제에 대한 이해의 폭을 넓히기보다는 이해의 깊이를 심화시킬 수 있는 전개 방향을 탐색해 둔다.
- 사전 계획은 필요하지만 유아의 흥미에 따라 발현되는 방향에 중점을 둔다.

④ 유아들의 탐색 과정을 기록하고 기록을 토대로 '프로젝트 진행을 위한 지속적인 교사 간 교육 과정 협의', 즉 프로제타지오네(progettazione)를 갖는다.

⑤ 주제에 대해 유아들이 아는 바를 자유롭게 말로 분출하는 것으로 프로젝트를 시작한다.

- 주제에 대한 유아들의 이전 경험이나 언어적 표현 속에서 프로젝트의 맥락과 동기를 설정해 낼 수 있으므로 주의 깊게 기록한다.
- 유아의 언어적 표현에 대해 칭찬이나 인정으로 강화하거나 정보를 더해주는 식으로 피드백을 주기보다는 유아가 자신의 생각을 더 이야기하고 관심을 밖으로 분출하도록 기회를 충분히 준다.
- 교사가 질문거리를 준비하여 필요한 경우 유아들의 생각을 밖으로 끌어내는 데 활용할 수 있다.

⑥ 말로 표현한 것을 그림으로 그려 주제에 대한 유아들의 생각을 가시화(可視化)한다.

- 교사는 앞서 유아가 했던 말을 상기시켜 그림으로 표현하도록 격려한다.
- 유아는 생각을 그림으로 가시화하면서 자신의 사고를 재고찰하게 되고 새로운 아이디어를 더해 나간다.
- 그림을 통해 주제에 대한 유아들의 이해 정도를 알 수 있으므로 개별 유아의 ZPD를 파악할 뿐만 아니라 프로젝트의 방향을 설정할 수 있다.

7) 그림을 매개로 반드시 사회적 상호 작용을 한다.

- 유아들은 각자 그린 그림에 대해 설명하고 질문에 답하면서 자연스럽게 사회 인지적 갈등을 경험한다.
- 유아들 간의 언어적 상호 작용이 활성화되도록 교사는 집단의 일원으로 참여한다.
- 교사는 그림에 대한 유아들의 설명을 주의 깊게 듣고 기록하면서 유아의 탐색을 자극하는 질문을 한다.

  페달을 밟으면 왜 자전거가 움직일까? 등
- 여기서 유아의 탐색을 자극하는 교사의 지원 역할은 중요하다. 특정한 대상의 외형 등에 대한 기술적 질문보다는 어떻게 작동하며 어떤 절차를 거치는가 등과 같은 인과적 질문은 문제 해결 장면이 풍부한 프로젝트가 되도록 돕는다.

8) 유아들이 그린 초기 그림을 기록화한다.

- 유아들의 가설을 그림에 써서 기록화한다.
- 기록화한 유아들의 그림을 토대로 다른 교사들과 함께 프로제타지오네를 통해 이후 탐색 방향을 연구한다.
- 이후 프로젝트 탐색 시 재방문하여 반성할 수 있도록 전시한다.

9) 유아들의 가설을 확인할 수 있는 직접 경험을 계획한다.

- 매 활동 시, 기록을 재방문하여 이전 경험이나 생각을 확인한 후 새로운 경험을 시작한다.
- 유아 스스로 직접 경험에서 무엇을 확인할 것인지에 대해 정확히 알고 임하도록 하여서 단순한 직접 경험이 아니라 유아들이 호기심, 질문, 갈등을 가지고 있는 부분을 확인하고 추론할 수 있는 교육적 경험이 되도록 한다.
- 교사는 관찰된 사실이나 정보를 확인시키기보다는 현재 유아가 관찰한 것을 과거의 경험과 관련지어 반성하도록 질문한다.
- 교사는 유아들의 활동 과정과 경험 내용을 사진으로 찍고 유아들이 하는 말, 현장에서 들을 수 있는 소리들을 녹음하여 기록화한다.

⑩ 경험 후에 달라진 이해를 그림으로 표현한다.

- 유아들의 그림, 활동 경험 사진, 경험 시 유아가 한 말이나 대화를 기록화하여 전시해 둔다.
- 기록은 유아들에게 구체적이고 가시적인 기억이 되므로 이런 생각을 반성하는 수단일 뿐만 아니라 자신의 활동에 대한 긍정적인 확인감을 주어 유아들이 열심히 표현하도록 한다.
- 경험 후 새로워진 시각에서 달라진 이해를 그림으로 표상한다.
- 최고의 학습은 경험 그 자체가 아니라 경험한 것을 매체를 통해 반성하는 기회를 통해 경험을 재구성하고 지식을 구축하는 것임을 명심해야 한다.

⑪ 경험 후에 그린 그림을 이전 가설 그림과 비교한다.

- 두 가지 그림을 비교하여 그 차이점에 대해 생각하고 이야기한다.
- 두 그림 중 하나를 어떻게 고칠지에 대한 결정을 유아가 하도록 한 후 고치고 싶은 곳을 수정하도록 한다.
- 첫 그림을 수정한 후 이전 그림에 비추어 경험 후에 그린 그림에도 첨가할 부분이 있다면 첨가한다.
- 새로워진 시각에서 이전 이해를 재방문하여 잘못된 이해를 스스로 수정함으로써 이전 지식과 새로운 지식 간에 논리적으로 일관성 있게 의미 있는 지식을 구축해 나가도록 한다.

⑫ 프로젝트 주제에 대한 심화된 학습을 위해 다양한 주기를 활용한다.

- 그간의 활동 자료를 고찰하여 주제에 대한 유아들의 부족한 이해를 포착한다. 예를 들어, 대상물에 대한 기능적 고려 등이다.
- 유아들의 흥미와 교사의 판단에 따라 부족한 이해를 위한 적절한 활동을 연구 · 협의한다.
- 유아들 스스로 어떤 활동을 할지 토의하여 선정할 수도 있다.
- 매체마다의 서로 다른 표상적 잠재력을 고려하여 적합한 매체를 선정, 활용함으로써 주제에 대해 다국면적으로 사고하도록 할 수 있다.

⑬ 매 활동 주기마다 진정한 의미의 재순환이 이루어지도록 한다.

- 단순한 새로운 주기가 아니라 경험할 대상물이나 상황에 대해 반드시 미리 예측하여 가설을 세우고 갈등을 가진 후 가설을 확인하는 경험이 되게함으로써 추론과 반성이 내재되도록 한다.
- 달라진 경험에 따라 새로워진 시각에서 이전 이해를 재방문하고 반성하여 수정 · 재수정함으로써 일관성 있는 지식이 더해지도록 한다.

⑭ 표상 활동의 전과 후에 필요할 때마다 또래 간의 진정한 의사소통이 이루어지도록 한다.

- 교사 중심적인 상호 작용이 아니라, 유아들 스스로 공동의 문제를 인식하고 문제 해결을 위해 유아들 간 토의하고 의사 소통하여 타협안을 도출하도록 교사 스스로 뒤로 물러선다.
- 유아들 간의 토론이 원활히 이루어질 수 있도록 성인 사회에서 인습적으로 활용하는 정보나 자료, 대상물 등을 적절히 지원한다.

  예 모형 인형, 건물 평면도, 투시도 등

⑮ 표상 시에 사회적 과제 제시 조건을 고려한다.

- 표상 기술의 부족에서 오는 어려움을 해소하기 위해서는 자료나 도구의 사용 방법을 가르쳐도 좋다.

  예 철사 구부리는 방법, 자르는 방법 등
- 경우에 따라 아는 것을 충분히 표현할 수 있도록 과제를 다소 구조화하여 제시할 수 있다.

  예 펌프의 윤곽이 그려진 종이에 펌프 내부 구조 그리기 등
- 충분히 표현할 수 있도록 시간을 허락하고 원할 경우 여러 차례 그릴 수 있도록 한다.

⑯ 다양한 표상 전략을 활용한다.

- 교차 양식적 표상(cross-model representation)을 해 보게 한다.

  예 청각적 소리를 그림이나 동작으로 표현하기 등
- 의사소통 맥락의 메타 상징적 표상(meta-symbolic representation)을 활용한다.

예 철물점, 아저씨가 알도록 앵글 길이를 기록하고 그리기, 어린 동생들이 이해할 수 있도록 순서도 만들기 등

- 동일한 대상물을 여러 시각에서 표현해 본다.

  예 '알고 있는 자전거 그리기', '움직이는 자전거 그리기' 등

⑰ 끊임없이 기록화하고 전시하여 학습에 활용한다.

- 유아들이 이전에 가지고 있던 이론에 대해 이야기하거나 반성할 때 기록을 이용한다.
- 프로젝트 과정 경과에 따라 유아들의 달라진 이해를 읽어내는 자료로 활용한다.
- 유아들에게 제시할 질문이나 이후 경험을 발현시키는 연구 자료로 활용한다.
- 부모에게 유아의 경험에 대한 정보를 제공하여 기관 교육을 이해하여 프로젝트에 참여토록 할 수 있다.
- 기록화한 자료를 조합하고 편집하여 학급 또는 기관 단위의 전람회를 가질 수 있다.
- 주 5일간의 '일일 저널'을 토대로 '주간 저널'을 만들어 '교육 계획안'에 대한 대안으로 가정에 발송한다.
- 소책자로 만들어 가정에 발송하는 교육 계획안의 보조 자료 또는 대안으로 활용할 수 있다.
- 지역 사회의 타 기관과 프로젝트에 대한 경험을 나누는 자료로 활용한다.

⑱ 프로젝트에 참여하였던 유아들이 학습한 내용을 학급이나 기관 전체에 발표한다.

- '모르는 유아들에게 의사소통' 하는 맥락에서 유아들이 이해한 것을 메타 상징적 수준에서 표상한다.
- 각 유아가 표상한 것 중 남에게 의미를 가장 잘 전달할 수 있는 것을 선정하기 위해 메타 수준에서 토의하여 선정 협의 과정을 거친다.
- 발표하는 기회를 통해 메타 의사소통 능력을 기르고 성취감을 경험할 뿐만 아니라 학급의 다른 유아들에게 학습 의욕을 고취시킬 수 있다.

⑲ 프로젝트의 마무리는 여러 가지 요인에 의해 자연스럽게 결정된다.

– 기관 전체나 지역 사회가 참여할 수 있는 행사로 마무리한다.

예 부모, 할머니, 할아버지를 초대하여 인형극 공연하기 등

– 유아들이 만족할 만한 표상 결과물을 구성하는 것으로 마무리할 수 있다.

예 공동 벽화 구성 등

– 프로젝트 주제에 대해 유아들이 이해한 것을 모아 책자로 구성해 볼 수 있다.

–그 외 유아들의 흥미에 따라 종결될 수 있으나, 반드시 프로젝트 수행은 유아와의 관계 속에서 방향을 설정하며 유아에게 가져다 주는 의미를 인식하고 의미가 명료화될 수 있는 수준에서 마무리한다.

Chapter 7

레지오 에밀리아 접근법에 비추어 본 유아 교육 현장의 변화 방향 탐색

이상에서 고찰 · 분석해 본 바와 같이 레지오 에밀리아 접근법은 유아들의 권리와 잠재력을 존중하는 접근법으로서 최근 유아 교육에서 받아들여지고 있는 교수 학습 이론들을 오래 전부터 수용하여 유아 교육 현장에서 꾸준히 연구하고 실제에 적용, 실험하면서 나름의 철학과 교수법을 발달시켜온 통합적 교육 체계이다.

또한 기존 교육 체제에 변화와 자극을 가져다 줄 수 있는 접근이라 할 수 있다. 그러나 아무리 좋은 사례라 하더라도 한 문화의 교육 체제를 우리의 사회적 맥락에 그대로 이식할 수는 없다. 우리가 레지오 접근법을 접할 때 가져야 할 수용 자세와 레지오 접근법에 비추어 본 우리 현장의 변화 방향을 탐색해 본다.

1. 우리의 수용 자세

앞서 문제 제기한 바와 같이 한 문화의 교육 체제를 서로 다른 사회적 맥락에 그대로 이식할 수는 물론 없다. 이에 레지오 에밀리아 접근법을 접할 때 우리가 가져야 할 수용 자세 몇 가지를 제안해 본다(김은희, 1998).

첫째, 그대로 모방할 수 있는 또 하나의 새로운 프로그램으로 보지 않아야겠다. 그동안 우리의 유아 교육은 외국에서 들어온 많은 프로그램에 영향을 받아왔으며 현장에서는 새로운 프로그램들을 그대로 차용하여 적용하고자 해왔음을 부인할 수 없다. 레지오 에밀리아 교육자들은 이 접근법을 모방할 수 있는 완성된 하나의 교육 모델로 보지 않는다. 좀 더 주의 깊게 반성하고 실행을 통해 외부의 피드백을 받아가며 계속적으로 수정되어야 할 하나의 교육 경험으로 간주하고 있다(Gandini, 1993). 이런 이유로 '모델'이나 '프로그램'이라고 부르는 대신 '우리의 프로젝트' 또는 '우리의 경험'이라고 말한다.

이러한 시각에 더하여 레지오 에밀리아 접근법을 접할 때 우리는 현재까지 우리에게 영향을 미쳐 온 많은 프로그램들처럼 그대로 차입, 모방할 수 있는 완성된 모델이 아니라 하나의 지표로 보아야겠다. 하나의 지표로서 레지오 교육자들의 교육에 대한 가치 · 태도 · 실천 자세를 반성함으로써 우리의 교육 현실을 있는 그대로 평가함과 동시에 교육이라는 행위에 대한 우리들 사고의 패러다임을 변화시키는 계기로 삼아야겠다. 이후, 새로운 교육적 시도를 용이하게 하기 위해 레지오의 철학, 학습 이론과 방법론, 교육 과정 운영 특성, 행정 조직, 환경 구성 등을 반성, 각 기관의 요구와 필요에 따라 우리의 현실을 지속적으로 변형할 수 있도록 기존 프로그램과 통합하여 적용할 수 있을 것이다.

둘째, 교육의 실제적 · 지속적인 변화를 위해서는 미시 수준에서 시작한다. 풀란과 마일즈(Fullan & Miles, 1992, 재인용; Katz, 1994)는 교육적 변화에는 세 가지 수준이 있음을 지적하였다. 거시 수준(macro-level)에서의 변화는 거시 행정 차원에서 가져올 수 있는 행정적 · 재정적 · 정책적 변화이다. 예를 들어, 교육 과정의 개정, 교육 개혁안의 제안, 경제적 지원 체제의 변화 등을 들 수 있다. 중간 수준(meso-level)의 변화는 기관 차원에서 가져올 수 있는 변화로써 연령 집단 구성, 환경 변화 등을 들 수 있다. 미시 수준(micro-level)에서의 변화는 교사 수준에서 가져올 수 있는 변화이다. 교사-유아 간 상호 작용의 특성을 변화시켜 교수 방법이나 매체 차원을 변화시키는것을 말한다.

일시적인 변화는 상대적으로 쉬우나 변화를 지속시키기 위해서는 위로부터 명령받을 수 없으며 새로운 실제를 일상 속에서 수행해 나가는 주체로서 교사의 동기 유발, 변화에 대한 이론과 문제의 구체화, 미시 수준에서의 실행을 강조하였다. 또한 퓰란은 "정책적 변화 없이 실제적 개혁을 가져오기는 어렵지만 실제적 개혁 없이도 정책적 변화는 쉽게 가질 수 있다."고 지적하면서 정책적 차원의 변화와 실제적 변화의 혼돈에 대해 경고하였다. 진정한 실제의 부족은 변화를 향한 모든 노력을 회의로 이끌 수 있다.

셋째, 문헌을 찾고 적용 실제를 연구하는 교사의 전문가적 자세가 요청된다.

레지오 교사들은 계속적인 현직 교육뿐만 아니라 끊임없이 많은 문헌을 접하고 새로운 이해를 현장에 적용하여 실험하고 관찰 · 수정하는 과정을 계속함으로써 진정으로 유아를 존중하고 유아들이 사고하는 바를 토대로 한 교육을 실천하고자 하는 교사의 전문가적 발달을 위해 노력하고 있다.

사회적 구성주의를 표방하는 최근 동향의 교수 학습 이론들은 우리에게 익숙한 진보주의적, 아동 중심적, 통합적 개념의 틀과는 차이가 있기 때문에 쉽게 이해되기 어려우며 레지오 접근법은 이를 포함하여 다양한 철학적 · 심리학적 이론에 기초하기 때문에 철학이나 교수법에서 제시되는 원리나 이론은 다면적이다. 이제 교육의 새로운 변화를 원한다면 문헌을 찾고 연구할 뿐만 아니라 진정한 유아 존중 교육의 실천을 위해 노력하는 익숙하지 않은 교사의 성숙된 자세가 요구된다.

우리의 현 교육 실정에 비추어 볼 때 그리고 퓰란이 강조하는 실제적 · 지속적 변화를 초래하기 위해서는 미시 수준의 변화에서 시작해야 한다. 무엇보다 변화를 추구하는 주체로서 현장 교사의 확고한 동기 유발, 문제의 인식 및 구체화, 변화를 위한 이론의 개념화가 선행되어야 한다. 이를 위해 교사 차원에서 유아의 사고 과정 변화를 가져오게 하는 매개 수단으로써의 교수법과 교수 매체를 과학적으로 변화시키는 미시 수준에서의 실행을 우선적으로 권장한다. 나아가 기관 차원의 환경 구성, 교사 교육, 부모 참여, 기관 운영의 개선 그리고 정부 차원의 교육 체제, 재정적 지원, 운영 체계, 장학 제도 등을 위한 중간 수준 · 거시 수준의 변화를 모색하는 개방적 상호 작용과 체제로의 논점화가 수반되어야 할 것으로 본다.

이러한 시각에서 우리의 유아 교육 현장 실제를 어떠한 방향으로 변화시킬 수 있을지 사회적 구성주의 관점과 레지오 접근법으로부터 시사받을 수 있는 변화의 방향을 미시 · 중간 · 거시 수준의 세 가지 차원에서 제시해 본다.

2. 현장 변화의 방향 탐색

2.1 미시 수준의 교사 차원에서 교수 방법의 개선

1. 유아를 '사회적 구성주의자'로 보는 관점을 받아들여 유아를 학습의 독립된 주체로 인식하기보다는 주변 또래, 교사, 매체, 환경적 맥락과의 상호 관계 속에서 동기 유발되며 학습하는 존재로 인식함으로써 학습 시 사회적 상호 작용을 활성화한다.
2. ZPD 개념을 활용하여 학습 목표를 유아의 실제적 과제 수행 능력에 맞추어 설정하기보다 교육적 상호 작용을 통해 도달할 수 있는 잠재적 발달 수준까지를 평가하여 설정하고 유아가 그 수준에 도달할 수 있도록 적절히 지원한다.
3. 기관에서 일반화되어 있는 주제 학습을 통해 학습자의 이해의 폭을 넓히는 데 만족하기보다 주제에 대한 이해의 깊이를 심화시키는 프로젝트 학습 활동을 시도해 본다.
4. '발현적 교육 과정' 운영은 유아들의 사고 과정과 교사의 경험에 따른 판단

에 의해 학습의 잠재력을 높인다. 미리 계획된 주제나 내용에 따라 교육 과정을 운영하기보다 다방면의 학습 가능성을 항상 점검하고 일상 학습 과정에서 프로젝트의 주제나 내용이 발현되도록 한다.

5. 학습 과정의 '기록화'는 성공적인 프로젝트 운영을 위한 첫번째 요건이며 학습 방향을 설정하고 확장시키는 연구 수단이 된다. 교사는 학습 과정에서 단순한 관찰자 · 안내자로 역할하기보다 사진기 · 녹음기 등을 사용하여 활동 과정과 유아들의 언어적 상호 작용 내용을 지속적으로 기록화하고 이를 토대로 이후 학습의 방향이 발현되도록 하며 적절히 지원하는 '지식의 공동 구축자'로 역할한다.
6. 교사의 지원 역할에서 이해를 돕는 기술적 질문보다는 원인과 결과를 탐색하게 하는 인과적 질문을 사용함으로써 풍부한 문제 해결 환경을 구성할 수 있다.
7. 사회적 구성주의 시각에서 사회 인지적 갈등은 학습의 중요한 동인이 된다. 유아 간의 갈등은 피하기보다 문제 해결을 위한 자극으로 승화시켜 협의하고 타협점을 찾아 나가는 또래 간 상호 작용을 통해 지식을 공동 구성하는 협력 학습이 이루어지게 한다.
8. 구성주의 학습 원리에서 '안다'는 것에는 반성력이 내재해 있어야 한다. 학습 상황에서 이루어지는 경험은 단순한 직접 경험이 아니라 사전에 예측하여 가설을 세우고 갈등을 갖게 함으로써 자신의 이론에 대한 증거와 질문에 대한 답을 찾고 호기심을 만족시킬 수 있는, 즉 추론이 내재된 교육적 경험이 되도록 한다.
9. 기록화는 유아로 하여금 긍정적 확인감을 갖게 한다. 유아들의 생각, 활동, 표상물을 의미 있게 다루고 기록화하여 전시하고 학습에 활용함으로써 유아가 학습 활동에 최선을 다하도록 한다.

2.2 미시 수준의 교사 차원에서 교수 매체 활용의 개선

1. 사회 문화적 인식론에서는 대인 간 상호 작용에서 사용하는 상징 체계를 정신 기능을 숙련시키는 심리적 도구로 인식한다.

   교사는 교수 매체를 사실 확인이나 검증하는 학습의 보조 자료로 활용하기보다는 반성적 사고를 자극하는 도구로 활용한다.

2. 레지오에서의 '다상징화'는 주제에 대한 다국면적 이해를 도와 심화된 학습을 하게 한다. 다양한 교수 매체의 활용은 다양한 경험을 갖게 하는 데 목적을 두기보다는 한 가지 주제의 심화된 학습을 위해 '상징화 주기'를 통해 나선형적으로 사용함으로써 유아들이 몰입하여 탐색하게 한다.
3. 그리기 표상은 반성적으로 사고하게 한다.
   기관에서 거의 매일 이루어지는 그리기는 단순히 전시하는 것에 그치기보다는 유아가 예측하기 위해, 아는 것을 확인하기 위해, 의사 소통하기 위해 그리도록 하며 재방문하여 재고찰하는 학습의 수단으로 활용한다.
4. 사회적 상호 작용 이론에서는 표상을 유도하는 사회적 과제 조건을 강조한다.
   유아의 아이디어를 표상하게 할 때 유아의 부족한 표상 기술의 문제를 우려하기보다는 유아가 아는 것을 충분히 표현할 수 있도록 과제 상황 및 과제 제시 조건을 충분히 고려한다.
5. 레지오에서는 다매체를 활용하여 유아들의 사고를 자극한다. 교수 매체의 범위를 교과 교재로 제한하거나 공학적 기기를 교사만의 전유물로 사용하기보다는 OHP, 환등기, 슬라이드, 그림자 스크린, 라이트 테이블 등을 활동 매체로 활용함으로써 유아들의 사고 범위를 확장시킨다.

2.3 중간 수준의 기관 차원에서 교사의 전문적 발달

1. 레지오의 교사들은 계속적인 현직 교육과 현장 연구를 통해 전문적 자질을 길러간다. 공식화된 교육 원리에 만족하는 '전통의 답습자'이기보다는 끊임없이 문헌을 접하고 새로운 이해를 현장에 적용, 실험하면서 유아 존중의 교육 실제를 발전시켜 나가는 교사의 연구자적 자세가 필요하다.
2. 레지오에서는 교사들 간의 개방적인 의사소통을 통해 전문적 성장을 꾀한다.
   교사 개인이나 개별 학급의 독립을 전문성으로 인식하기보다 교사 간의 상호 교환을 통해 다수의 관점을 수용하고 개인의 이론을 수정해 나감으로써 높은 수준의 전문성을 기르는 성숙된 자세가 요청된다.
3. 기관의 전통적 철학이나 프로그램에 만족하기보다는 지속적인 기관 차원의 재교육을 통해 교사의 전문성을 높이고 정보를 받아들인다.

2.4 중간 수준의 기관 차원에서 기관 운영의 변화

1. 레지오의 학교들은 종일제 프로그램을 운영한다. 기관들은 반일제보다 종일제 프로그램에 대한 사회적 요구를 수용하여 융통성, 여유, 안정감 있는 일과 운영의 장점을 살려 심화된 프로젝트를 통해 유아가 탐색할 수 있는 충분한 시간을 갖도록 함으로써 교육의 질을 높인다.
2. 레지오에서는 '공동 교수(co-teaching)' 제를 활용한다. 교사 간 분리나 독립보다는 교사 간 협의를 통해 교육의 문제를 공유하고 일관성을 유지하도록 한다.
3. 레지오에서는 한 학급을 3년간 지속한다. 1년 단위로 학급을 교체하기보다는 2~3년간 지속함으로써 새로운 적응의 기간과 특정 목표 달성에 대한 초조감을 줄이고 개별 유아의 발달에 대한 이해와 유아-교사-부모 간의 친숙한 상호 관계를 토대로 교육의 질을 높인다.

2.5 중간 수준의 기관 차원에서 부모 참여의 본질적 변화

1. 레지오에서는 기관이 부모로부터 배우며 양육과 교육의 책임을 부모와 공유한다. 기관들은 부모 교육의 전략을 연구하기보다는 좋은 교육 활동의 실천과 이를 알리는 방법을 연구함으로써 부모가 자발적으로 참여하게 한다.
2. 기록화는 부모를 교육에 참여시키는 수단이 된다. 학교의 교육 과정과 유아들의 활동 내용을 기록화하여 정보를 제공함으로써 부모가 학습 활동에 도움을 줄 수 있도록 한다.

2.6 중간 수준의 기관 차원에서 환경 구성의 개선

1. 사회적 상호 관계를 중시하는 철학이 물리적 환경에 반영되도록 한다. 일렬식, 병렬식의 학교 구조보다는 함께 모일 수 있는 중앙 공간을 중심으로 각 교실이 방사식으로 위치하는 구조를 구성하여 사회적 상호 작용을 유도하고 자극한다.
2. 레지오에서는 소집단 프로젝트를 위해 미니 아틀리에를 활용한다. 교실에 작은 공간을 확보하여 기존 일과를 방해하지 않으면서 소집단 프로젝트 활

동이 병행될 수 있도록 한다.

3. 레지오에서는 유리벽을 활용한다. 엄격히 구획화된 교실 개념보다는 유리벽을 활용하여 공간을 분리하면서도 가시 범위를 확장하여 공동체 의식을 가질 수 있다.
4. 레지오에서는 정보를 알리는 기능으로 벽면을 활용한다. 벽면은 환경을 미적으로 꾸며주는 기능에서 벗어나 유아들의 활동 과정을 기록하여 알려주는 공간이 되도록 사용한다.
5. 레지오에서는 공간을 삼차원적으로 활용한다. 바닥과 벽면을 2차원적으로 활용하는 개념에서 벗어나 바닥을 입체적으로 구성하거나 스크린 등을 천장에 장치하여 유동적으로 활용한다.
6. 실내 정원, 그림자 스크린 등 자연적 · 전기적 빛을 환경 구성에 이용하여 심미감을 높이는 한편 주변 사물을 다른 시각에서 조명, 새로운 이미지를 갖게 함으로써 표상 활동을 자극한다.
7. 레지오에는 아틀리에와 미술 교사가 있어 표상 활동을 자극하고 기록화를 수행한다. 미술을 전공한 교사와 유대하여 프로젝트를 수행함으로써 상호학문적 접근을 시도해 본다.
8. 종이류, 플라스틱류 및 재생용품 등 인위적인 자료들을 이용하여 환경을 구성하기보다 초록 식물, 꽃, 화분, 열매, 말린 꽃, 나뭇가지 등과 같은 자연을 실내로 끌어들여 건강하고 생기가 넘치는 실내 환경을 구성한다.

2.7 거시 수준의 교육 행정 차원에서의 제도적 변화

1. 레지오에서는 지역 사회가 유아 교육에 대한 공동 책임 의식을 갖는다. 사회 발전과 유아 복지를 위해 유아 교육을 부모나 기관의 책임으로 인식하기보다는 사회 전체가 공공 재원을 투자하며 유아의 학습 과정에 함께 참여하는 의식의 개선을 통해 유아 교육을 공교육화하고 교육 재정을 지원, 유아 교육의 문제를 체제로 논점화해 나가야겠다.
2. 레지오에서는 시의 교육 조종관 팀이 유아 교사들에게 실질적인 도움을 준다. 중앙집권식의 장학 행정보다는 유아 교육의 전문가로 구성된 팀 제도를 도입하여 몇 개의 기관을 단위로 기관이나 교사에게 실질적인 교육적 · 행

정적 도움을 주고 문제를 조정할 뿐만 아니라 교사 현직 교육 및 정보 교환 역할까지 수행할 수 있도록 하는 본질적 장학 제도가 요청된다.

3. 레지오에서는 지역 사회 중심 운영이 공식화되어 있다.
기관 행정이 공·사립 기관장에 의해 독단적으로 운영되기보다는 지역 사회 주민, 부모, 교사 대표들로 이사회를 구성하여 기관 운영에 참여하게 함으로써 교사-부모 간 지원 체제를 강화하고 기관과 지역 사회를 공조하게 하며 문화적 교육을 통합시킬 뿐만 아니라 행정적·재정적 기관과도 중재하게 되므로 유아교육기관의 입지를 강화할 수 있다.

참고문헌

김은희 (1996). 다상징적 접근(Multi Symbolic Approach)에 의한 유아의 사고 과정 변화. 중앙대학교 대학원 박사학위논문.

______ (1997). 유아교육에서의 Reggio Emilia 접근법 고찰. 유아교육학논집, 1(1), pp.159~189.

______ (1998). 학습 이론의 최근 동향과 레지오 에밀리아 접근법에 비추어 본 유아 교육의 변화 방향 탐색. 유아교육연구, 18(1), pp.33~53.

______ (2001). 협력적 교사 교육을 통합 미시수준의 유아 교육 과정 변형에 관한 연구. 유아교육연구, 21(3), 237-2655.

______ (2004). 사회적 구성주의 패러다임의 학습공동체 실천을 통한 기관 수준의 유아 교육 과정 변형에 관한 연구. 유아교육연구, 24(4), 161-198.

______ (2006). 레지오 에밀리아 접근법의 적용과 변형 유아 교육과정: 함께 반성하고 지원하며 배우기. 서울 : 창지사.

______ (2007a). 자연과 빛이 있는 생각하는 공간 만들기 : 레지오 환경 원리의 적용. 서울 : 창지사.

______ (2007b). 관계에 기초한 변형 여정과 실천 돌아보기 : 학습 공동체를 통한 실천 연구를 중심으로. 변형영유아교육연구, 1(1). 5-28.

______ (2008). 관계의 렌즈로 들여다보기: 유아 관계의 의미 탐색. 유아교육학논집, 12(6), 345-376.

______ (2009). 관계의 렌즈로 들여다보기를 통한 교사의 사고변화. 유아교육학논집, 13(1). 5-36.

______ (2011). 유치원 교실에서 기록의 의미 알아가기: 3세반 두 교사의 기록 공유 내러티브를 중심으로. 유아교육학논집, 15(1). 67-98.

김은희 · 김경철 · 홍순옥 · 임영심 · 정수경(2007). 유아교육기관에서 공동체적 부모참여의 발달과 교육적 의미. **변형영유아교육연구**, 1(1), 29-44.

김은희 · 송윤재(2003). 사회적 구성주의 패러다임의 레지오 인터넷 커뮤니티 개발 및 학습공동체 운영방안. **유아교육학 논집**, 7(2), 261-283.

김은희 · 홍순옥 · 김경철 · 정수경 · 임영심 (2006). A study on parent participation with co-partnership at preschools. *Early Childhood Education for Social Competency and Grobal Citizenship*. PECERA, 439.

김은희 · 황연욱 (2008). 매체에 대한 인식 및 활용의 변화. **변형영유아교육연구**, 2(1). 5-29.

Armstrong, T. (1994). *Multiple intelligence in the classroom*. Alexandia, VA : Association for Supervision and Curriculum Development.

Barden, M. (1993). A backward look: From Reggio Emilia to progressive education. In C. Edwards, L. Gandini, & G. Forman (Eds.), *The hundred languages of children: The Reggio Emilia approach to early childhood education*. Norwood, N. J. : Ablex Publishing Corporation.

Barten, S. S., & Franklin, M. B. (Eds.) (1978). *Developmental processes: Heinz Werner's selected writings*. N. Y. : International Universities Press.

Bell, N., Grossen, M., & Perret-Clermont, A-N. (1985). Sociocognitive conflict and intellectual growth. In M. W. Berkowitz (Ed.), *Peer conflict and psychological growth. New directions for child development*. San Francisco : Jossey-Bass.

Blanck, G. (1990). Vygotsky: The man and his cause. In L. Moll (Ed.), *Vygotsky and education*. Cambridge : Cambridge University Press.

Bredekamp, S. (Ed.). (1987). *Developmentally appropriate practice in early childhood programs serving children from birth through age 8.* Washington DC : NAEYC.

Breadkamp, S. (1993). Reflections on Reggio Emilia. *Young Children*, Nov, pp.13~17.

Breadkamp, S., & Rosegrant, T. (1995). *Reaching potentials: Transforming early childhood curriculum and assessment.* NAEYC.

Bronfenbrenner, U.(1979). Contexts of child rearing: Problems and prospects. *American Psychologist, 34*(10), pp.844~850.

Bruner, J. S. (1962). Introduction. In Vygotsky, L. S. *Thought and language.* Cambridge, Mass. : MIT Press.

Chapman, C. (1993). *If the shoe fits …. How to develop multiple intelligences in the classroom.* Palatine, IL : IRI\Sky-light.

Clay, M., & Cazden, C. (1990). A Vygotskian interaction of reading recovery. In L. C., Moll (Ed.).

DeVries, R., & Kohlberg, L. (1987). *Programs of early education : The constructivist view.* N. Y. : Longman.

________________________ (1990). *Constructivist early education: Overview and comparison with other programs.* Washington, DC : NAEYC.

Doise, W., & Mugny, G. (1979). Individual and collective conflicts of centrations in cognitive development. *European Journal of Psychology, 9*, pp.105~108.

_____________________ (1984). *The social development of the intellect.* Oxford. N.Y : Pergamon.

Doise, W., Mugny, G., & Perret-Clermont. A. N. (1975). Social interaction and the development of cognitive operations. *European Journal of Social Psychology, 5*, pp.367~383.

____ (1976). Social interaction and cognitive development. *European Journal of Social Psychology, 6*, pp.245~247.

Edward, L. C. (1997). *The Creative Arts: A process approach for teachers and children*. Prentice-Hall, Inc.

Edwards, C. P., Shallcross, D. J., & Maloney, J. (1991). Enhancing creativity in a graduate classon creativity : Entering the time and space of the young child. *Forth Quarter, 25*(4), pp.304~310.

Edwards, C., Gandini, L., & Forman, G. (Eds.) (1993). *The hundred languages of children: The Reggio Emilia approach to early childhood education*. Norwood, N. J. : Ablex Publishing Corporation.

__________________ (Eds.) (1995). *I cento linguaggi dei bambini*. Edizioni Junior s. r. l., Via Pescaria 32, 24123 Bergamo (Italia).

__________________ (Eds.) (1998). *The hundred languages of children: The Reggio Emilia Approach-Advanced reflection*. Greenwich. Connecticut : Ablex Publishing Corporation.

Filippini, T. (1993). The role of the pedagogista: An interview with Lella Gandini. In C.. Edwards, L. Gandini, & G. Forman (Eds.), *The hundred language of children: The Reggio Emilia approach to early childhood education*. Norwood, N. J. : Ablex Publishing Corporation.

Gandini, L. (1997). The reggio Emilia story. In J. Hendrick (Ed.), *First steps toward teaching the Reggio way*. Prentice-Hall Publishing Co.

Gardner, H., & Wolf, D. (1979). Editor' s notes: Dimensions of early symbol use. In D. Wolf (Ed.).

__________ (1983). Waves and streams of symbolization: Notes on the development of symbolic capacities in young children. In D. R. Rogers & J. A. Sloboda (Eds.), *The acquisition of symbolic skills*. London : Plenum Press.

Girotto, V. (1987). Social marking, Socio-cognitive conflict and cognitive development. *European Journal of Social Psychology, 17*, pp.171~186.

Golomb, C. (1973). Children' s representation of human figure: The effects of models, media, and instruction. *Genetic Psychology Monographs, 87*, pp.197~251.

Goodman, Y., & Goodman, K. (1990). Vygotsky in a whole-language perspective. In L. C., Moll (1990).

Goodnow, J. J. (1972). Rules, repertoires, rituals and tricks of the trade: Social and informational aspects to cognitive and representational development. In S. Farnham-Diggory (Ed.), *Information processing in children*. N. Y. : Academic.

Granott, N., & Gardner, H. (1994). When mindsmeet: Interactions, coincidence, and development in domains of ability. In R. J. Sternberh & R. K. Wagner (Ed.), *Mind in context*. Cambridge University Press.

Ives, S. W., & Gardner, H. (1984). Cultural influences on children' s drawings: A developmental perspectives. In R. Off & A. Hurwitz (Eds), *Art education: An international perspective*. University Park, PA : Penn State University Press.

Jalongo, M. R., & Stamp, L. N. (1997). *The Arts in Childrens Lives: Aesthetic education in early childhood*. Allyn and Bacon.

Kamii, C., & DeVries, R. (1978). *Physical knowledge in preschool education: Implications of Piaget' s theory*. Englewood Cliffs, N. J. : Prentice-Hall.

Katz, L. G. (1990). Impressions of Reggio Emilia preschools. *Young Children*, Sep, pp.11~22.

__________ (1993). What can we learn from Reggio Emilia? In Edwards, C. L., Gandini, L. L. & Forman, G. G. (Eds.), *The hundred languages of children: The Reggio Emilia approach to early childhood education*. Norwood, N. J. : Ablex Publishing Co.

__________ (1993). Images from the world: Study seminar on the experience of the municipal infant-toddler centers and preprimary schools of Reggio Emilia, Italy. In Katz, L. & Cesarone, B. (Eds.), *Reflections on the Reggio Emilia approach*. ERIC/EFCE : A monograph series.

Katz, L., & Cesarone, B. (Eds.) (1994). *Reflections on the Reggio Emilia approach.* ERIC/EECE : A monograph series.

Katz, L. G., & Chard, S. C. (1989). *Engaging children's minds: The project approach.* Norwood, N. J. : Ablex Publishing Co.

Kessen, W. (1979). The American child and other cultural inventions. *American Psychologist, 34*(10), pp.815~820.

Kilpatrick, W. H. (1919). *The Project method.* N. Y. : Teachers college, Columbia University.

Kohlberg, L. (1987). *Child psychology and childhood education: A cognitive-developmental view.* N. Y. : Longman.

Kohlberg, L., & Mayer, R. (1972). Development as the aim of Education. *Harvard Edcationas Review, 42*, pp.449~496.

__________________ (1987). Development as the aim of Education. In S. Kohlberg. *Child Psychology and Childhood Education.* New York & London : Longman.

Kohlberg, L., & Wertsch, J. V. (1987). Language and development of thought. In L. Kohlberg. *Child Psychology and Childhood Education.* N. Y. : Longman.

Light, P., & Perret-Clermont, A. N. (1989). Social context effects in learning and testing. In A. Gellatly, D. Rogers & J. A. Sloboda (Eds.), *Cognition and social worlds.* Oxford : Oxford University Press.

Mackie, D. (1980). A cross-cultural study of intra-individual and interindividual conflicts of centrations. *European Journal of Social Psychology, 10*, pp.313~318.

Malaguzzi, L. (1993a). For an education based on relationships. *Young Children*, Nov, pp.9~12.

__________ (1993b). History, ideas, and basic philosophy. An interview with Lella Gandini. In C. Edwards, L. Gandini & G. Forman (Eds.).

__________ (1996a). Seeing and feeling. *Catalogue of The Hundred Languages* of *Children*. A. T. A., Correggio(Re)-maggio, Italy.

Malaguzzi, L. (1996b). Procedure for passing from lion to lion. *Catalogue of the exhibit the exhibit The Hundred Languages of Children*. A. T. A., Correggio (Re)-maggio, Italy.

__________ (1996c). Children, rain, and the city. *Catalogue of the exhibit The Hundred Languages of Children*. A. T. A., Correggio (Re)-maggio, Italy.

__________ (1996d). The idea of the amusement park for birds. *Catalogue of theexhibit The Hundred Languages of Children*. A. T. A., Correggio(Re)-maggio, Italy.

Maxim, G. W. (1989). The very young: Guiding children from infancy through early years. Merril Publishing Company.

McLane, J. (1990). Writing as a social process. In L. C., Moll (Ed.).

McNamee, G. (1990). Learning to read and write in an inner-citysetting: A longitudinal study of community change. In L. C., Moll (Ed.).

Moll, L. C. (Eds.) (1990). *Vygotsky and education: Instructional implications and applications of socio historical psychology*. Cambridge University Press.

Municipality of Reggio Emilia (1996). *The municipal infant-toddler centers and preschools of Reggio Emilia historical notes and general information*. REGGIO CHILDREN Srl.

Musatti, L. C. (1996). The importance of seeing yourself aggin. *Catalogue of the exhibit The Hundred Languages of Children*. A. T. A., Correggio (Re)-Maggio, Italy.

New. R. (1990). Excellent early education: A city in Italy has it. *Young Children*, Sep, pp.4~10.

______ (1994). Reggio Emilia: Its vision and its challenges for educators in the United States. In L. G. Katz, B. Cesarone (Eds.), *Reflections on the Reggio Emilia approach*.

Olsen, D. (1970). *Cognitive development: The child' s acquisition of diagonality*. N. Y. : Academic.

Perret-Clermont, A. N. (1980). *Social interaction and cognitive development in children*. London : Academic.

Piaget, J. (1962). *Play, dreams and imitation in childhood*. N. Y. : Norton.

Pontecorro, C. (1996). To make a portrait of a lion. *Catalogue of the exhibit The Hundred Languages of Children*. A. T. A., Correggio(Re)-maggio, Italy.

Rinaldi, C. (1993). The emergent curriculum and social constructivism. In C. Edwards, C. Gandini & G. Forman. (Eds.).

Rogoff, B. (1990). *Apprentice ship in thinking: Cognitive development in social context*. New Yok, Oxford : Oxford University Press.

Rueda, R. (1990). Assisted performance in writing instruction with learning-disabled students. In L. L., Moll (Ed.).

Salinger, T. (1993). *Models of literacy instruction*. N.Y. : Macmillan Publishing Co.

Spaggiari, S. (1993). The community-teacher partnership in the governance of the schools An interview with Lilla Gandini. In Edwards, C. L., Gandini, L. L. & Forman, G. G (Eds.), *The hundred languages of children : The Reggio Emilia approach to early childhood education*. Norwood, N. J. : Ablex Publishing Co.

Smith, N. R. (1979). Developmental origins of structural variation in symbol form. In N. R. Smith & M. B. Franklin (Eds), *Symbolic functionings in childhood*. Hillsdale, N. J. : Erlbaum.

Teale, W. H., & Sulzby, E. (1986). Emergent literacy as a perspective for examining how young children become writers and readers. In W. H. Teale, E. Sulzby (Eds.), *Emergent literacy: Writing and reading*. Norwood, N. J : Ablex Publishing Corporation.

Tudge, J. R. H., & Winterhoff, P. A. (1993). Vygotsky, Piaget and Bandura: Perspectives onralations between the social world and cognitive development. *Human Development, 36,* pp.61~84.

Valsiner, J. (1984). Construction of the zone of proximal development in adultchild joint action: The socialization of meals. In B. Rogoff & J. Wertsch (Eds.), *Children's learningin the zone of proxomal development*. San Francisco : Jossey-Bass.

Vecchi, V. (1996). Crowds. *Catalogue of the exhibit The Hundred Languages of Children*. A. T. A., Correggio(Re)-maggio, Italy.

Vygotsky, L. S. (1962). *Thought and language*(E. Hanfmann & G. Vakar, Trans.). Cambridge, MA : MIT Press(Original work published 1934).

____________ (1978). *Mind in society: The development of higher psychological processes*. Cambridge, MA : Harvard University Press.

Werner, H., & Kaplan, B. (1957). Symbolic mediation and the organization of thought: An experimental approach by means of the line schematazation technique. *Journal of Psychology, 43*, pp. 3~25.

______________________ (1963). *Symbol formation*. N. Y. : Wiley.

Wertsch, J. V. (1985a). *Culture, communication, and cognition: Vygotskian perspectives*. Cambridge University Press.

____________ (1985b). *Vygotsky and the social formation of mind*. Cambridge, MA : Harvard University Press.

____________ (1990). The voice of rationality in a sociocultural approach to mind. In L. C. Moll (Eds.). *Vygotsky and education: In structional implications and applications of sociohistorical psychology*. Cambridge : Cambridge University Press.

저자 소개

김은희

중앙대학교 사범대학 유아교육학과 학사
중앙대학교 대학원 유아교육학과 아동발달 및 상담 전공 석사
중앙대학교 대학원 유아교육학과 유아교육과정 및 교수법 전공 박사
현, 한양여자대학교 유아교육과 교수
　한국변형영유아 교육학회 공동대표

저서

- 「유아교육과정」(공저). 정민사, 1999.
- 「레지오 에밀리아 접근법의 이해와 현장 적용」. 창지사, 2000.
- 「레지오 에밀리아 접근법의 적용과 변형 유아 교육 과정: 함께 반성하고 지원하며 배우기」. 창지사, 2006.
- 「자연과 빛이 있는 생각하는 공간 만들기: 레지오 환경 원리의 적용」. 창지사. 2007.
- 「진정한 유아기: 레지오 에밀리아의 현장 적용」(공역). 정민사, 2003.
- 「반성적인 가르치기: 탐구를 통한 전문적 예술」(역). 정민사, 2006.
- 「레지오 방식의 가르치기: 변화를 위한 도전 받아들이기」(공역). 정민사, 2006.
- 「가르치기와 배우기: 레지오 에밀리아 접근법의 협력적 탐구」(공역). 창지사, 2006.
- 「유아 교육과 아틀리에」(공역). 정민사, 2007.
- 「레지오의 삶과 실천」(공역). 창지사, 2008. 외

레지오 에밀리아 접근법 만나기와 적용하기

초 판 1쇄 발행 2011년 8월 29일
초 판 4쇄 발행 2022년 3월 18일

지 은 이 | 김은희
펴 낸 이 | 김기섭
편 집 인 | 박연순
펴 낸 곳 | 창지사 www.changjisa.com
08589 서울시 금천구 가산디지털 1로 83 파트너스타워 1차 9층
전화 (02)719-2211~3
팩스 (02)701-9386
등 록 | 1977년 4월 28일 · 제1-421호

ISBN 978-89-426-0637-5 (93370)

값 17,000원